ÉTIENNE BARILIER
NACHTGESPRÄCHE

ETIENNE BARILIER

NACHTGESPRÄCHE

Aus dem Französischen von Klara Obermüller

BENZIGER / EX LIBRIS

Dieses Buch gehört zu einer Reihe, die in den vier Landessprachen erscheint mit Unterstützung der schweizerischen Kantone, der Walter- und Ambrosina-Oertli-Stiftung und der Fondation Ex Libris.

Die Übersetzung wird von Pro Helvetia subventioniert. Der Titel der Originalausgabe lautet: Le Chien Tristan.

Das Buch ist eine Gemeinschaftsausgabe des Benziger Verlags Zürich, Köln und des Ex Libris Verlags Zürich.

© für die Originalausgabe Editions l'Age d'Homme, Lausanne 1977

© für die deutsche Übersetzung by Benziger Verlag Zürich, Köln und Ex Libris Verlag Zürich 1979
Herstellung: Benziger, Graphische Betriebe, Einsiedeln
ISBN 3 545 36317 1

Es geschah in Rom, in den Gärten des Schweizer Instituts. Während die allerromantischsten Weisen zum Mond emporstiegen – ohne ihn indes zu erreichen – (der Leser wird sehr bald verstehen, was wir damit meinen), ereignete sich ein Diebstahl, Auftakt zweier Verbrechen.
Alles hatte im Grunde so gut begonnen. Man feierte, in aller Bescheidenheit, das zehntägige Jubiläum der Unabhängigkeitserklärung der Schweizer in Rom. Der Zufall wollte es, daß an diesem Abend (dem 8. Juni) ein Mann von seltenem Scharfblick zu Gast war. Seine Großzügigkeit, seine Rechtschaffenheit, gepaart mit schöpferischer Kraft und subtilster Einfühlung, erlaubten es ihm, die Rätsel, welche die Urheber des Diebstahls und der Verbrechen sämtlichen Fahndern mit geradezu satanischer Geschicklichkeit stellten, zu lösen. Doch das kam ihn teuer zu stehen. Er, der wahre Diener des Guten, Priester der himmlischen Kunst, war als einziger auf der Höhe der teuflischen Eingebung. Und dann werden wir noch sehen, ob sein Sieg nicht einer Niederlage gleichkam – der Niederlage Roms. Dieser Mann – Sie haben ihn alle erkannt – war Franz Liszt oder, genauer gesagt, jemand, der ihm zum Verwechseln ähnlich sah und ihn bedingungslos bewunderte. Deshalb werden wir ihn die meiste Zeit bei diesem Namen nennen, wenngleich der Leser weiß, daß der 1886 verstorbene Musiker unmöglich die Rolle des Detektivs im Jahre 1976 übernehmen kann, auch nicht fünfzig Meter von der Via della Purificazione entfernt, wo der wahre Franz Liszt, zusammen mit seiner Geliebten Marie d'Agoult, lebte und für seine illegitime Nachkommenschaft die *Kinderszenen* von Schumann spielte, deren

Klänge hinüberwehten zum Hügel des künftigen Schweizer Instituts, während der Mond auf Pinien und Palmen herunterblickte, die von der Schweiz noch nichts wußten.
Doch laßt uns von vorne beginnen.
Zuerst zu den Örtlichkeiten. Sollte der Leser befürchten, an der Nase herumgeführt zu werden, so möge er wissen, daß dies keineswegs in unserer Absicht liegt: Rom gibt es; auch das Schweizer Institut im Herzen Roms gibt es. Dieses Bauwerk nimmt in der Stadt eben jenen Platz ein, den die Schweiz in Europa innehat: von Meisterwerken umgeben, ist es selbst nicht unbedingt ein Meisterwerk. Errichtet auf einem alleinstehenden Hügel, gekrönt von einem Turm, dessen Höhe nur noch von der Kuppel von Sankt Peter überragt wird, ist es die Frucht der Liebe eines Tessiner Industriellen zu Runkelrüben. Man berichtet, daß Mussolini, die fette Hand auf die Schulter des erwähnten Industriellen gelegt, oft durch die Flure dieses Hauses gegangen sei, diese weissen Flure, die denjenigen eines Lungensanatoriums nicht unähnlich sind. Der *Duce,* dessen architektonische Leistungen allseits bekannt sind, mußte sich wohl fühlen auf diesem Zauberberg im Land des Tiberius und des Caligula, der in seiner verblüffenden und anmaßenden Häßlichkeit den Thermen des Caracalla oder des Vittorio-Emanuele-Denkmals in nichts nachstand. Der Zucker der phallischen Runkelrübe war nicht für alle Bauwerke Roms verloren. All jenen Schwarzsehern zum Trotz, die einzig auf den «Travertin» schwören, diesen rötlichen, allzu zarten Marmor, der, schimmernd wie das Licht der untergehenden Sonne, stets an die nächste Ruine der Ewigen Stadt denken lässt.
Die Gattin des Tessiner Industriellen, Gräfin von Vatikans Gnaden (es war ihr gelungen, ihren Gatten zu überreden, den Turm des Instituts nicht höher zu bauen als die

Kuppel von Sankt Peter; dies nach einer dramatischen Auseinandersetzung mit dem Papst, in deren Verlauf von den zeitlichen Offenbarungen der göttlichen Gnade die Rede war) – die Gräfin, deren Jugendstil-Porträt in einem der Salons des Palastes thront, soll im Garten begraben worden sein. Wie man sieht, bleiben manche Punkte aus der Vergangenheit des Schweizer Instituts im dunkeln. Alles, was man weiß, ist, daß ein Hund mit Namen Tristan, von dem noch die Rede sein wird, beim Eintreten des Todes in gewissen Winkeln des Parks zu heulen pflegt. Seine Herrin, die großes Vertrauen in den Instinkt des Tieres setzte, hat oft behauptet, es fühle den Tod auf große Distanz, sowohl im Raum wie in der Zeit, voraus. Wir werden sehen, daß Tristan von diesem 8. Juni an einige dringendere und tragischere Anlässe zum Heulen finden wird.

Seit dem Tod der Gräfin sind, abgesehen von den leblosen Wesen und gewissen seelenlosen Tieren (wie etwa den Hunden), die Mitglieder des Personals, diese Diener und Gärtner, die in allen Kriminalromanen ihrer Herrschaft restlos ergeben und infolgedessen über jeden Verdacht erhaben sind, das einzig beständige Element im Institut. Sie gehören zur Familie. Und auch wenn wir sie beim Vornamen nennen, während sie uns mit Herr und Frau anreden, ist unser Respekt für ihre Menschlichkeit deshalb nicht minder groß. Diese großherzigen, griesgrämigen, aufmerksamen und diskreten Dienstboten gaben den *Mitgliedern des Instituts,* die auf die Gräfin folgten, am Anfang einige Probleme auf. Diese vergänglichen, von der Schweizerischen Eidgenossenschaft sorgfältig ausgewählten Gehirne haben das Recht, ein bis drei Jahre in einer Zelle, die so weiß ist wie die Haut ihres Körpers, zu hausen, um, in der Regel, eine «Doktorarbeit» über kaum zu unterscheidende Themen zu verfassen. Doch darauf kommen wir noch zurück. Es geht hier nur darum festzuhalten, daß die Tatsache, daß man einen Alten Carlo oder Antonio nennt, vor ihm durch die Türe geht, sich von ihm das Waschbecken von Bart- und anderen stärker gekräuselten Haaren reinigen läßt, bei diesen demokratischen Schweizern einen fast körperlichen Schock auslöste, der bei den Nachdenklichsten unter ihnen zu Überlegungen sozialer Natur führte. Doch im allgemeinen erholte man sich von diesen Überlegungen, indem man sich beglückwünschte, daß gerade in der Schweiz die Dinge ganz anders liegen. Infolgedessen genoß man die Situation in doppeltem Sinne: Man durfte – man mußte – den alten Diener mit Vornamen anreden und konnte dabei so tun, als sei man ein Ethnologe, der sich irgendeinem Stammesritus beugt, um seine Gastgeber nicht zu verletzen.

Sprechen wir darum kurz, bevor wir sie in Aktion zeigen – insbesondere während der Verhöre –, über die *Mitglieder des Instituts*. Man weiß, daß sich in der Regel das Gehör eines Blinden schärft. Hier scheint das Gegenteil der Fall zu sein, das heißt, das Gehirn der Mitglieder, das auf einem bestimmten Gebiet aufs vollkommenste funktioniert, hat in andern Bereichen erhebliche Mühe. Mehr noch, das Anhängsel dieses Gehirns scheint des öftern überhaupt mehr aus Versehen oder Unglück zu existieren. Die mit diesem Wort nur unvollkommen bezeichneten «Mitglieder» schleppten ihren Körper mit sich herum, wie ein Hund seine gebrochene Pfote nach sich zieht oder eine resignierte Mutter ihr rotziges oder mongoloides Kind mit sich herumträgt. Manche von ihnen hätten den Vorschlag, sich dieses störenden Anhängsels zu entledigen, mit ihren überaus sauberen Händen beklatscht: an Stelle dieser unbewohnten Körper in der Bibliothek des Instituts einige sorgfältig in Spiritus gelegte Gehirne, einige raffiniert angelegte Elektroden, einige bunt gefärbte elektrische Drähte, das Ganze mit einer Schaltzentrale verbunden, die die empfindlichen und zarten Regungen dieser intelligenzbegabten Eiweißgebilde registriert und sie in daktylographische Skolien und Glossen verwandelt: Welch ein Traum! Zur Nacht käme ein Bibliothekar und löste die Elektroden – für die zumindest, die das Bedürfnis hätten, ihre Arbeit zu unterbrechen –, bettete die Gehirne zur Seite und legte einen Deckel über die Gefäße; und dies bis zur Vollendung der Dissertation. Doch nein, die Wissenschaft ist noch nicht bis zu dieser Vereinfachung vorgedrungen. Daher die blassen, zerfurchten, pickligen, eingefallenen, gelblichen, zu gut rasierten Gesichter; der beißende Schweißgeruch, der traurige prophylaktische Lavendelduft, der krumme, schiefe, arhythmische Gang; die gebeugten, mageren, fröstelnden Rücken; und dann die Haut: diese Haut, weiß wie der Tod, von Adern durchzogen, an den unmöglichsten Stellen von struppigen oder allzu krausen Haaren bedeckt; und die grotesk-altmodische Kleidung, die zeitlos sein will; tölpelhaft, einfältig, lächerlich, steif; die Hosen lächerlich kurz, die Hemden – zwangsläufig wegen des römischen Sciroccos – recht zweifelhaft, und viel zu enge Kragen über einer Gänsehaut. Die norditalienische Mode (Rom inbegriffen) ist bekannt für ihre unvergleichliche und stets etwas provokative Eleganz. Der Eidgenosse in Rom, der heraustritt aus seinem Institut auf die Via Veneto, blinzelnd im Lichte der Prostituierten, nimmt sich aus wie ein elender Bastard unter lauter Windhunden. Man erkennt ihn von weitem. Die bewundernswürdigen Damen, von denen wir noch sprechen werden, lassen sie gern den doppelten Tarif bezahlen, weil sie so mickrig sind.

Es gilt festzuhalten, falls dies noch nicht klargeworden sein sollte, dass die meisten *Mitglieder des Instituts* Junggesellen sind. Ein Umstand, dem sie auf die unterschiedlichste Weise Rechnung tragen. Doch wir haben nur das Äußere dieser im Grunde oft sehr unglücklichen – und überaus ehrbaren – Wesen beschrieben. Diejenigen, von denen wir in diesem Bericht zu sprechen haben werden, treten glücklicherweise durch außerordentliche Tugenden hervor und schaffen es sogar, ganz aus sich herauszugehen, wenn sich eine Gelegenheit dazu bietet, sei es, daß der Wahnsinn oder die Schönheit sie packt. Denn diese Enterbten sind sehr empfänglich für die Schönheit, die Schwester des Wahnsinns. Das ist ihr geheimer Garten; sie kennen sie oft besser als sonst jemand, besser jedenfalls als diese Apollos vom Tiber, die an den Stränden von Ostia oder Fregene ihre Muskeln unübersehbar unter einer Haut von Travertin, golden im Licht der untergehenden Sonne, spielen lassen. Doch greifen wir nicht vor.

Es heißt, der Architekt des Schweizer Instituts sei nach Vollendung seines Werks unter geheimnisvollen Umständen verschwunden, etwa so wie die Erbauer der Pyramiden, die die Pharaonen ungeachtet ihrer Versicherung totaler Amnesie in bleibeschwerten Weidenkörben im Nil zu ertränken liebten. Doch wer konnte in diesem Falle der Pharao sein? Der Mann mit den Runkelrüben? Die Gräfin, Kleopatra, deren von Tristan zutage gefördertes Nasenbein noch nachträglich das Antlitz der Erde verändern sollte? Es ist kaum wahrscheinlich. Im übrigen bestätigen andere Quellen, die einzigen, die man in der Institutsbibliothek einsehen kann, daß der Schweizer Architekt eines natürlichen Todes gestorben sei. Insofern bestünde kein Anlaß anzunehmen, er habe seine Einfälle mit dem Leben bezahlen müssen. Und dennoch, der weitere Verlauf unserer Erzählung wird zeigen, dass die «Villa Scura» (dies der zweite Name des Schweizer Instituts) es verdiente, in Villa der Geheimnisse umbenannt zu werden, auch wenn in ihr die rotgrundigen, sinnlichen pompejanischen Flagellations-Szenen schmerzlich vermißt werden. Es ist im Augenblick bloß gut zu wissen, daß kein einziges Mitglied des Instituts – auch nicht nach dreijähriger «Mitgliedschaft» und entsprechender Sucharbeit infolge Schlaflosigkeit, Verzweiflung oder eitler Neugierde – sich rühmen darf, die Villa Scura bis in ihre hintersten Winkel zu kennen: Gewisse Treppen, die des Schlosses Chambord würdig wären, gewisse Gänge mit Decken so hoch wie die Schrift eines größenwahnsinnigen Irren, ausgestattet mit Kronleuchtern, deren Installierung die unsinnigsten Heldentaten erforderlich machte, gewisse irrationale Biegungen, die auch das hartnäckigste und besessenste Gedächtnis ins Wanken bringen konnten, trugen dazu bei, Tag und Nacht Schrecken unter den Tapfersten zu verbreiten. In den «ersten» und «zweiten» Stock, die in Anbetracht der künstlichen Hanglage im Grunde genommen eine Art Kellergeschoß sind, wagt man sich des Nachts nur in allerdringendsten Fällen: sei es, um der Geliebten seine Unerschrockenheit zu beweisen oder um die *Realenzyklopädie der Altertumswissenschaft* zu konsultieren. Und passen Sie auf: Wenn sie sich nicht den Wänden entlang drücken, kann es geschehen, daß sich plötzlich Mussolinis fette Pranke auf Ihre Schulter oder um Ihren Hals legt. Und hätte Hitler sich nicht in seinem germanischen Bunker umgebracht, so könnte man sich gut vorstellen, daß er an einem dieser entsetzlichen Leuchter baumelte. Glauben Sie ja nicht, der Autor dieser Zeilen sei auch nur im mindesten von Wahnvorstellungen befallen: Die Anwesenheit des leibhaftigen Mussolini im Schweizer Institut ist bezeugt. Diejenige

Hitlers ist bloß eine Vermutung. Doch Historiker, keineswegs bar wissenschaftlicher Strenge, deuten an, der Führer habe das Schweizer Institut in ähnlicher Absicht besucht wie die Villa Wahnfried, wo ihn Aufnahmen aus der Zeit zeigen, wie er zwei kleine, entzückte Wagnerchen am Nacken hält, das eine zu seiner Rechten, das andere zu seiner Linken. Doch auch hier greifen wir, ungeachtet der zeitlichen Rückblende, vor.

Der Leser fragt sich zweifellos, was denn ein Schweizer Institut in Rom zu suchen habe. Und vor allem, was die Mitglieder des Instituts in der Stadt der Päpste treiben. Rom ist, das beweist die Geschichte der mussolinischen Runkelrüben, lediglich ein Zufall. Man könnte sich die Villa Scura genauso gut unter Kaffeebäumen vorstellen und die weiße Gräfin als überseeische Gemahlin eines Direktors von Nestlé-Brasil, einige schwarze Sklaven dazu, die Palmen schütteln vor unseren Philologen und Scholaren. Was die Beziehungen der Mitglieder zu Rom angeht, so sind sie rasch erzählt: Montag bis Samstag: Arbeit unter der Neonbeleuchtung des zweiten Untergeschosses der Villa. Sonntag: selbsterzieherische und vorprogrammierte archäologische Besuche (es empfiehlt sich, den Sonntag zu wählen, da sind die Römer so gut wie unsichtbar). Kunstführer in der Hand, ein lächerliches Hütchen als Schutz gegen die böse tropische Sonne auf dem Kopf, zieht man los, nicht etwa, um zu lernen oder zu bewundern, sondern um die Existenz dieser oder jener Freske, der einen oder andern Ruine, die für die Vollendung der «Dissertation» von Bedeutung ist, zu *verifizieren*: Was, wenn die Freske zufälligerweise zerstört war? Für viele der Mitglieder waren diese Besuche ein Quell der Angst: Die stoffliche Realität ihrer Studienobjekte schokkierte sie wie etwas Indiskretes: sich vorzustellen, daß die

«Via sacra», über die Caesar und Cicero gegangen sein sollen (dicuntur), nichts anderes ist als diese Folge realer unregelmäßiger, heißer Steinplatten, an denen sich die Zehen lebendiger Menschen namens Cicero oder Caesar stoßen! Wie unanständig! Sich auszumalen, daß man sich an den Rostren das Knie aufschlagen kann, daß junge Römer vor dem Tempel der Fortuna Virilis in lautes Gelächter ausbrechen und daß Titus durch den Triumphbogen gleichen Namens eingezogen ist, ein lebender Kaiser mit verächtlichem Lächeln auf schimmerndem Pferderücken: unannehmbar. Sich auszudenken schließlich, daß noch die letzte, zurückgebliebene Göre von Suburra imstande ist, «rosa» völlig korrekt in den Akkusativ zu setzen, ohne auch nur eine Sekunde zu zögern: unerträglich.

Für die Mitglieder des Instituts war es unverzeihlich, daß die Lateiner keine lateinischen Aufsätze schrieben. Man begreift daher, daß für sie Rom nicht in Rom lag. Ein weiteres Hindernis bei diesen «Besuchen»: Ein jedes Mosaikfragment stellt für das Mitglied die dünne Spitze einer Pyramide von Wissen dar, die es in ihrer Ganzheit abzurufen gilt, wenn man das kleine Fragment verstehen will. So kommt es, daß die Besuche – 52 pro Jahr – den Doktoranden während ihres dreijährigen Aufenthalts selten mehr als 20 Kirchen zu besichtigen erlauben. Die verheirateten Mitglieder – und solche gibt es – benützten, so sagt man, diese Besuche dazu, die Liebe und Selbstverleugnung ihrer Gemahlinnen auf die Probe zu stellen. Glücklicherweise teilen diese in der Regel ihre Ansichten und hüten sich, Kunst mit Kunstgeschichte zu verwechseln.

Wir geben diese Hinweise, wohlwissend, daß es hier um Diebstahl und Morde geht. Genau da aber ist es wichtig, die Gewohnheiten des Instituts zu kennen. Die Ereignisse, von denen wir berichten werden, erhalten dadurch mehr Profil.

Man könnte den Eindruck gewinnen, wir denken schlecht über die Mitglieder des Instituts. Unsere Beschreibung betrifft jedoch nur zu einem Teil die Gemeinschaft, von der jetzt die Rede sein soll. Zum andern hängt der Geist einer Gruppe sehr vom Chef dieser Gruppe ab. Und einen Chef gibt es, in Gestalt des «Direktors des Schweizer Instituts in Rom»; dieser Posten verlangt eine innere Berufung zum Kulturattaché, zum Familienvater sowie Sitzleder, drei Eigenschaften, die man nicht immer in einer Person vereinigt findet.

Für den «Signor Direttore» hält man im vierten Stock der Villa eine weitläufige Wohnung bereit. Früher wohnte hier die Gräfin; ihre Privatkapelle ist auf Kosten der Eidgenossenschaft in einen Raum für freundschaftliche Zusammenkünfte verwandelt worden. Indes, es ist ein goldener Käfig. Der Signor wird überwacht: vom Personal (die Flaschen Avanella, die er kippt, werden peinlichst genau gezählt); von der Sekretärin (Vorsicht bei zweifelhaften Kragen); und vor allem von den eidgenössischen Instanzen, die sich einen Spaß daraus machen, ihn um acht Uhr morgens von der Schweiz aus anzurufen, wenn der Direktor mit vom Scirocco (und vielleicht auch vom Avanella) brummendem Schädel auf dem gewaltigen Ehebett schnarcht, von dem die grünliche Decke vollends zurückzuschlagen, er mitten in der Nacht nicht mehr die Kraft hatte. Dennoch scheint sich der Direktor wohl zu fühlen in seiner Wohnung, die sich eines Gemäldes von absolut schreiender Farbgebung rühmen darf, eines Aktes von Valloton, einer Leihgabe der Schweizerischen Eidgenossenschaft. Es hat wohl damit zu tun, daß er es liebt zu leben, zu essen und zu trinken. Er liebt Rom, wo der Wein billig ist, die Nacht lau und die Menschen nicht diesem niederschmetternden und übertriebenen Perfektionismus huldigen. Er liebt die Mitglieder des Instituts mit einer verschämten und ungeschickten, jedoch innigen Liebe. Er, der im Sektor Musik nicht über die Walzer von Strauß hinausgekommen ist – sie bilden jeweils den unvermeidlichen Hintergrund für seine Tanzvergnügungen mit den weiblichen Mitgliedern (auf seiner großen Terrasse hoch über dem nächtlichen Rom), sieht sich in diesem Jahr von einem Heer von Musikwissenschaftlern umgeben. Doch er erträgt sie mit Gleichmut und unterhält sich mit ihnen bereitwillig über musikalische Semiotik und die Teratologie der Phoneme, die sich keinem Morphem erschließen. Er verfolgt sogar mit Interesse die Entwicklung der verschiedenen «Dissertationen» seiner großen Familie sowie den in mancher Hinsicht beunruhigenden Geisteszustand seiner Mitglieder. Manchmal könnte man vom Scharfsinn seiner Ratschläge sogar auf seriöse Medizinkenntnisse schließen.

Ja, ein Heer von Musikwissenschaftlern. Für gewöhnlich waren die eidgenössischen Instanzen darauf bedacht, die verfügbaren Plätze in der Villa Scura gerecht zu verteilen: einige Archäologen mit Nickelbrille, ein verschrecktes Kunsthistoriker-Triptychon, zwei oder drei krummnasige Philologen, ein Apolitologe und, hie und da, ein aleatorischer Musikwissenschaftler, der die reale Musik genauso verachtete wie seine Zunftgenossen das wirkliche Rom. In diesem Jahr jedoch sah sich das Institutskomitee mit einer Anfrage besonderer Art konfrontiert: Einige Musikwissenschaftler arbeiteten gleichzeitig über einige Musiker der Romantik, deren Beziehungen zu Italien, wenn auch nicht immer sehr eng, so doch zumindest nachweisbar waren. In Anbetracht der bemerkenswerten (aber nicht bemerkten) Tatsache, daß es kein anderes Schweizer Institut im Ausland gibt, genügte eine entschieden vorgetragene Begründung, um dem rechtschaffenen Forscher die Tore der Villa Scura zu öffnen: Man hatte sogar die Anwesenheit eines Camus-Spezialisten toleriert unter dem Vorwand, Camus habe der Ewigen Stadt irgendwo ein paar Zeilen gewidmet, obwohl er sie zugegebenermaßen von Herzen verabscheute. Kurz und gut, unsere Musikwissenschaftler, durch gemeinsamen Anlaß und Freundschaft miteinander verbunden, hatten wenig Mühe, die eidgenössischen Instanzen zu überzeugen.

Diese Intellektuellen waren von den Musikern ihrer Wahl dermaßen fasziniert, daß sie sich nur mit deren berühmten Namen anredeten. Wir folgen dieser Gewohnheit, wobei wir uns Mühe geben wollen, jegliche Verwechslung zu vermeiden. Die Unterscheidung zwischen dem Musiker des 19. Jahrhunderts und seinem Nacheiferer aus dem 20. Jahrhundert wird nicht immer leicht sein, denn gewisse Charakterzüge, gewisse berühmte Mängel, gewisse Feindseligkeiten, ja sogar, wie wir noch sehen werden, gewisse Eingebungen waren Vorbild wie Nachahmer eigen. Dessenungeachtet erlaubten sich unsere Musikwissenschaftler, vor allem bei Tages- (oder Neon-)licht manchmal, ihre Idole zu «kritisieren» und diese Genies einer hartnäckigen Analyse zu unterziehen in dem finsteren und rachsüchtigen Bestreben, hinter ihr Geheimnis zu kommen. Wir werden sehen, wie sich ihre Verschrobenheit zu regelrechtem Wahnsinn auswachsen wird. Dazu müssen wir auf den Abend des 8. Juni, den Abend des Verbrechens, zu sprechen kommen.

Wir sagten schon, daß an diesem 8. Juni das zehntägige Jubiläum der Unabhängigkeitserklärung der Schweizer in Rom gefeiert wurde. Es konnte nicht ausbleiben, daß sich sämtliche Bewohner der Villa Scura, um nur ja in ihr Studienobjekt einzudringen, als Italiener, Deutsche, Polen, Österreicher, Ungarn fühlten, doch mehr noch als Europäer, um nicht zu sagen als Weltbürger. Sie waren übereingekommen, spaßeshalber ihren Internationalismus zu proklamieren. Der Direktor, der sie nicht vor den Kopf stoßen wollte und im übrigen solchen Possen gegenüber nachsichtig war (hatte er nicht sogar zugelassen, daß am 1. Mai die rote Fahne von der Spitze des Turmes wehte?), spendierte zur Feier des bevorstehenden Festes liebend gerne ein paar Flaschen Avanella.

Zwei Worte zur Anlage des Gartens. Unter der Fürsorge des alten, über jeden Verdacht erhabenen Gärtners zeichnete er sich zu jeder Jahreszeit, und dies trotz Perioden schwerer Dürre, durch tadellose Rasenflächen aus: während die Mitglieder des Instituts sich im fünften Stock ihrer Dusche beraubt sahen, begoß Antonio, brummig und hartnäckig, mit gekrümmtem Rücken, von dem des Direktors gequälte Leutseligkeit abprallte, seine Hortensien. So stelle man sich den Kopf Rachmaninows vor (eines der Verrückten, der sich mit Rachmaninow beschäftigt), als er nackt und eingeseift, verschwitzt und nachdenklich am Wasserhahn drehte, von der «Brause» jedoch nichts weiter zu hören bekam als einen schwachen, unanständigen Seufzer: Er hebt die Nase, dreht am andern Hahn. Umsonst. Er begreift, doch ohne zu begreifen, daß er begreift (er behält seinen verblüfften Gesichtsausdruck). Dann vernimmt er in der Stille durch das offene Fenster das Plätschern von Springbrunnen, sieht vor seinem geistigen Auge zarte Regenbogen über einem

Rasen von paradiesischem Grün. Rachmaninow dreht sich in der engen Duschkabine dreimal um die eigene Achse und schließt aus verständlichen Gründen, daß sich Dinge und Menschen gegen ihn verschworen haben. Mit Seife in den Augen fängt er an zu weinen.
Der Garten umgibt also die Villa Scura. Der «dritte Stock» des Gebäudes liegt beinahe zu ebener Erde, eine Terrasse, zu der eine zweiteilige weiße Freitreppe emporführt, geht auf den Garten hinaus. Wir werden einfachheitshalber behaupten, diese Terrasse, auf die der «große Salon» sich öffnet, liege auf der «Rückseite» des Hauses. Doch niemand hat je sagen können, was an diesem Bauwerk hinten und vorne ist, denn man erreicht den erwähnten Garten, das heißt die Kuppe des scheinbaren Hügels, über eine endlos sich emporschraubende Rampe, die von Bäumen, Mauern und gewaltigen Hecken gesäumt ist; dergestalt daß man sich erst orientieren kann, wenn man die Höhe des Gartens erreicht hat. Glaubwürdige Mitglieder gehen sogar so weit zu behaupten, das Haus selbst ruhe auf einer Art riesiger Kugellager und ändere nächtlicherweise heimlich seine Richtung. Um ganz sicher zu sein, müßte man den Mut haben, in den «ersten Stock» vorzudringen, in dem sich die ganze Maschinerie befindet – vor allen Dingen ein weitläufiges, gewölbtes Verlies, das die verschämte Bezeichnung «Wäschekammer» trägt, sowie ein langer düsterer Raum, aus dem ein Klirren, Blasen, Quietschen, Seufzen zu vernehmen ist, von dem es heißt, es komme von der Heizung.
Kommen wir noch einmal auf den Garten zurück. Seine Anlage ist zu kompliziert, als daß wir sie hier vollständig zu beschreiben vermöchten. Nur so viel sollte man wissen, daß eine mehr oder weniger kreisförmige Allee das Haus vom eigentlichen Garten trennt. Dort, wo diese Allee an

der Terrasse und ihren Treppen entlangführt, bauten die Organisatoren des Festes eine behelfsmäßige Tanzbühne auf. Da Antonio mit dem Rechen in der Hand Wache stand, war es unmöglich, Tische und Stühle auf den Rasen zu stellen. Doch am Ende des Gartens befindet sich eine Laube, deren Boden mit Fliesen belegt ist. Hier tut sich auch der Abgrund der Treppen auf, die zur «Dépendance» der Villa Scura führen, einer Art dreistöckigen Brunnens, in dem in der Regel die verheirateten Mitglieder mit einem Hang zum Höhlendasein hausen.

Unter dieser Laube also wurden Tische und Stühle aufgestellt in Erwartung eines heiteren Abends, der jedoch, wie man weiß, in einem Drama endete.

Ja, die Mitglieder des Instituts verbargen ihre Freude nicht: Sie hatten von der Ankunft ihres Freundes Franz Liszt Kenntnis erhalten (er hatte die Mitgliedschaft wegen prunksüchtiger Vorfahren in der Villa d'Este nicht bekommen können). Dieser Freund fehlte ihnen in mancher Hinsicht. In erster Linie beruflich. Doch nicht nur deshalb. Seit einigen Wochen waren im Schweizer Institut äußerst starke Spannungen aufgekommen. Aus unerfindlichen Gründen hatten die Mitglieder den Eindruck, Liszt könnte sie vielleicht lösen. Sie wünschten es, und sie fürchteten es zugleich. Diese Spannungen begannen allmählich, die Arbeit der Doktoranden zu stören und zu beeinträchtigen.

Die Sonne war soeben untergegangen. Wir sind in Rom, denken wir daran. Muß betont werden, daß die Teilnehmer des Festes die neronische Feuersbrunst am Horizont geringschätzten, die noch einmal die letzten Funken des Travertins zum Glühen brachte? Aber ja, die Diskussion nahm die Gäste rund um den Tisch, auf dem ein, zwei gebratene Fasane thronten, viel zu sehr in Anspruch.

Man war übrigens vom Fasan ausgegangen, den Chopin, ein entrücktes Lächeln auf den Lippen, mit dem romantischen Künstler in Verbindung gebracht hatte. Die Anspielung Wagners auf den Hähnchenflügel, der Ursache des Streits zwischen dem wirklichen Frédéric und George Sand anlässlich eines Familienessens in Nohant gewesen war, vermochte Schumann nicht vom eigentlichen Thema abzubringen:
«Deine Musik hat Pfauenaugen, ich habe es selbst gesagt», schumannisierte er mit dieser ehrfurchtsvollen Zuneigung, die er seinem Freund stets entgegengebracht hatte. «Fasan, warum nicht?»
Chopin schwieg, indes er einen Schenkel des Tieres zwischen seinen glänzenden Fingern drehte. Dann:
«Ich stelle mir die folgende Frage; ich habe übrigens kürzlich bereits darüber gesprochen. Sind Bach und Mozart Fasane*?»
«Und bin ich ein Aufschneider?» piepste Paganini mit seiner seltsamen Stimme.
Paganini? Das war ein weiteres «Mitglied des Instituts». Wie sein Übername anzeigt, beschäftigte er sich mit dem großen Genueser Geiger. Er liebte es, dessen dämonische, wilde, furchterregende und faszinierende Erscheinung zu imitieren. Er selbst war übrigens nur ein mäßiger Geiger, doch er bewunderte und praktizierte Taschenspielerkünste, er war vernarrt in Mystifikationen, Luftsprünge und virtuose Possen. Mit Vorliebe ließ er als Bauchredner Tristan aus dem gebratenen Fasan sprechen. Er schien die Aufmerksamkeit Persanas, der Herrin Tristans, auf sich zu ziehen, einer jungen Person, die Gast des Direktors war und von der es hieß, sie sei schön, aber unnahbar. Paganini

* *Anmerkung der Übersetzerin:* Unübersetzbares Wortspiel mit *faisan* = Fasan und *faiseur* = Aufschneider.

arbeitete über «Die Kunst des Geigenspiels von Paganini» von Carl Gluhr, einem Bewunderer des Maëstros, der versuchte, dessen Technik zu analysieren. Seine Arbeit hatte weniger mit Musikwissenschaft denn mit der Technik des Saiteninstruments zu tun. Die Tatsache, daß er selbst ein mittelmäßiger Geiger war, zeigt deutlich, in welcher Richtung sich die Arbeit der Institutsmitglieder nur allzu oft bewegte. Paganini jedoch hätte, um ehrlich zu sein, vielleicht ein brillanter Techniker werden können. Doch das langweilte ihn ganz einfach. Er zog es vor, die Leute zu verblüffen, indem er einen Fasan verschlang, der zehn Sekunden später wieder auf dem Tisch lag, oder indem er in den Gängen des ersten Stockes als Gespenst umging.

Sein Einwurf heimste lediglich einige vereinzelte Lacher ein, insbesondere von Seiten des Direktors und seiner Frau, die, des Französischen wenig mächtig, keine Gelegenheit ausließen, laut und übertrieben zu beweisen, daß ihnen der Sinn dieses oder jenes Wortspiels keineswegs entgangen war.

«Ob Bach und Mozart Fasane sind?» ergriff Schumann, noch immer aufmerksam, erneut das Wort. «Ich verstehe nicht ganz.» Schumann träumte unter anderem davon, eine ebenso blumige Sprache zu schreiben wie der wirkliche Schumann, als er in der *Neuen Zeitschrift für Musik* mit geheimnisvollem Enthusiasmus einen gewissen Frédéric Chopin und, viel später, mit derselben Witterung einen gewissen Johannes Brahms entdeckte. Doch es ist nicht einfach, wissenschaftliche Objektivität mit Poesie zu verbinden. Chopin, so schien es ihm, konnte es, und seine paradoxen Aussprüche, die er mit scharfer, intelligenter, leicht trauriger, unbeteiligter und verächtlicher Stimme vorbrachte, beeindruckten seinen Kollegen tief. Ah, dieser Chopin, wie hatte er doch sein Vorbild studiert! Bis hin zu jenem bitteren Zug um den Mund, den Clesinger in der Totenmaske festgehalten hatte.

Doch es war Franz, der mit seinem üblichen Charme und Schwung dazwischenfuhr. Wenn er sprach, spitzte sogar der Hund, eine wunderschöne schwarze Bracke, die Ohren und schaute ihn an. Die Anziehungskraft Paganinis war nicht zu leugnen, doch man wehrte sich immer ein wenig dagegen, als ob man die Geheimnistuerei spürte. Diejenige Liszts jedoch riß vorbehaltlos mit. Man mußte diese Wagneraugen gesehen haben! Bloß Chopin blieb auf der Hut und wahrte eine geradezu klassische Zurückhaltung.

Der Wein – muß es noch sonderlich betont werden – war schon reichlich geflossen. Und mit Einbruch der Nacht identifizierten sich die versammelten Freunde immer überzeugter und immer wollüstiger mit ihren Idolen, und dies, obwohl zwei Tage zuvor einige von ihnen erklärt hatten – wir werden noch sehen warum –, sie wollten in Zukunft auf dieses Maskenspiel verzichten.

Was immer an ihrem Äußern nicht ganz mit dem Vorbild übereinstimmte, verlor sich in der Dunkelheit. Dergestalt dass der Direktor, seine Frau und ihr Gast einem wahrhaft erstaunlichen, ja verwirrenden Schauspiel beiwohnten. Ein ganz leichter Wind war aufgekommen und raschelte im wilden Wein der Laube. Der Himmel spielte ins Violett. Der Mond ging auf, wie er dies seit Ewigkeit tut. Die Mauern des Instituts entschwanden den Blicken. So öffnete sich der Garten nach und nach der Gegenwart Roms. Ja, jede Nacht war es das gleiche erstaunliche Phänomen: Dieses lächerliche und ein für allemal datierte – und wie datierte! – Bauwerk fügte sich harmonisch in die Jahrhunderte ein, und der Mond half ihm, mühelos über die Jahrtausende hinwegzukommen. Die Villa Scura legte ihrem

Namen mehr Ehre ein, und statt prätentiös wirkte sie nun mit einemmal großartig. Sie wetteiferte nicht länger mit Sankt Peter, sondern hielt Zwiesprache mit seiner Kuppel im Hauch des Abendwinds. Sie spottete nicht länger der Renaissance-Pracht des Casino Ludovisi und auch nicht der Armut der Außenquartiere (dies entspricht nicht Wagners Ansicht). Sie war mit ihrem Turm nun wirklich so etwas wie das Periskop der Toten, die, über die Wogen der Zeit hinweg, ihre wahrhaft unveränderte, wahrhaft ewige Stadt wiederfanden. Und das Grollen der Untergrundbahn unmittelbar unter den Fundamenten der Villa, stammt es nicht von diesen Toten, die erwachen und zu den Luken des Turms emporsteigen, um sich zu vergewissern, daß die zahllosen Sonnenuntergänge ihnen ihre Stadt nicht verbrannt haben?
Liszt also hatte das Wort ergriffen:
«Ich glaube, ich verstehe Frédéric. Du bist der Meinung, der Künstler der Romantik sei, im Gegensatz zu Bach und Mozart, ein Fasan. Du spielst dabei an auf die entsetzliche Metamorphose, die wir heute nachmittag beim Rupfen dieser armen Tiere beobachtet haben. Dieser schillernde Glanz, dieser Reichtum an Farben...»
«Die die Palette Thalbergs, Kalkbrenners und sogar Liszts in den Schatten stellt...» (Zwischenbemerkung Paganinis).
«Welche Würde, unerreichbar selbst für den edelsten aller Menschen! Und wenn wir von der äußeren Erscheinung absehen, was haben wir dann vor uns? Ein elendes, blutiges, mißgestaltes Huhn. Demnach wäre der Künstler der Romantik ein Mensch, der Wunderbares schafft vor dem Hintergrund einer elenden Menschheit. Ist es das, was du meinst, Frédéric?»
«Genau das.»

«Abgedroschenes Gerede», brach Wagner den Bann, mit einer Mischung aus Herablassung und Ärger. «Das Testament von Heiligenstadt ...»
«War Beethoven ein Romantiker?»
«Lassen wir das», fiel Chopin ihm ins Wort. «Meine Frage, die sich auf Bach und Mozart bezog, sollte uns zu einem wesentlichen Punkt führen: Ist nicht jeder Künstler ein Romantiker? Ist nicht jede Kunst romantisch?»
«Davon bin ich überzeugt.» (Schumann machte ein düsteres Gesicht.)
«Schau, schau, was fällt dir ein?» ertönte die Stimme Liszts, dessen wunderschöne, selbstverständlich von Fett glänzende Hände im Schein der Kerzen den Flügel eines Fasans zerteilten. «Ich war der Meinung, deine Arbeit bestehe darin, das Werk Schumanns von allzu menschlichen Überlegungen zu befreien. Dein Thema: ‹Der Aufbau der *Kreisleriana*› ...»
«Die Struktur der *Kreisleriana*.»
«... Struktur der *Kreisleriana* geht in diese Richtung.»
«Ja, aber das hindert mich nicht daran, Fragen zu stellen.»
«Das ist genau wie bei mir: Kann man sich über die Violintechnik eines Genies auslassen, wenn diese Technik im Grunde genommen von einer Transzendenz herrührt und letztlich auf die Mystik verweist?»
All diese Bemerkungen, das muß gesagt sein, schienen von einer Aggressivität erfüllt, die vom Thema her nicht gerechtfertigt war. Es war, als ob die Teilnehmer, mit Ausnahme vielleicht von Liszt und Paganini, wenig Interesse daran hätten, die Diskussion voranzutreiben, sondern vielmehr sich selbst in den Vordergrund zu stellen und einen Gegner zu besiegen trachteten.
«Was die Transzendenz der Technik betrifft», wagte Rachmaninow sich plötzlich hervor, «so bin ich absolut einver-

standen. Ihr braucht euch nur die Aufnahmen Sergejs anzuhören: kann sein, gewisse Pianisten haben heutzutage genau die gleiche Technik. Doch in Wirklichkeit ist es nichts ...»
Er schaute vom einen zum andern mit untertänigem, feuchtem, besorgtem Blick.
«Das ist auch die einzige Transzendenz, die deinem zurückgebliebenen Kerl bleibt», brummte Tristan Paganini zuliebe.
Rachmaninow, einmal mehr in Zweifel über sich selbst, senkte den Kopf, was den Direktor seinerseits beunruhigte. Franz hielt es für angebracht, seine Blicke zu versprühen: «Was halten Sie, meine Damen und Herren, von dieser chaotischen Diskussion? Wir bedürfen der Ansicht eines Laien.»
«Persönlich würde ich sagen ...» (rülpste der Direktor, ließ seine «r» rollen, rieb sich den Bauch und schob die Schultern vor wie ein Ochse, der im Begriffe ist, eine Libelle zum Tanz aufzufordern. Doch man durfte sich von dieser scheinbaren Schwerfälligkeit nicht täuschen lassen: die Glubschaugen des Direktors verfolgten jedes Gespräch bis zur letzten Gebärde mit äußerster Aufmerksamkeit und stets wacher Intelligenz.) «Persönlich würde ich sagen, Ihr Problem sei sehr interessant, doch müßte man, um es zu behandeln, eine wissenschaftliche Haltung einnehmen ... Wenn die Musikwissenschaft wirklich eine Wissenschaft ist ...»
«Dies ist wohl in erster Linie die Frage», unterbrach ihn Schumann mit unverhohlener Aggressivität.
«Ja, das ist das Problem, zumindest der Geisteswissenschaften oder, besser, der nicht-exakten Wissenschaften. Doch welches ist ihre Ansicht, meine Damen?» fragte Liszt, der eine nahende Gefahr witterte, hartnäckig.

Die Frau des Direktors, Linguistin und Romanistin in einer Person, bezeichnete sich als wenig zuständig. Sie sprach sanft und mit einem überaus warmherzigen Lächeln. Rachmaninow bemerkte es und bezog es auf sich.
«Und Sie, Fräulein?»
«Oh, ich fühle mich keineswegs zuständiger.» (Sie sprach mit einer Mischung aus Ironie und Verwirrung. Die Ironie schien ihr selbst und ihrer eigenen Unwissenheit zu gelten, als fürchte sie, die Doktoranden könnten sich in corpore über sie lustig machen.)
«Wir langweilen Sie mit unseren Geschichten», brummte Wagner, dem es endlich gelungen war, mit Hilfe eines Knochens Tristans Aufmerksamkeit auf sich zu lenken.
«Aber ganz und gar nicht!»
«Es stimmt schon», murmelte Chopin, «die Frage, ob Bach und Mozart Fasane seien, ist nicht besonders wichtig. Vor allem für Sie als Ärztin, die Sie gewiß mit Problemen von größerer Dringlichkeit zu tun haben.»
«Ich bin bloß Medizinstudentin und noch ganz am Anfang.» Persana brach in ein verwirrtes, jedoch herzhaftes Lachen aus.
Wagner:
«Ich möchte das Gespräch nicht an mich reißen, doch was ist wichtiger: zu wissen, daß Baudelaire an Syphilis im dritten Stadium gestorben ist oder daß er mir, daß er Wagner, im Februar 1860 einen Brief über Tannhäuser und Lohengrin schrieb?»
Schumann schien diese Bemerkung regelrecht Kummer zu bereiten.
«Vielleicht ist der Tannhäuser wichtiger als die Syphilis, aber die Syphilis ist wichtiger als deine Bemerkungen über den Tannhäuser», flocht Paganini mit der üblichen Leichtigkeit lachend ein.

Liszt seufzte:
«Das ist die Frage nach der Bedeutung des Schusters und Shakespeares.»
«Wir stellen viele Fragen und bekommen wenig Antworten heute abend.» (Chopin und Liszt lächelten sich verständnisinnig zu.)
Und Schumann:
«Es ist das Los der Künstler – daß wir nicht sind.»
Es trat ein Schweigen ein, in Verlauf dessen, wie immer, wenn ein Engel vorbeigeht, das Geklapper der Gabeln überlaut erschien. Der Mond, kein Zweifel, kam am Himmel auf, und jemand schlug vor, einen Plattenspieler im Freien aufzustellen. Man hoffte, Liszt würde später im großen Salon Klavier spielen. Bei offenen Fenstern würden die Töne mühelos in der Laube zu hören sein. Und auf dem Tanzpodest erst recht. Doch Franz hielt es nicht für angebracht, die Gesellschaft so früh schon zu verlassen. (Er galt als hervorragender Pianist. Seine Ähnlichkeit mit dem wirklichen Franz war so verblüffend, daß man vermutete, er sei ein natürlicher Sproß des würdigen Franziskaners. Körperlich hatte er die gleiche stolze Adler-Allüre, das gleiche gewellte Haar, die gleichen langen, kräftigen Hände, den gleichen durchgeistigten, träumerischen, faszinierenden Blick. Geistig schien er den gleichen Reichtum an Güte, an Engelhaftigkeit, das gleiche Wissen um Dämonisches zu besitzen. Nur hatte unser 20. Jahrhundert diese Eigenschaften in anderer Weise ausgebildet: man würde von positiver, aber bewußter Persönlichkeit sprechen, von negativen Schwingungen, von ausgelebter und zugleich den weiblichen Part akzeptierender Männlichkeit etc. ... Gewiß.)
Franz weigerte sich also vorübergehend, jedoch mit Nachdruck, sich im großen Salon abzusondern, und wäre es

auch gewesen, um in der Musik zu kommunizieren, und er
erklärte ohne die geringste bewußte Koketterie, die Platten vermöchten ihn vollkommen zu ersetzen. Man beriet
sich mit dem Nebentisch, an dem die meisten der Nicht-Musikwissenschaftler saßen – denn schließlich gab es da
auch einen Philologen, einen Archäologen, einen Kunsthistoriker, einen gewöhnlichen Historiker und ein paar
Unbestimmte. Es wird bald von ihnen die Rede sein. Halten wir bloß fest, daß Schumann, Chopin, Wagner, Paganini und Rachmaninow die Gruppe der Romantiker bildeten und daß keiner der Doktoranden sich Beethovens,
Schuberts, Mendelssohns und Brahms' angenommen
hatte. Wir sind folglich weit von einer vollständigen Romantiker-Runde entfernt. Müßten da nicht noch Berlioz,
Verdi, Tschaikowsky, Wolf, Scriabine und so mancher
andere vertreten sein? Und die «kleinen Meister», die
Aloysius Bertrand der Musik, etwa ein Charles-Henri-Valentin Morhange, genannt Alkin, der verrückte hypochondrische Virtuose, Schöpfer des «Gelages des Äsop»,
der unter einem herabstürzenden Talmud den Tod fand...
Die überraschende Anwesenheit Rachmaninows erklärt
sich aus der Bedeutung des Themas, das er behandelt: die
Möglichkeit einer romantischen Sprache im 20. Jahrhundert. Doch seien wir uns bewußt: Sämtliche Komponisten,
von denen hier die Rede war, und noch viele weitere sind
im Geiste unserer Fachleute präsent, desgleichen die nicht-musikalischen Ausdrucksformen der Romantik: Schumann kennt die schwarzbebrillte Bitternis Heines wohl
und auch Goethe, der die Stirn runzelt über dem «Erlkönig» von Schubert. Wagner vergißt den Zorn jenes
Tages nicht, an dem Nietzsche in Triebschen scheinheilig
das «Triumphlied» von Johannes Brahms auseinandernahm; Chopin weiß genau, daß einer seiner besten Freunde

Delacroix heißt und daß sie in einem holprigen Pariser Fiaker leidenschaftlich über die Reinheit Bachs und Mozarts diskutierten. Was Liszt angeht, so vergißt er überhaupt nichts, nicht den stacheligen Kuß, den er eines schönen Tages im Jahre 1823 von einem tauben Hypochonder namens Beethoven erhalten hatte; nicht den Chromatismus, den ein Freund ihm wegdiskutierte; nicht das 20. Jahrhundert, das er mit erschöpftem Adlerblick in den trüben Wassern Venedigs erschaute, als er, ein Greis bereits, *La Gondole funèbre* und *La Bagatelle sans tonalité* schrieb; schon gar nicht die Stunden römischer Glückseligkeit, die er im Garten des Papstes verbrachte, nicht die Heirat in der Kirche San Carlo al Corso, die der Gott der Künstler ihm gerechterweise ersparte, nicht die schönen Römerinnen, die ihm vor lauter Liebe unter die Soutane faßten.

Doch wir schweifen einmal mehr vom Thema ab. Es ging uns lediglich darum, die Sturm-und-Drang-Atmosphäre unserer Musikwissenschaftler heraufzubeschwören, um sie besser von ihren wissenschaftlicher gestimmten Kollegen unterscheiden zu können.

Offen gestanden ist der Umstand, daß es zwei verschiedene Tische gab, einen für die Musik, den andern für den Rest, und daß der Direktor ersterem den Vorzug gab, für das Fest zweifellos von Bedeutung.

Die Nicht-Musiker werden wir noch kennenlernen, wenn Liszt sie nach dem Diebstahl und den Verbrechen, deren Stunde naht, im Einverständnis mit dem Direktor dem Verhör unterziehen wird. Doch jetzt ist der Plattenspieler in Betrieb genommen worden, und die Slawischen Tänze von Dvorak wiegen die Mönche des benachbarten Klosters in den Schlaf (ausgerechnet Franziskaner, jedoch irländische – wie kann man irischer Mönch sein in Rom?).

Zu den Frauen mußte man, außer der Gattin des Direktors und ihrem Gast, wohl oder übel auch die Frau des Historikers und des Philologen zählen, während der Archäologe und der Kunsthistoriker sich dem Zölibat verschrieben hatten. Ich vergaß zu erwähnen, daß sich unter den Mitgliedern auch ein Philosoph mit Nietzsche-Schnurrbart befand, der sich von Zeit zu Zeit ziemlich treffend in die Konversation der Musikwissenschaftler einmischte. Doch zufälligerweise saß er am andern Tisch. Man hatte ihn stark im Verdacht, in Persana verliebt zu sein, und vielleicht hielt er sich abseits, um nicht allzu sehr zu leiden.

Der Abend war für die Jahreszeit, selbst in Rom, ungewöhnlich warm. Niemand hatte Lust zu tanzen; man wartete auf die Kühle. Oder, so schien es Liszt, man wartete auf etwas anderes und beobachtete sich gegenseitig, mehr als sonst. Besonders Paganini konnte keine Bewegung machen, ohne daß mehrere prüfende Augenpaare ihm folgten. Im Kerzenschein konnte man ihre Bewegungen in der Tat kaum unterscheiden, und Niccolò erinnerte wirklich ein wenig an einen caravagesken «Betrüger». Er schien jedoch keineswegs die Absicht zu haben, Karten zu spielen oder sonst in irgendeiner Weise zu betrügen. Er schien sich der Überwachung seiner Person nicht einmal bewußt zu sein. Er setzte mit weit ausholenden Bewegungen zu einer halsbrecherischen Plauderei über die Transzendenz an, mit der er vor allem die Aufmerksamkeit Liszts auf sich zog, der in manchem sein Ebenbild war.

«Du siehst, es ist eigenartig, wie das 19. Jahrhundert uns beiden einen Pakt mit dem Teufel nachsagt. Das heißt den beiden Musikern, die wir aus ganzer Seele lieben und imitieren. Doch was ist das, der Teufel? Ganz einfach das Übermenschliche. Meine Doppelsaiten, deine halsbrecherischen Sprünge usw. Aber warum ausgerechnet der Teu-

fel und nicht Gott? Du wirst mir sagen, das sei das gleiche. Oh, nein, Thomas Mann hätte da ein Wörtchen mitzureden, wir haben übrigens bereits darüber gesprochen. Gott gibt dem Menschen jegliche Freiheit, selbst die, ihn nicht zu lieben, nicht jedoch die, über sich hinauszugehen. Ausgezeichnet. Aber wenn es so ist, warum, noch einmal, der Teufel? Doch meine Frage heute abend ist eine andere: Warum glaubt das 20. Jahrhundert, das doch so scharf ist auf transzendentale Praktiken, weder an Gott noch an den Teufel? Der Übermensch, den unser liebenswürdiger Nachbar Nietzsche in all seinen Gelübden angerufen hat, ist in Wirklichkeit nichts anderes als ein hervorragender Spezialist. Das mephistophelische Genie ist zum unfehlbaren Pianisten geworden und spielt sowohl im Konzertsaal wie im Aufnahmestudio.»
«Sicher. Das 20. Jahrhundert kennt nur fragmentarische, hochspezialisierte, mechanisierte Übermenschen. Es kommt mit seinen ständig wiederholten Übungen genauso wenig an das Genie heran, wie eine Frau durch Hantelnstemmen schöne Arme bekommt. Ich will die Vergangenheit nicht idealisieren, doch die Stärke eines Liszt oder Chopin besteht darin, daß sie ebenso große Musiker wie Virtuosen waren, oder mehr noch, ebenso große Seelen wie große Künstler. Man sagt heute, das habe nichts miteinander zu tun. Ich bin da nicht so sicher. Ich bin nicht bereit, das menschliche Wesen aufzuteilen. Man könnte das Genie so definieren, wie Napoleon das Glück definiert hat: als höchste Entwicklung *aller* Fähigkeiten.»
«Ja, absolut einverstanden. Ich wiederhole es, und ich bestehe darauf», unterbrach Schumann. «Die Gesetze der Moral bestimmen die Kunst.»
«Puh!» (Das war Wagner). «Aber ich gebe euch zu, daß uns Genie in allem abgeht. Sogar in der Liebe.»

«Was willst du damit sagen?» (Nur Chopin konnte so fragen, mit dieser vollkommenen Mischung aus Kälte und Vornehmheit.) «Folgendes ...»
Richard hatte sich schlicht und einfach mit einer plötzlichen, jedoch anmutigen Bewegung auf den Tisch gesetzt. Seine Gefährten schienen, mit Ausnahme von Liszt, gewaltig verstimmt.
«Auch in der Liebe sind wir Spezialisten geworden. Nicht nur, daß man – Sie gestatten, meine Damen – die Technik bevorzugt. Man betrachtet sie vielmehr als etwas Gesondertes, unabhängig vom Gefühl, mit dem ich übrigens nichts anzufangen weiß, vom Gesellschaftlichen, Beständigen usw. ... Bestimmt, wir lieben nicht mehr wie im 19. Jahrhundert.»
«Das reicht.» (Das war die auf einmal sehr leise Stimme Schumanns. Bloß Chopin verstand ihn und warf ihm einen zugleich düsteren und gespannten Blick zu.)
«Glauben Sie nicht, dass Sie idealisieren?» warf der Direktor mit seinem holprigen Akzent ein. Er schien sich aufzuregen, und seine vorstehenden Augen schimmerten ängstlich im Widerschein der Kerzen. Zum großen Ärger der Gäste kletterte Paganini ebenfalls vergnügt auf den Tisch.
«Übrigens, Richard, ich habe dir bereits gesagt, was ich denke von ...»
«Wie ist deiner Meinung nach Rom erbaut worden?»
«Ich verstehe nicht», sagte der Direktor mit tonloser Stimme und starrem Blick. (In der Tat, dachte Chopin, der sein Wissen von George Sand hatte, er spricht wie der Baron von Nucingen oder wie der Cousin Pons).
«Ja: ‹Ich kann den Geist der Musik nirgend anders sehen als in der Liebe›. Wissen sie, daß dieser erhabene Satz von mir stammt?» (Er zitierte mit leicht verzerrter Übertreibung.) «Und der Geist der Plastik? Derjenige der Poesie?

Woran dachte Bernini, als er die Heilige Theresa schuf?»
«Daran, Borromini zu übertreffen», brummte Paganini, den die Worte Wagners verstimmt hatten und den es nicht gleichgültig ließ, wenn der Hund Tristan seine hingebungsvolle Aufmerksamkeit diesem Redner zuwandte.
«Nein, ich will sagen: Warum ist Rom entstanden? Ich spreche von den Colonnaden Berninis oder von Santa Maria Maggiore. Nicht von Centocelle oder anderen Außenquartieren. Centocelle ist entstanden, um einigen Zehntausenden von Arbeitern am Rande des Elends unzureichende, will heißen ungesunde Wohnstatt zu sein.»
«Oh, der Aufwiegler von Dresden! Wir kennen sie, deine Litanei. Geh doch zurück zu Bakunin und erkläre ihm, daß die Neunte nichts taugt», kläffte Paganini.
«Du, halt's Maul!»
Liszt, der Persana beobachtete, sah, daß sie sich versteifte. Chopin setzte ein sarkastisches und überhebliches Lächeln auf. Schumann schien einmal mehr Kummer zu haben. Die andern hörten mit offenem Mund zu, doch niemand unterbrach Wagner:
«Ich behalte mir vor, euch ein anderes Mal von Centocelle zu erzählen. Und ihr werdet euch nicht drücken, Mandarine, die ihr seid. Centocelle straft so ziemlich alles Lügen, was ich euch jetzt sagen werde, aber sei's drum. Ich erkläre euch euer Jahrhundert und auch das meine. Also, ich frage euch, warum gibt es Rom, dieses Rom, das ihr kennt. Welches ist die Kraft oder die Illusion, die es geschaffen hat, die es am Leben erhalten hat bis ins Zeitalter der Romantik, doch nicht bis in unser Jahrhundert, traurige Wahrheit, der ihr euch weigert ins Auge zu blicken? Ich bitte Sie, meine Damen und Herren, machen Sie nicht diese verlegenen Gesichter, kommen Sie mir nicht mit diesen miesen Erklärungen, lassen Sie die zweitrangigen, ewig

gleichbleibenden Gründe beiseite. Vergessen Sie die Befehle Julius II., den größenwahnsinnigen Antisemitismus des Titus, das größenwahnsinnige Christentum des Constantin, die wunderlichen Demonstrationen und *panna montata* der Gegenreformation, die strategischen Überlegungen des Aurelian, die Notwendigkeit, der Caecilia Metella ein züchtiges Grabmal zu errichten und was weiß ich noch alles. Denken wir nur an die erste und letzte Kraft, fragen wir uns, warum wir auf diesen im Augenblick mondbeschienenen Hügeln im Staub der Jahrhunderte wandeln und nicht einfach nur in Staub an sich.»
«Sie sind lyrisch.» (Das war die ruhige, ironische und schüchterne Stimme Persanas.) «Und was wäre dann die Ursache von alledem?»
Wagner war zunächst erstaunt über diese Bemerkung, dann erklärte er in gelehrtem Ton:
«Mein Fräulein, ich werde Ihnen den Grund offenbaren. Sind andere Personen hier unter uns, die sich ebenfalls in Unkenntnis über diesen Gegenstand befinden? Ich fürchte, meine Vorlesungen haben nicht die Früchte getragen, die ich erwartet hatte.»
«Hör mal, Richard!» tadelte Paganini, wie man ein Kind tadelt. (Niccolò hatte sich übrigens wieder gesetzt.)
«Also, dieser verlorene Grund, das ist doch offensichtlich der *Unterschied.*» (Er sprach laut und deutlich.)
Es war wieder der Direktor, der antwortete, als sei ihm diese Erwiderung gerade recht gekommen:
«Ich verstehe nicht.» Und Liszt wie ein Echo:
«Wir auch nicht.» (Er versuchte die Atmosphäre zu entspannen, indem er seiner Unwissenheit eine heitere Wendung gab.) «Wir auch nicht, alle, die wir hier sind.»
«Schaut, schaut, ihr enttäuscht mich alle, und einige ganz besonders.»

Wagner schaute beim Reden starr auf Tristan. Der Hund blieb fasziniert, doch er senkte sehr menschlich mit vorwurfsvoller Miene den Kopf: fasziniert, jedoch nicht überzeugt, weit davon entfernt.

«Der Unterschied, das will heißen» (er sprach mit leiser Stimme, die sich kaum über den Lärm der Stadt und das Rascheln des wilden Weins erhob), «daß das Wesen des Menschen Begierde ist und daß die Begierde nicht identisch ist mit dem Wesen ... wie unser Freund Nietzsche sagen würde!» rief er mit einem unangenehmen Lachen aus.

«Ihre Bemerkungen sind vom linguistischen Standpunkt aus gesehen interessant», liess der Direktor sich vernehmen, der sichtbar schwitzte und richtiggehend Angst zu haben schien.

«Und das, verstehen Sie, hat die Romantik wiederholt, hat es über ganze Werke hinweg immer wieder hergesagt.»

«Ach, hör doch auf, uns zu belehren, wir haben verstanden ...»

«He, du, Philosoph, willst du uns nicht deine Meinung dazu sagen?»

Man sah am andern Tisch das bestürzte schnurrbartbewehrte Gesicht des Mannes auftauchen, der den Übernamen Nietzsche trug.

«Komm zu uns!» rief Wagner wie ein Dirigent, der eine ferne Tuba feierlich zum Einsatz auffordert.

«Ich?» «Ja, du.»

Der Philosoph zögerte sichtlich. In einiger Entfernung vom Musikertisch stehend, fühlte er sich noch unbehaglicher, als wenn er sich in ihrer Mitte befunden hätte. Deshalb entschloß er sich, schob unter Entschuldigungen seinen Stuhl zurück und ging unter den leicht verächtlichen Blicken des Historikers, des Philologen und deren ehrenwerten Frauen auf Wagner zu.

«Was gibt es?» fragte der Philosoph, ohne jemanden anzuschauen.
«Wir möchten wissen», bemerkte Wagner, indem er überdeutlich mit den Augen zwinkerte, «was du vom Unterschied hältst.»
«Aber ...»
Friedrichs Augen ruhten auf Persana, die den Blick gesenkt hatte.
«Wollen wir nicht lieber tanzen gehen?» ließ Paganini sich vernehmen und stand unvermittelt auf. Seine Bewegung hatte die Aufmerksamkeit aller Gäste auf sich gezogen, die ihn nun wieder mißtrauisch anschauten.
Und dann der Direktor, an Persana gewandt:
«Darf ich Sie zum Tanzen auffordern?»
«Aber gern», sagte sie lächelnd und stand auf.
«Spielen Sie für uns, Franz?» bat die Frau des Direktors gebieterisch. Auch sie schien offensichtlich erleichtert über die Ablenkung. Liszt ließ seinen Blick über die Versammlung schweifen. Nietzsche blieb mit hängenden Armen stehen. Wagner machte ein böses Gesicht. Ohne Zweifel eine Folge des Alkohols und des Ärgers über die Störung. Es bahnte sich eindeutig etwas an.
«Aber ja», insistierte Paganini. «Das würde uns Spaß machen. Du könntest die verschiedenen Versionen deiner *Valse oubliée* spielen ...»
Liszt hatte mindestens zwei Gründe, um abzulehnen: Erstens, sein Gefühl warnte ihn vor einer nahenden Gefahr, die seine Anwesenheit, so schien es ihm, vielleicht abwenden konnte. Zweitens, er war dem Charme Persanas gegenüber nicht gänzlich unempfindlich, und ein Tanz mit ihr wäre ihm nicht unangenehm gewesen. Wenn er es doch nur getan hätte! Doch er hörte nur auf seine Großzügigkeit und gab dem immer stärkeren Drängen seiner Kollegen nach.

«Komm», sagte Niccolò zu ihm. «Ich werde dich in unseren großartigen Salon begleiten.»
«Möchten Sie, daß ich mitkomme?» fragte der Baron von Nucingen, der sichtlich eine abschlägige Antwort erwartete.
Persana kam ihm zu Hilfe:
«Oh nein, Sie sind mein Kavalier.»
Der Direktor breitete seine dicken Arme in einer übertriebenen Gebärde der Ohnmacht aus.
Man erhob sich, begab sich zur Tanzfläche, die von schwachen rötlichen Laternen beleuchtet war. Der Nachbartisch setzte leicht verwirrt sein *chiacchierata* fort, ohne Anstalten zu machen, den Musikwissenschaftlern zu folgen; nur Nietzsche hatte sich ihnen angeschlossen und forderte als erstes die Frau des Direktors zum Tanze auf, was Wagner ein verständnisinniges Lächeln entlockte.
«Was soll ich euch spielen?»
«Die Walzer von Brahms», schlug Schumann vor.
«Warum nicht die von Meyerbeer?» grinste Wagner.
«Ich werde mich entscheiden, wenn ich am Klavier sitze. Ich werde die blaue Note suchen, wie du», sagte Liszt lächelnd zu seinem Freund Chopin, der mit der gewohnten Zurückhaltung den Kopf schüttelte. Doch auch er wirkte seltsam aufgeregt. Rachmaninows weißes Hemd (wie machte er es bloß, stets makellose Hemden zu tragen? Jedermann weiß, daß Junggesellen, wenn auch nicht schmutziger sind als Männer, die mit einer Frau zusammenleben, so doch auf eine andere Weise sauber. Daß ihre Sauberkeit lediglich ein neutraler, aber keineswegs positiver Zustand ist. Neutral und gerade deswegen zweifelhaft. Denn ihre Sauberkeit bietet sich nicht dem Körper der andern dar. Einen auf positive Weise sauberen Einzelgänger gibt es nicht. Oder dann ist es eine Manie bei ihm, dann ist er ein gefährlicher Irrer. Aber selbst dann bleibt ein

solches Wesen ein Körper-für-niemanden und wird nie für andere duften. Erst recht nicht ein einzelgängerisches Institutsmitglied.) Rachmaninows weißes Hemd also führte den kleinen Zug an. Man ging durcheinander mit reichlich unsicherem Schritt, da man dem Avanella des Direktors ausgiebig zugesprochen hatte. Während der 40 sehr dunklen Meter, die die Laube von der Terrasse trennten, hätte man innerhalb der Gruppe mindestens zehn Positionswechsel ausmachen können, vergleichbar dem unsteten Flug von Eintagsfliegen um etwas Weißes, das jedoch nicht Sergej sein konnte und dem sich doch keiner auf mehr als zwei Meter zu nähern wagte.
Tristan jedenfalls folgte, und Liszt machte es Spaß, ihn zu streicheln. Paganini (Franz erinnerte sich später genau daran) ließ ihn nicht von seiner Seite, indes er einige brillante Äußerungen zum Thema Musik und Tanz von sich gab. Er schien gleichsam auf den überspannten Saiten seiner Kollegen zu spielen, in aller Unschuld allerdings. In Begleitung von Franz überquerte er die Tanzfläche, ließ die Gruppe hinter sich und ging auf die Terrasse zu, um in den Salon zu gelangen. Ein großer Steinway wartete am Fenster, sichtlich bereit zu einem Flug über Rom.
«Hast du», bemerkte Paganini, «schon einmal an das Aristotelische am Klavier – überhaupt an jedem Musikinstrument – gedacht? Wenn du bedenkst, daß dieser Sarg die fünfte deiner *Etudes transcendantes* von sich gibt, als wären es Irrlichter! Und daß er die 32 Sonaten des unglückseligen Freundes – weise und gewaltig – in sich trägt; daß er das Wohltemperierte Klavier bei guter Wärme in sich bewahrt...»
Liszt verzog das Gesicht über so viel leere Virtuosität. Er hielt sich aufrecht in der Wölbung des Flügels und schaute hinaus auf die Tanzfläche.

«Du bist immer der gleiche. Mit all deiner Phantasie willst du mir tatsächlich weismachen, deine musikwissenschaftliche Arbeit erfülle dich ganz?»
«Aber ganz und gar nicht. Doch es gibt noch anderes als Arbeit im Leben.»
«Verliebt?»
«Natürlich. Auf meine Weise. Aber wie hast du es erraten?»
«Deine Fiebrigkeit vielleicht, deine allzu gute Laune. Ich weiß nicht.» (In der Tat fragte sich Liszt, warum diese Frage ihm in den Sinn gekommen war.) «Aber darf man wissen, in wen und wie?»
«Mein Lieber, du mußt spielen, und mein Adagio amoroso würde wirklich zu lange dauern. Doch ich erzähle es dir vielleicht später einmal. Was das Wie betrifft, so kann ich dir nur sagen, es ist hier nicht leicht, die Liebe zu leben. Doch ich versuche es. Spiele, mein Lieber, spiele, und wenn du erlaubst, so werde ich deine göttlichen Läufe aus der Nähe verfolgen.»
«Wie du willst.»
Franz setzte sich ans Klavier. Er konnte zu seiner Rechten die Terrasse und die Tanzfläche fast ganz sehen. Der Flügel war in der Tat nach der Gartenseite hin offen.
«Wir warten, mein Lieber!» krächzte der Direktor, der seinen Kopf nach rechts und nach links balancierte, als ob er versuchte, diesen Kopf an dem Hindernis seines Bauches vorbeizubringen.
Liszt begann im Halbdunkel mit einem pseudo-exotischen Tango, einem zweifelhaften Arrangement seiner *Rhapsodie espagnole*. Doch er spielte es vor allem, um Sergej eine Freude zu machen, der, übrigens gar nicht so schlecht, das gleiche Thema in seinen *Corelli-Variationen* durchgeführt hatte: das Thema des Wahnsinns.

Unten nahmen die Menschen nach einigem Zögern wieder ihre ursprüngliche Gestalt an, die sie infolge ihres Stolzes verloren und dank dem Genie Aristophanes-Platons wiedergefunden hatten. So wenigstens beschrieb Paganini Liszt die Wirkung, welche die Klänge des Rhapsodie-Tangos auf die Leute gehabt hatten.
«Und das ist es, das Wesen der Musik, das unser Freund Wagner so treffend beschrieben hat: die Liebe, die die beiden Hälften der Seele und des Körpers wieder vereint, das erhabene Spiel der Götter. Doch sie verstehen es so schlecht, sie glauben es bloß zu verstehen.»
«Das Spiel?» fragte Liszt über seine Schulter hinweg.
«Natürlich. Unser liebenswürdiger Direktor wird dir zu verstehen geben, daß ‹spielen› im Französischen, im Deutschen und im Englischen – nicht aber im Italienischen, leider, denn wir sind züchtig – zugleich bedeutet ‹ein Musikstück vortragen› und ‹eine Partie Domino austragen›. Findest du das nicht faszinierend? Was meinst du, warum ich mich für Taschenspielerei interessiere?»
Paganini schrie beinahe, denn Liszt bereitete dröhnend den Start vor. Glücklicherweise begnügte er sich damit, sich in eine Umlaufbahn über Rom und die Erde der Philister zu begeben. Er entließ einige melodisch verzögerte Schnörkel in den Raum, um hinüberzugrüßen zu Schumann.
Auf der Terrasse hatten sich Paare gebildet: der Direktor, der nur mit Mühe die schlanke Taille Persanas umfaßte. Nietzsche, der der Frau Direktor auf die Füße trat und sich ständig mit einem verwirrten Lächeln dafür entschuldigte. Schumann und Chopin, die von den Gattinnen des Historikers und des Philologen Besitz ergriffen hatten: Sie hatten ihre Gatten einer Diskussion über die *pabulatio,* das heißt die Futterversorgung zur Zeit Justinians, überlas-

sen. Schumann und Chopin führten ihre Partnerinnen ein wenig wie Periskope vor sich her und mühten sich offensichtlich zu sehen, ohne sie anzusehen. Daraus ergab sich ein ruckartiger, unbestimmter Tanz mit vielen plattgetretenen Zehen, wofür die Damen, sich selbst verleugnend, die Verantwortung übernahmen, indem sie insgeheim ihre Männer beschimpften, die sie nie «ausführten» und ihnen nie die Regeln der einzigen, von der Gesellschaft gebilligten außerehelichen Erotik beibrachten. Und diese Hand von Schumann auf meiner Schulter, drückt sie nicht ein wenig fest? Es ist unmöglich, ich würde es nie wagen, und doch, wenn nicht heute abend, dann nie mehr. Mit dreißig ist Schluß für eine Frau, gefalle ich ihm wirklich, ich habe Angst, usw. ... Doch Schumanns lastende Hand wollte nichts anderes, als die Schulter der Historikerin (durch Einheirat wohlverstanden) zu einer Wendung von 45 Grad zu bewegen, um für seinen melancholischen, anbetungsvollen und verzweifelten Blick die Sicht freizubekommen.

Liszt hörte nur noch seine Musik. Die Philosophiererei Paganinis ging ihm leicht auf die Nerven. Doch welche Mühe gab er sich im Verlauf der Untersuchung, um sich auch das letzte Wort seines Freundes ins Gedächtnis zu rufen! Niccolò schien es nichts auszumachen, ins Leere hinaus zu reden:

«Warum? Ganz einfach, die Taschenspielerkunst bedeutet, wie der Mystizismus und die Virtuosität, nichts anderes, als daß der Mensch das große göttliche Spiel wieder aufnimmt. Was ist denn das Universum, mein lieber Franz, anderes als das Setzen der Würfel zu Ehren des Zufalls? Und warum wäre die Welt entstanden, wenn nicht, um Gott in seinem Nichts zu zerstreuen? Und wozu die Liebe, wenn nicht, um den fantastischen Zufall zu sanktionieren,

durch den wir der Marie hier statt der Karoline dort begegnen? Wenn die Liebe göttlich ist, dann nur deshalb, weil sie das Spiel der menschlichen Teilchen, die sich auf den Wogen des Nichts zufällig röten, heiligspricht. Die Größten haben das begriffen, angefangen bei Shakespeare, dessen Sommernacht nichts anderes als die Nacht des Ursprungs ist. Und Wagner! Den wirklichen meine ich. Er beschert uns vier Stunden voller schrecklicher Erhabenheit und chromatischer Tonleitern über nichts als über den Leichtsinn eines kleinen Dienstmädchens. Der Zufall. Er lenkt von der Schönheit selbst ab, im Namen der Liebe...»
Liszt, der in diesem Augenblick das schwarzflüglige Ungeheuer mit Walzern von Chopin fütterte, fragte zerstreut (er konnte den Worten seines Freundes in der Tat nur mühsam folgen, was dieser ihm jedoch nicht weiter übelnahm. Wußte er, daß er eine Stunde später erdolcht sein würde? Für uns, die wir das Glück haben, es zu wissen, haben seine Worte die Bedeutung eines Vermächtnisses, die sie auch verdienen):
«Aber was hat deine Liebe mit alledem zu tun?»
«Meine Liebe? Eben, ich spiele nicht mit, ich weigere mich, eine banale Zufälligkeit heiligzusprechen, ich gehorche dem großen Weltenspiel.»
«Ach, um so besser, um so besser», brummte Liszt hinter den Schranken seiner Oktaven.
In diesem Augenblick ließ ihn ein beunruhigendes Durcheinander auf der Terrasse sein Klavier nicht ohne Holpern auf die Erde zurückholen. Etwas Schwerwiegendes war geschehen. Jedermann hatte aufgehört zu tanzen, ein unruhiger, erhitzter Kreis hatte sich um den Direktor gebildet.
«Komm», sagte Franz und nahm Paganini beim Arm.
Sie gingen auf den Kreis zu.

«Ich verstehe nicht, sie muß irgendwo runtergefallen sein», murmelte Persana völlig verwirrt.
«Was ist geschehen?»
Fast alle Blicke waren auf Paganini gerichtet.
Franz mußte seine Frage wiederholen, um eine Antwort zu bekommen. «Nun?»
«Es geht um ihre Halskette», erklärte schließlich die Frau des Direktors in vertraulichem und seltsam wissendem Ton. «Sie ist verschwunden.»
«Ist das eine Tragödie? Sie wird sich wiederfinden.»
«Das würde mich wundern.»
Das war die drohende Stimme Wagners.
«Das Problem ist», murmelte Persana mit gesenktem Blick, «daß der Verschluß ausgesprochen sicher war, denn es handelt sich um eine sehr wertvolle Kette ... Es ist eigenartig», bemerkte sie, wie um sich zu entschuldigen, «ich hatte nichts bemerkt, es ist ...»
«Ja», bestätigte der Direktor, «ich habe es bemerkt unter dieser Laterne hier, denn wir haben genau darunter gewendet, und ich könnte es nicht beschwören, aber mir scheint, Sie haben sie vorher noch getragen, also kann sie nicht weit von hier runtergefallen sein, allerdings, *magari* ...»
Schumann, Chopin, Wagner und Rachmaninow wirkten nicht nur bestürzt, sondern richtiggehend aufgelöst. Liszt konnte einfach nicht verstehen, warum man so viel Aufhebens um eine Kette, selbst um eine wertvolle, machte.
«Wenn Sie es wissen wollen», sagte Paganini nicht ohne eine gewisse zerstreute Unbekümmertheit, «bei all meinen Taschenspielertricks, ich war es nicht.»
«Und», grollte Wagner mit verkniffenem Mund, «wer von uns sollte ein Interesse haben, sich an dieser Kette zu vergreifen? Wir sind nicht Leute, die nehmen, wir sind Leute, die empfangen. Entweder oder ...»

«Es war ein Geschenk meiner Mutter zu meinem 20. Geburtstag. Sie hat Blut und Wasser geschwitzt, um sie mir schenken zu können, es ist entsetzlich.»
Franz empfand bei diesen Worten ein fast körperliches Bedürfnis einzuschreiten:
«Aber was macht ihr denn für Gesichter. Und Sie, Fräulein, Sie sprechen von der Kette bereits in der Vergangenheit! Als ob sie für immer verloren wäre. Das ist einfach absurd.»
Nietzsche ging einen Schritt auf den Garten zu, in Richtung auf den Schatten.
«Gut», machte dieser schnurrbärtige Hund, «ich gehe...»
«Du gehst ganz und gar nicht!» japste Wagner verkrampft.
«Du bleibst hier. Und im übrigen, worauf warten wir eigentlich, bis wir andere Lampen als diese lächerlichen Lichtlein hier anzünden?»
«Endlich!» kläffte die Frau des Historikers mit verzweifelter Stimme. Sie schien weniger verwirrt als die andern, sondern mehr wütend, daß ihre außerehelichen Unternehmungen durch etwas anderes als den endgültigen und klug kalkulierten Aufschwung ihrer Tugend-die-wankt-jedoch-nie-nachgibt beendet worden waren.
«Ja, ich glaube, in meiner Stellung als Direktor... Aber müssen wir eigentlich alle hier stehen bleiben?»
Tristan hatte sich zu seiner Herrin geflüchtet, aber er schien nicht besonders aufgeregt. Er wartete mit unendlicher Ergebenheit auf die Befehle von oben.
«Es ist ganz einfach», erklärte Schumann mit matter Stimme. Er ging langsam auf Paganini zu und schaute ihm fest in die Augen:
«Schwörst du, daß du sie nicht gestohlen hast?» sprach er mit Grabesstimme.
Paganini breitete in einer Gebärde absoluter Ohnmacht die Arme aus:

«Aber Robert, das ist doch der helle Wahnsinn. Und wann sollte ich sie gestohlen haben?»
«Ich habe immer Vertrauen in meine Freunde gehabt. Also ich glaube dir.»
Er zog sich rücklings zurück, ohne Niccolò aus den Augen zu lassen. Dann wandte er sich wieder an Persana:
«Also ich ... Sie ...»
Die vorstehenden Augen des Direktors trafen auf diejenigen Liszts, und seine hochgezogenen Brauen deuteten einen Gedanken an, den der Pianist alsogleich teilte: Aber was ist denn, man könnte meinen, wir seien vor Gericht, in einem Fall, von dem wir ausgeschlossen sind. Nicht angeklagt, aber auch nicht als Zeugen geladen. Wir existieren nicht.
«Gut», sagte Franz, «wir müssen systematisch die Gegend absuchen. Ich wiederhole, es gibt keinen Grund, sich aufzuregen. Diese Kette kann nicht weit sein.»
Er schaute jeden prüfend an und versuchte zu verstehen. Schumann wirkte richtiggehend aufgelöst: er hatte nur einige gestammelte Worte an Persana gerichtet, blieb aber dann mit hängenden Armen und gesenktem Blick stehen. Er hätte offensichtlich die widersprüchlichsten Vorschläge mit derselben Gleichgültigkeit entgegengenommen. Rachmaninow schien, als treuer Schüler, in ähnlicher Verfassung. Er kratzte sich am Kopf, und Liszt bemerkte unter den Armen auf seinem weißen Hemd einen großen nassen Fleck. Chopin schien nicht durcheinander, sondern legte eine überhebliche Gleichgültigkeit an den Tag. Er sah aus wie eine Wachsfigur. Wagner schien dem Platzen nahe und brütete einen seiner schrecklichen Wutanfälle aus, der sich vor allem, so schien es, gegen Paganini und Nietzsche richtete, jedoch genausogut irgend jemand anderen aufs Korn nehmen konnte. Niemand ging auf Liszts Vorschlag ein.

«Hm, glauben Sie nicht», sagte der Direktor leise zu Persana, «daß jemand vom Personal die Kette entwendet haben könnte ... Sie wissen, so etwas ist nicht auszuschließen, wenn je ... Vielleicht ist Ihnen einer von ihnen begegnet, Sie müssen sich unbedingt erinnern, und auch wann Sie die Kette zuletzt getragen haben ...»
In seiner unbeholfenen Redeweise machte er beinah den Eindruck, als wollte er sie bitten, dieser Version zuzustimmen. Verstand sie ihn? Auf jeden Fall schien sie eine Anstrengung in dieser Richtung zu machen:
«Unmöglich ist es nicht, ich muß mich zu erinnern versuchen, und dennoch, es erscheint mir unglaublich, sie sind doch alle anständig, hier ...»
«Das ...» unterbrach sie die Frau des Historikers, die bereit schien, die Umstände zu nutzen, um über das Personal herzuziehen, in der Art von ‹Also, Alberto, den habe ich neulich dabei ertappt, wie er eine von diesen Seifen, Sie wissen schon, *Propret,* die man nur in der Schweiz bekommt, klaute ...›
«Sie sind alle absolut anständig», donnerte Wagner, «Unsinn, was Sie da reden. Entweder ist die Kette verlorengegangen», fügte er, die einzelnen Silben betonend, hinzu, «was ausgeschlossen scheint, oder aber sie wurde, sagen wir es doch, gestohlen. Wenn sie gestohlen wurde, dann von einem von uns. Es hat also keinen Sinn, ihn jetzt zu bitten, sie auszuhändigen.»
«Ja ... gestohlen», grinste Chopin.
Nietzsche, der ein wenig abseits stand und vielleicht am verwirrtesten von allen war, schaute wie halluzinierend von einem zum andern, als ob er irgend etwas suchte.
Persana schien – für unwissende Augen, die wir dem Leser unterstellen – ebenso verwirrt wie beunruhigt:
«Aber nein, ich kann mir nicht vorstellen, daß jemand von

Ihnen ... Das ist doch einfach lächerlich. Ich muß den Verschluß nicht richtig zugemacht haben, heute abend. Suchen wir sie doch», befahl sie sich in entschlossenem Ton, der die Anwesenden irgendwie zu beruhigen schien. Der magische Kreis löste sich auf.
«Ich werde meinen Mann rufen», sagte die Historikerin, entschlossen, durch eigene Initiative das Abenteuer ihrer Tugend zu beenden.
«Ja, wir machen uns alle auf die Suche.»
«Es tut mir wirklich leid», sagte Persana, «daß ich diesen Abend so verderben mußte.»
«Das Vergnügen ist auf unserer Seite», sagte Wagner ziemlich grob. Doch Persana schien ihn nicht gehört zu haben, und die anderen Musikwissenschaftler betrachteten Wagner mehr mißtrauisch als vorwurfsvoll.
«Wenn das ein Spiel ist, dann ist es ein gefährliches», ließ Schumann sich vernehmen.
Das Mißtrauen blieb allseitig. Mehr noch, die Musikwissenschaftler schienen sich selbst zu suchen, indem sie die andern suchten. Sie belauerten sich, sie hielten nacheinander Ausschau, sie spionierten sich in jeder kleinsten Bewegung aus. Manchmal verlor sich der Blick des einen oder andern, ging in die Ferne wie derjenige eines Schauspielers, der seinen Text vergessen hat. War es das, was Franz am meisten zu denken gab? Er hatte den Eindruck, daß keiner seiner Freunde mehr er selbst war, vielleicht weil diese intelligenten, leidenschaftlichen und empfindlichen Musikwissenschaftler zu vorgerückter Stunde – der Wein und die dramatischen oder doch zumindest peinlichen Umstände taten das ihre – sich in Mißachtung ihrer eigenen Person mehr und mehr mit ihren Vorbildern zu identifizieren begannen, ohne noch unterscheiden zu können, so daß sie bald nicht mehr wußten, ob sie nun vornehm oder

kleinlich, grausam oder versöhnlich, egoistisch oder großzügig sein sollten. Kurz und gut, Liszt fragte sich, ob all diese Freunde der Romantik nicht darauf aus waren, einen Zwischenfall, einen peinlichen sogar, zu einer Tragödie hochzustilisieren und im Mißgeschick die Genies zu spielen. Dieser Eindruck, den die Zukunft zum Teil Lügen strafen sollte, erwies sich dennoch nicht als völlig falsch.

Man begann also mit der Suche. Bevor Franz sich daran beteiligte, ging er zurück zu seinem Flügel und schloß ihn sorgfältig, zuerst den Deckel, dann den großen Flügel, in dem sich die Neo-Rokoko-Malereien der Decke zart spiegelten. Er lehnte sich erneut gegen die Wölbung und schaute auf die Terrasse hinaus, wo man geschäftig hin und her ging. Sein Blick ging hinauf zum Mond. Er hatte plötzlich den Wunsch, nicht mehr hier zu sein. Er spürte, wie seine Hände ein wenig zitterten. Nach wenigen Stunden schon ging ihm diese Atmosphäre auf die Nerven. Zum Glück war da noch der Himmel, denn Rom war von hier aus kaum sichtbar, kaum vorstellbar. Welch ein Gefängnis. Sie müssen wirklich alle ein wenig verrückt werden da drin, auch ohne entsprechende Umstände.

Liszt erreichte die Terrasse. Man suchte mit Hilfe von Taschenlampen zunächst im Kies der Allee, dann im Garten. Die meisten gingen paarweise, ungeschickt, sie beobachteten einander mehr, als daß sie den Boden absuchten. Das sah in dem schwankenden Licht der Taschenlampen aus wie ein groteskes Ballett besoffener Zyklopen. Die Schatten der Menschen und Gegenstände wurden bald länger, bald kürzer, den Lauf der Zeit aus dem Gleis werfend oder auf den Kopf stellend. Liszt hob die Schultern. Persana stand am Rand der Terrasse und beteiligte sich nicht an der Sucharbeit. Der Hund Tristan bemerkte Liszt und trottete gutwillig, mit hängender Zunge, auf ihn zu.

«Könnte der Hund Ihnen nicht nützlich sein?» fragte Liszt laut genug, daß Persana sich nach ihm umdrehte. Sie lächelte mit eigentümlicher Deutlichkeit, als sei ihr Lächeln nicht nur Ausdruck ihres Wesens, sondern wolle etwas ganz Bestimmtes sagen.
«Ich fürchte nein, aber Sie können es ja versuchen.»
Liszt kraulte der Bracke den Kopf.
«Wie alt ist er?»
«Zwei Jahre. Er ist noch ein Kind.»
«Darf ich fragen, wie Sie auf die Idee gekommen sind, ihn Tristan zu nennen?»
«Das», sagte sie mit einem verlegenen, fast ein wenig ironischen Lächeln, «kann ich Ihnen auch nicht genau sagen. Vielleicht, weil ich mich von Zeit zu Zeit als Isolde fühle!»
«Aber, mein Fräulein» sagte Liszt lächelnd (mit seinem Charme, von dem es hieß, er sei unwiderstehlich), «wenn Tristan nur ein Hund wäre, dann könnte Isolde kein menschliches Wesen sein ...»
«Könnte nur eine Hündin sein?»
«Aber nein. Bitte, entschuldigen Sie.» (Franz strich, liebenswürdig und verzweifelt, mit der rechten Hand über seine Mähne, vielleicht um Persana zu zeigen, was für schöne Hände er hatte.) «Ich wollte sagen, Tristan und Isolde müßten den gleichen Bewußtseinsstand erreicht haben, damit das Drama vollkommen ist.»
Der Hund merkte, daß von ihm die Rede war, und schaute mit einem unendlichen Willen zu verstehen vom einen zum andern, mit einem Willen jedoch, der in sich ruhte, ewig und ohne die geringste Forderung.
«Ach, vielleicht.»
Persana ging mit einem bewußt weichen Gang auf Franz zu, so als ob jeder Muskel sich anstrengte, diese Anmut auszudrücken.

«Aber was mir gefällt», fuhr sie fort, «ist, daß Tristan Wagner zum Trotz stumm bleibt. Finden Sie nicht, daß seine Liebe deshalb reiner ist?»
«In der Tat», sprach Franz, nachdem er den Mond und seine Rolle zu Rate gezogen hatte. «Die Stille ist das Ergebnis dieser vier Stunden Musik und Gespräche. Jeder Musik und jedes Gesprächs übrigens.» (Er betrachtete diesmal den Boden.) «Im Grunde, wenn ich Sie richtig verstanden habe, erniedrigt die Tatsache, daß Sie Ihren Hund Tristan nennen, weder Tristan...»
«Noch den Hund! Genau das ist es.»
«Nein, ich wollte sagen: noch Sie selbst.»
Liszt gefiel sich in einer fast schon ironischen Galanterie und deutete eine vage Verbeugung an.
«Ah, ich hoffe es!» (Sie lachte frei und offen, ohne sichtbaren Groll.)
«Also gut...» (Liszt deutete noch einmal seine Pianisten-Verbeugung an.) «Sind Sie einverstanden, daß ich mir Tristan ausleihe, um mich auf die Suche nach der Kette zu machen?»
Ein Schatten glitt über Persanas Gesicht: sie besann sich auf ihren Verdruß.
«Aber ich bitte Sie», antwortete sie zerstreut. «Und viel Glück.»
«Danke. Komm, du.»
Der Hund gehorchte mit einer Begeisterung, die zweifellos von der Aussicht herrührte, sich Bewegung verschaffen zu können. Einige Sekunden rannte er hierhin und dorthin, wobei er offensichtlich Kotspuren von Vögeln, Spitzmäusen oder faulen Gärtnern aufnahm. Er ließ den unmittelbaren Rand der Terrasse hinter sich und beschrieb, die Nase am Boden und dennoch unglaublich schnell, immer weitere Halbkreise, bis er die Hecke er-

reicht hatte, die den Garten nach dem Franziskanerkloster hin abschloß.
Liszt holte ihn ein, als er im Dickicht bellte. Der Mann kam auf das wiederholte Anschlagen hin näher, und so entdeckte er Paganini, auf dem Bauch liegend, ein Messer zwischen den Schulterblättern.

Tristan heulte den Tod nicht an. Er beschnupperte bloß mit ausgesprochenem Interesse den Leichnam. Ohne Zweifel, er war noch warm; und der Hund hatte vielleicht noch nicht das ganze Ausmaß der Situation erfaßt. Dennoch schaute er seinen Menschen, zudem er großes Vertrauen zu haben schien, wiederholt mit prüfendem Blick an. Er erwartete von Franz offensichtlich eine klare Reaktion, um die seine darauf abstimmen zu können.

Liszt hatte sich niedergekniet; in der Rechten hielt er, ohne zu zittern, seine Taschenlampe, die er auf den Griff des Dolches richtete. Mit der Linken kraulte er den Rücken des Hundes. Genaugenommen war die Tatwaffe kein Dolch, sondern eine Art riesiger Stichel, welcher vielleicht aus dem Handwerkszeug des Gärtners stammte, der hin und wieder Maurerarbeiten ausführte. Franz wollte Niccolò auf den Rücken drehen, doch der Gedanke, daß die Waffe sich verkrümmen oder tiefer in den Rücken eindringen könnte, hielt ihn zurück. Sie herausziehen also? Aber die Spuren? Vielleicht gab es Spuren oder, besser, Fingerabdrücke. Kein Blut rund um den Griff offensichtlich. Aber woher dieser widerliche Geruch? Liszt drang tiefer ins Gestrüpp ein, einige Zweige schlugen ihm leicht ins Gesicht, er näherte sich dem Gesicht des Toten, richtete die Lampe darauf. Aus dem Mund rann eine widerlich riechende Substanz: er mußte sich hierher zurückgezogen haben, um seinen Avanella-Rausch auszuschlafen. Franz zog sich zurück und stand auf; der Hund beobachtete ihn mit gespannter Aufmerksamkeit. Beim Anblick des Mondes glaubte der Mann sich einen Augenblick lang in den Gärten der Villa d'Este; er warf seine Mähne zurück, die ihm in die Stirn gefallen war; unter ihm, lächelnd, offen, bereit, die schöne Zigeunerin, die seinen süßen Tod zu verlängern sucht und den Mund leicht geöffnet hält, um seine Wunden zu vermehren; oder Maria, weiß und so voller Intelligenz, indes ihr ausgebreitetes Haar endlich ihr Antlitz Lügen straft. Stimmen, bekannte Stimmen, diejenigen seiner Freunde, die ihm auf einmal Angst und Schrecken einjagen. Auf eine Bank aus Stein, ganz nahe bei dem ermordeten Musikwissenschaftler, setzt Franz sich hin. Jetzt zittert er heftig. Er hat Tristan bei sich, der ihm die Hand leckt und dabei kleine aufgeregte Töne von sich gibt, einen Schritt auf die Lichter zu macht, zurückkommt, jault.

«Noch nicht», murmelt Franz mit flehender Stimme. (So jedenfalls interpretiert der Hund das Schweigen des Menschen. Er gehorcht, beruhigt sich jedoch nicht.)

Wie doch Franz in diesem Augenblick wünschte, der wirkliche Liszt zu sein, der geniale Komponist, der engelhaft-diabolische Pianist, doch vor allem der tote, der in vollkommener Ruhe unter seinem Grabstein in Bayreuth liegt, in dem wundervollen geflügelten Sarg, den seine Seele sein Leben lang bewohnte! Seit Beginn der abendlichen Feier hatte er gespürt, daß das Spiel der Identifikationen nur eine Verlockung war, eine Flucht vor dem Jahrhundert, eine armselige, schlappe Sehnsucht. Die Wirklichkeit, das war dieser gemeine Mord, verübt aus niederträchtiger Leidenschaft zweifellos, eine dieser Gewalttätigkeiten, die keine zeitliche Distanz, kein Hauch von Poesie versüßte. Es war kein sakraler, mystischer Mord, begangen in den sächsischen Wäldern beim Klang des wunderbaren Hifthorns, und es war nicht das chromatische Sterben Isoldes. Ah, das war das Widerliche an der Romantik, und nicht nur an ihr: dieser Geruch des Todes, dieses Thema des Todes! Doch man benützt immer nur den beängstigenden Schatten des Todes in uns, den Lebenden. Welch ein Hohn.

Zuerst muß mit dem Direktor gesprochen werden. Und zwar unter vier Augen. Sie einzeln benachrichtigen ist das einzige Mittel, irgend etwas herauszubekommen. Tristan, der Liszt mit ängstlicher Ergebenheit beobachtete, stellte fest, daß dieser sich mühsam erhob, und konnte endlich auf die Terrasse zu laufen, nicht ohne sich wiederholt nach ihm umzusehen.
«Wenigstens spricht er nicht», dachte Franz.
Selbstverständlich stürzte Tristan sich auf Persana, bellend oder, besser, auf überwältigende Weise japsend.
«Was ist denn mit dir los? Hast du vielleicht unsere Kette gefunden?»
Die Frage war eindeutig an Franz gerichtet, nahm jedoch diesen Umweg. Schüchternheit vermutlich. Liszt kam dem Hund zuvor:
«O nein, ich glaube, er will ihnen inbedingt etwas zeigen, das er gerochen hat und das ihn fürchterlich beeindruckt hat. Aber es handelt sich um etwas Übelriechendes, trauriges Ergebnis ... alkoholischer Exzesse. Es ist Paganini, der ...»
«Ich dachte nicht, daß er in einen solchen Zustand geraten könnte.»
«Meinen Sie? Auf jeden Fall befindet er sich noch an Ort und Stelle. Aber ich glaube nicht, daß er es schätzen würde, von diesem liebenswerten Tier allzusehr abgeschleckt zu werden.»
«Keine Angst, wir werden ihn nicht stören. Es wundert mich trotzdem, ich hatte nicht bemerkt, daß er so viel getrunken hatte.»
«Nein, aber das kommt bei ihm von Zeit zu Zeit vor. Er verträgt sehr viel, er merkt überhaupt nichts, und dann plötzlich, so ...»
«Ach so, aber es ist nicht schlimm?»

«Überhaupt nicht. In einer Stunde ist alles vorbei. Aber...
entschuldigen sie mich, bitte.»
Franz erkannte den Direktor und seine Frau, die noch immer Arm in Arm den Kies der Allee absuchten. Ab und zu entschlossen sie sich gleichzeitig, einen Schwenker in entgegengesetzter Richtung zu machen, und fanden sich dann unschlüssig auf einem Bein balancierend. Doch Madame, obwohl unendlich viel leichter, gewann regelmäßig. Liszt stellte mit Erleichterung fest, daß niemand daran dachte, sich in den hinteren Teil des Gartens vorzuwagen. Mehrere Taschenlampen waren übrigens auf der Erde zurückgelassen worden und schnitten nun Lichtkegel aus dem Rasen, dessen Grün in höchstem Maße künstlich wirkte («chemisch», hätte die Frau des Historikers gesagt, für die Chemie genauso das Gegenteil von Natur war wie die Kultur). Die nicht-musikwissenschaftlichen Sucher knieten stets paarweise in dem eben genannten Gras und sahen aus wie Urmenschen vor dem Eingang ihrer Höhle nach einer ergebnislosen Jagd. Liszt ging auf den Direktor zu:
«Verzeihung, Herr Direktor, kann ich mit Ihnen allein etwas besprechen?»
«Aber sicher, lieber Freund.»
Franz schenkte der Gattin ein verwirrtes Lächeln, doch diese schien die Situation wunderbarerweise zu verstehen und zog sich zurück, noch immer umgeben von einem Schein unauffälliger Zuständigkeit.
Der Direktor hatte Franz, einer alten Gewohnheit folgend, beim Arm genommen; beide nahmen, wie selbstverständlich, den Weg rund um die Villa Scura wieder auf.
«Nun, mein Freund, was kann ich für Sie tun?»
Der Direktor verfügte, wir sagten es bereits, unter seinem ein wenig grobschlächtigen Äußeren über eine außerge-

wöhnliche Sensibilität. Zugleich eine sehr animalische Sensibilität. Ganz real, ganz physisch roch er die dramatischen Ereignisse, ohne indes seine Vorahnung klar ausdrücken zu können. Mehr noch, in Gegenwart des Dramas selbst gelang es ihm sehr schlecht, seine Sensibilität zu «lenken»: erzitternd vor dem geringsten Hauch des Möglichen, drohte sie im Sturm der Wirklichkeit aus den Fugen zu geraten, unterzugehen. Sie verkrampfte sich dann übermäßig, was Ungeschicklichkeiten, ja Taktlosigkeiten zur Folge hatte. Oder aber der Direktor erinnerte an ein großes Insekt, das imstande war, Stunden im voraus atmosphärische Veränderungen wahrzunehmen. Wenn der Sturm da war, konnte es nichts, als, auf dem Rücken liegend, ungeschickt und in völliger Ohnmacht um sich schlagen. Doch im Augenblick fühlte er – seine Augen standen wie Radioteleskope hervor – ganz deutlich Liszts Verwirrung.
«Sie sind nervös, nicht wahr?»
Liszt blieb stehen und packte den Direktor an den Schultern:
«Paganini ist ermordet worden.»
Der andere ließ sich den Satz nicht wiederholen. Bloß sein Gesicht schien sich noch mehr als sonst um die Augen zu konzentrieren.
«Wo ist er?»
«Ganz hinten im Garten, dort unten, in der Nähe des kleinen Pavillons zur Rechten. In einem Gebüsch. Tristan hat ihn gefunden. Keiner weiß es. Wir müssen die Polizei rufen.»
«Warum haben Sie es zuerst mir gesagt? Warum haben Sie nicht geschrien?»
Liszt fuhr mit der Hand über die Stirn, schob einen Kieselstein beiseite, der seinen Fuß störte.

«Ich weiß nicht, ich habe das Gefühl, wir werden nie etwas begreifen, wenn es alle auf einmal erfahren. Es gibt da etwas, das uns entgangen ist.»
«Aber», schloß der Direktor, «wenn Sie nicht alle auf einmal informieren wollen, halten Sie es dann für richtig, die Polizei auf den Plan zu rufen?»
«Es handelt sich um ein Verbrechen...»
«Hören Sie, ich sehe die Dinge wie Sie. Lassen wir uns wenigstens Zeit bis morgen. Ich bin der Direktor, ich übernehme die Verantwortung.»
«Wer kann es getan haben, Ihrer Meinung nach?»
«So ziemlich jedermann. Sie, zum Beispiel.» (Eine der Ungeschicklichkeiten, von denen wir sprachen.)
«Das stimmt», sagte Liszt ernsthaft, «ich müßte mich selbst beschuldigen. Ich habe nicht das geringste Alibi. Und weil ich fürchte, der Schuldige sei einer meiner Freunde, wäre es mir lieber, ich wäre es. Sie haben recht, ich bin verdächtig.»
Er fügte nicht hinzu: Und warum nicht Sie, mit Ihrer Frau als Komplizin? Im Grunde habe ich nicht gesehen, was sich im Garten zutrug, während ich mich mit Persana unterhielt.
Der Direktor packte ihn überraschend am Handgelenk:
«Ich sage Ihnen etwas: Ich habe absolutes Vertrauen zu Ihnen. Sie sind der einzige, den ich nie verdächtigen würde. Sie und Persana.»
«Und warum das?»
Der Direktor senkte die Stimme:
«Weil Sie beide nicht dazugehören.»
«Wozu»
«Zu diesem Haus, zu diesem Wahnsinn. Ich sage Ihnen, dieses Haus ist ein Verhängnis für die Leute. Sie sind nicht mehr sie selbst, sie stoßen sich an allen Wänden, und dann,

wenn es keine neuen Wände mehr gibt, dann geht das in ihnen drin weiter, in ihren Köpfen, verstehen Sie, es ist entsetzlich, ich versichere Sie.»
Franz hatte diese etwas konfuse Mitteilung nicht ganz begriffen, doch der allgemeine Sinn war ihm klar. Der Direktor fuhr ein wenig atemlos fort:
«Sie glauben vielleicht, daß dieser ... dieser geschlossene Behälter, wie Sie sagen, Streitereien auslöst, kleine Gemeinheiten, Reibereien, lauter solche Dinge? Ja, bestimmt, man beklagt sich bei mir oder bei der Sekretärin, daß der andere, der noch keinen Doktortitel hat, das schönere Zimmer bewohnt oder daß einer das gemeinsame Geschirr nicht abwäscht oder alle Gläser auf seinem Zimmer behält oder daß wieder ein anderer zwei Regale des Kühlschranks für sich in Anspruch nimmt oder daß der Hausdiener vier Tage nicht abgestaubt hat oder was auch immer. Doch ich sage Ihnen, das alles dient nur dazu, andere, viel schrecklichere Spannungen loszuwerden. Und die da, ich erkläre es Ihnen vielleicht einmal, sind im Begriff, die kleinen Gemeinheiten aufzugeben und zu wirklich schrecklichen Dingen überzugehen. Wissen Sie, die kleinen Gemeinheiten wären mir lieber.»
Franz machte dieser zögernde, doch vernünftige Redefluß nachdenklich.
«Aber wer in aller Welt haßte Paganini? Niemand.»
«Heute abend mochten ihn viele nicht.»
«Das stimmt. Und welcher Zusammenhang besteht zwischen dem Diebstahl der Kette und dem Mord? Hier müßte man ansetzen. Aber vielleicht besteht gar kein Zusammenhang? Und wie, wenn es ein Angehöriger des Personals war oder ein Außenstehender?»
«Fast ausgeschlossen, glauben Sie mir.»
Sie kehrten um und stellten erleichtert fest, daß die Teil-

nehmer des Festes sich, des Suchens müde geworden, im Salon versammelt hatten und dem Klavierspiel eines Mitglieds lauschten. Liszt und der Direktor kehrten in den Schatten zurück, genauer unter die Laube, von wo aus sie die Terrasse im Auge behalten konnten. Auf jeden Fall riskierte man nicht, daß Paganini entdeckt wurde, von dem die Mitglieder, dank Persana, zweifellos wußten, daß er irgendwo seinen Rausch ausschlief. Niemand wäre vorläufig über seine Abwesenheit beunruhigt.

«Für den Moment sehe ich nur eine Lösung. Den morgigen Tag abwarten oder gleich anfangen, im Rahmen des Möglichen mit jedem einzelnen zu sprechen, daraufhin die Polizei benachrichtigen, denn immerhin können Fingerabdrücke auf der Waffe sein, die wir nicht zu überprüfen imstande sind.»

«Oh, da sind bestimmt keine Fingerabdrücke. Jeder kleine Mörder kennt die Musik, wie Sie sagen.»

«Mein Gott ...» (Der Abt Liszt faltete die Hände.) «Es würde mich nicht wundern, wenn Tristan den Griff dieses Stichels abgeleckt hätte ...» *Abhé*

«Da sehen Sie.»

«Sie sagen das so, als stünde der Hund im Dienste des Verbrechers.»

«Nein, ich wollte bloß sagen: Sehen Sie, wie kompliziert das alles ist.»

Eine weiße Gestalt erschien auf der Allee und näherte sich langsam der Laube. Doch Liszt spürte etwas Dunkles, Heißes und Fiebriges zwischen seinen Beinen, das ihm diese weiße Erscheinung augenblicklich zu identifizieren erlaubte.

«Persana. Glauben Sie, sie wird die Nachricht ertragen?»

«Ganz bestimmt. Sie hat einen starken Charakter. Vielleicht müßte man es ihr zuallererst sagen. Ich erinnere Sie

daran, daß sie nicht *dazu*gehört. Ihre Anwesenheit hier ist jüngeren Datums.»
«Ja, ich werde mit ihr reden.»
Der Direktor erhob sich rasch – ja, rasch, und verschwand.
«Ich habe Sie gesucht», sagte Persana mit munterer Stimme.
«Ganz zu Ihren Diensten.»
«Oh, ich habe keinen bestimmten Grund. Ich hatte einfach keine Lust mehr, Musik zu hören, schon gar nicht Klaviergeklimper von Stümpern. Wenn Sie es wären oder einer Ihrer Musikerfreunde. Aber die sitzen in ihren Schmollwinkeln, und es ist dieser Philologe, glaube ich, der an ihrer Stelle die Musik malträtiert. Und dann bin ich eben doch aufgeregt wegen dieser Geschichte mit der Kette, die mir und allen andern den Abend verdorben hat. Im übrigen geht mir Musik, auch gut gespielte, leicht auf die Nerven. Ich hoffe, das schockiert Sie nicht.»
«Ganz und gar nicht. Aber ich fürchte, Ihre Nervosität wird sich noch steigern. Ich habe Ihnen etwas Schreckliches mitzuteilen.»
«Wie? Was denn?»
Persana runzelte die Stirn, und ihr Mund nahm einen zugleich bitteren, aristokratischen und leicht verächtlichen Zug an. Dennoch war ihre Unterlippe leicht vorgeschoben, was dieser hochmütigen Haltung etwas Verletzliches, dem Weinen Nahes gab. Ohne zu wissen warum, brachte Liszt seine Mitteilung nicht auf einmal vor:
«Was halten Sie von Paganini?»
Sie lachte:
«Ich mag ihn sehr. Aber er sollte nicht zu tief ins Glas gukken!»
Plötzlich, es war, als ob sich Franz innerlich an den Kopf griffe: Persana, sie war ja schön! Im Schein des nun unter-

gehenden Mondes, in diesen «wallenden und schimmernden» Gewändern, mit dem aufgelösten Haar, dem feingeschnittenen Mund und den Augen, die urteilten und liebkosten zugleich, bildete sie auf verwirrende Weise ein harmonisches Ganzes – eines von der Art, das man nie von vorne, immer nur von unten oder von oben betrachtet: die anbetende oder die verwirklichte Liebe. Ein Gesicht, von dem man auf den Knien das Ja erwartet, dessen ins Gegenteil verkehrtem Ja man nachsinnt. Und nun befand Franz sich auf gleicher Höhe mit diesem Gesicht, und dieses Gesicht forderte diese Stellung. Als böte Persana, ihrer Schönheit nicht bewußt, ihrem Gegenüber «die Stirn». Sie vernachlässigt sich, dachte Franz flüchtig, das heißt: sie weiß nicht, daß in ihr etwas die Ebenbürtigkeit über den Haufen wirft.

«Aber was haben Sie mir denn so Schlimmes zu sagen?»
«Einen Augenblick ... Ich werde indiskret sein.»
Tristan hielt sich zwischen ihnen, die Verkörperung der Guten Dienste. Er folgte mit den Augen dem Austausch der Worte, genau wie man den Weg eines Balls verfolgt.
«War Paganini verliebt in Sie?»
«Paganini?» (Sie schien belustigt und überrascht.) «Aber nein, was für eine Idee!»
«Es ist bloß, weil er mir eben erst gestanden hat, er sei verliebt, und ich mir gesagt habe ...»
Persana setzte sich auf die Steinbank, die der ganzen Länge der Laube entlangführte, wobei sie ihr Kleid sorgfältig über den Knien raffte.
«Verliebt vielleicht, aber in mich bestimmt nicht. Was hätte ich denn, was ihn anziehen könnte?»
«Oh ...»
«Entschuldigen Sie, aber hat das etwas zu tun mit dem, was Sie mir sagen wollten?»

Liszt blieb stehen, erlaubte sich jedoch, einen Fuß, nicht weit von Persana entfernt, auf die Steinbank zu stellen.
«Die Sache ist so ernst, daß Sie, wenn Sie Bescheid wissen, mir meine Indiskretion nachsehen werden. Ich muß Sie noch fragen, ob sonst ein Mitglied des Instituts in Sie verliebt ist – was keineswegs verwunderlich wäre.»
(Bei diesen Worten eine Welle von Hitze in der Lisztschen Brust.)
«Sie sind galant. Aber, soviel ich weiß, keiner», antwortete sie trocken. «Keiner, außer vielleicht demjenigen, den sie Nietzsche nennen. Der Arme.»
«Der Arme? Darf ich daraus schließen, daß es vergeblich ist?»
Sie antwortete nicht. Mit zusammengepreßten Lippen wartete sie darauf, daß Liszt das Thema wechselte.
«Also bei Paganini sind Sie sicher?»
Keine Antwort.
«Ganz einfach, Paganini ist tot», stieß Liszt mit einer Aggressivität hervor, die ihn selbst überraschte.
Auch ihr Gesicht schien sich auf die Augen zu konzentrieren, und mit welcher Schnelligkeit, mit welcher Präzision. Sie hatte wieder diesen bitteren, aristokratischen Ausdruck, den sie zu Anfang gehabt hatte und der offensichtlich Distanz schaffen sollte und der sie zweifellos auch gegen den Zugriff der Welt zu schützen hatte. Darüber hinaus bemerkte Liszt nicht ohne Staunen, daß dieses Gesicht sich unter dem Eindruck einer heftigen Reaktion nicht etwa auflöste, sondern im Gegenteil straffte. Welche Lektion für einen Musiker.
«Was sagen Sie?»
«Ich sage, Paganini sei tot, ermordet. Sie finden ihn dort im Gebüsch, nahe dem zweiten Pavillon.»
«Aber Sie wußten es schon vorher», betonte sie mit seltsamer Zurückhaltung.

«Ja, ich wußte es. Es war Tristan, der ...»
Da, noch einmal eine überraschende Reaktion. Persana kauerte sich zu dem Hund nieder, nahm den Kopf des Tieres zwischen die Hände und schaute ihn lange mit einem nachsichtigen und bewundernden Lächeln an:
«Du also ...»
Doch das Erstaunlichste an ihrer Haltung war, genau wie beim Direktor, die Leichtigkeit, mit der sie den Gedanken des Mordes aufnahm; als ob die Sache in der Ordnung der Dinge läge, als ob man sie seit Ewigkeit schon erwartet hätte.
«Sie fragen mich nicht, wer ihn getötet hat?»
«Wenn Sie es wüßten, wären Sie nicht hier.»
«Und ich hätte auf der Terrasse die Wahrheit laut hinausgeschrien. Das einzige, was wir wissen, ist, daß wir beide unschuldig sind, denn wir sprachen zusammen, als ...»
Sie stand unvermittelt auf, doch achtete sie genau darauf, daß sie ihren Kopf dabei schön aufrecht hielt.
«Das ist einfach Wahnsinn!»
«Ach, immerhin, die Sache kommt Ihnen also doch nicht ganz so normal vor.»
Sie versteifte sich empört:
«Wie kommen Sie darauf, ich könnte dieses Verbrechen normal finden?»
«Verzeihen sie, ich rede aus Nervosität so daher. Er war ein echter Freund. Ich meinte bloß, daß Sie, wie der Direktor, die Nachricht ohne übermäßiges Erstaunen aufgenommen haben, nicht ungläubig, wollte ich sagen.»
Über Persana kam mit einemmal ein Ausdruck von grenzenlosem Mitleid:
«Ihr Gesicht, als Sie mir die Nachricht überbrachten, ließ keine Zweifel zu. Ich kannte diesen Mann kaum, aber ich bin dennoch bewegt. Was muß es für Sie bedeuten!»

«Sie verstehen, niemand soll es erfahren im Moment. Nur der Direktor ist auf dem laufenden. Wir möchten den Schuldigen finden, indem wir jeden einzeln befragen und informieren. Der Mörder ist unter uns, daran besteht kein Zweifel. Aber sagen Sie mir, zwischen dem Diebstahl der Kette...»
«Reden wir nicht mehr von dieser Kette. Zwischen einem Diebstahl und einem Mord besteht doch wohl ein Unterschied.»
«Verzeihen Sie», entgegnete Liszt, indem er seine Mähne zu langsam nach hinten strich (jedoch ohne an das Verführerische dieser Geste zu denken), «ich wollte Sie ja eben fragen, ob Sie einen Zusammenhang zwischen dem Diebstahl der Kette und dem Mord sehen.»
Sie riß die Augen auf, doch ohne die Harmonie ihrer Gesichtszüge zu zerstören.
«Einen Zusammenhang? Mit der Kette?»
Und dann, nicht ganz ohne Verdruß lachend:
«Ich verstehe, Sie stellen sich vor, Paganini habe vielleicht die Kette gestohlen und man habe ihn getötet, um sie wiederzubekommen. Glauben Sie wirklich, daß es nötig ist, einen total Betrunkenen zu töten, um sich eine Kette aus seiner Tasche zu beschaffen? Und glauben Sie, daß irgendeiner unter den Teilnehmern des Festes fähig wäre zu töten, selbst für eine gute Sache?»
«Im weiteren», sherlockte Liszt, das Kinn in der rechten Hand haltend, «ist nicht einzusehen, warum der Verbrecher nicht zuvor Sie getötet hätte, wenn das Leben für ihn so wenig gilt. Nein, Sie haben recht, das alles ist absurd. Zumindest liegen die Dinge anders.»
«Um so mehr, als diese Kette mit Sicherheit verlorenging, daran besteht kein Zweifel.»
«Oh, was das betrifft, glaube ich, daß Paganini sehr wohl

fähig gewesen wäre, sie zu stehlen. Doch leider, wenn ich so sagen darf, habe ich Niccolò den ganzen Abend nicht aus den Augen gelassen, und ich bin so gut wie sicher, daß er auch nicht den geringsten Versuch in dieser Richtung unternommen hat. Diese Geschichte ist total verrückt.»
«Was werden Sie tun?»
Persana setzte sich wieder, indem sie ihr Kleid über den Knien raffte.
«Wir sollten die Polizei rufen. Aber wir werden vermutlich bis morgen warten. Währenddessen möchte der Direktor mit meiner Hilfe jeden einzelnen befragen. Auch Sie müssen mir helfen.»
(Liszt hätte seine Gefährtin beinahe an den Schultern gepackt, wie man dies bei solchen Gelegenheiten zu tun pflegt. Doch er hielt sich zurück.)
«Was kann ich tun?»
Sie blinzelte.
«Sie kennen die Mitglieder des Instituts immerhin ein wenig. Sie haben vielleicht gewisse Beobachtungen gemacht, die sich als nützlich erweisen könnten.»
«Vielleicht, ja, es ist möglich. Obwohl ich nicht besonders gut beobachte. Und ich habe nichts Außergewöhnliches bemerkt in diesen letzten Tagen.»
«Keine besonderen Spannungen, Drohungen, Haßausbrüche?»
Sie schaute ins Leere.
«Nein, ich glaube wirklich nicht.»
«Aber heute abend ist Ihnen doch sicher aufgefallen, daß alle angespannt waren? Das heißt alle Musikwissenschaftler?»
«Ja, zweifellos, mehr oder weniger. Doch von da bis zu einem Verbrechen ...»
«Hören Sie, jetzt muß ich unbedingt die andern sehen, mit ihnen sprechen. Ich will dahinterkommen.»

«Ja, es muß Licht in die Sache gebracht werden. Aber die Verhöre werden den Toten nicht wieder zum Leben erwecken.»
«Leider. Bloß, es geht auch darum, weitere Verbrechen zu verhindern.»
«Weitere Verbrechen?»
«Wir kennen weder die Identität noch die Motive des Verbrechers. Es ist alles möglich. Nehmen wir einmal an, der Schuldige sei ganz einfach ein Verrückter – einer von uns ist verrückt geworden –, wie können wir da sicher sein, daß es bei dem einen Verbrechen bleibt? Auf jeden Fall rate ich Ihnen, nie allein zu bleiben, außer sie hätten zweimal abgeschlossen, und niemandem mehr zu trauen, es sei denn dem Direktor und ...»
«Und Ihnen», ergänzte sie den Satz mit diesem leicht ironischen Lächeln, das er bereits kannte: eine Ironie, die sich ebensosehr auf sie selbst wie auf andere richtete.
«Mir», bestätigte er, indem er sich leicht verbeugte.

Sie ging weg, Liszt richtete den Blick erneut auf den Ort des Verbrechens: ein weißer Schatten kam aus dem Gebüsch: Rachmaninow.
«Franz ... Paganini ...»
«Was hast du hier zu suchen?»
Sergej hörte natürlich nichts.
«Aber Franz, erkläre mir!»
Liszt packte ihn an der Schulter und schrie:
«Was hast du hier gemacht?»
«Nichts, ich wollte ... ohne daß ich ins Haus zurückkehren müßte, da bin ich über ihn gestolpert ... Franz, warum schaust du mich so an? Du wirst mich doch nicht verdächtigen wollen?»
Liszt, auf einmal Priester und Beichtvater, schaute dieses vor der Zeit gealterte Gesicht, diese zu kurzen Haare, diesen ehrlichen, entsetzten Ausdruck prüfend an. Er schämte sich der Art seiner Befragung und gleichzeitig spürte er, daß Rachmaninow offensichtlich unschuldig war.
Dennoch konnte er es nicht lassen, zur Beruhigung seines Gewissens zu murmeln:
«Warum nicht?»
«Franz» (Sergej sprach mit großer Würde, fast Kälte), «ich habe mir vieles vorzuwerfen, aber das nicht. Nie hätte ich Paganini getötet, auch nicht, wenn er schuldig wäre.»
«Schuldig? Wessen?»
«Nichts. Es ist nicht an mir, Gerechtigkeit zu üben. Franz, ich vertraue der Gerechtigkeit, der wahren, die die wirklich Schuldigen bestrafen wird.»
«Aber weißt du auch, wovon wir reden?»
«Ich weiß es. Doch verdächtige mich nicht. Es wäre falsch.»
Liszt ließ ihn los, nicht ohne in beiläufigem Ton eine wesentliche Frage zu stellen:

«Bist du verliebt in Persana?»
«Ich? Ich habe zu viel Sinn für das Lächerliche. Ich verbringe meine Tage damit, die spätromantische Sprache des Komponisten Rachmaninow zu studieren. Nachts schlafe ich schlecht.»
«Und was tust du nachts, wenn du nicht schlafen kannst?»
«Nichts. Manchmal gehe ich im Garten spazieren. Manchmal in den Gängen. So habe ich manchmal Wagner im ersten Stock umherirren sehen.»
«Willst du damit andeuten, daß das etwas mit dem Verbrechen zu tun haben könnte?»
«Überhaupt nicht.»
«Und warum dulden dich die vorgesetzten Instanzen des Instituts hier in Rom?»
Rachmaninow lächelte mit feiner Ironie, die das Linkische seiner Erscheinung aufwog:
«Das ist ja ein richtiges Verhör. Schau, zweifellos wegen der *Corelli-Variationen* über das Thema des Wahnsinns. Ganz zu schweigen von den Respighi-Transkriptionen meiner *Etudes-tableaux.*»
Liszt stieß seinen Zeigerfinger in Sergejs Bauch, ohne ihn jedoch zum Zurückweichen zu bringen.
«‚Meiner' *Etudes-tableaux?* Identifizierst du dich wirklich mit deinem Vorbild?»
«Ich? Überhaupt nicht. Im übrigen weißt du, was du davon zu halten hast. Nach all den Jahren.»
Wie er doch dem wirklichen Sergej glich! Selbst die Würde, die das Original besaß, kam im Verlaufe des Verhörs immer mehr zum Vorschein.
«Du weißt, daß dein Rachmaninow seine Cousine geheiratet hat.»
«Ich habe keine Cousine.»
«Und warum hat er sie geheiratet?»

«Weil er in sie verliebt war, nehme ich an. Aber du stellst mir wirklich abwegige Fragen, während es doch um dieses Verbrechen geht, Franz.»
«Ich vergesse es nicht einen Augenblick lang. Und erkläre dich für unschuldig.»
«Ach, und warum?»
«Darum.»
«Um so schlimmer für mich. Erlauben Sie, daß ich die Villa verlasse, Herr Inspektor? Ich wollte es eben tun. Und ich habe jetzt um so mehr Lust dazu. Wenn du mich für unschuldig hältst, hast du keinen Grund, mich zurückzuhalten. Im übrigen bist du nicht von der Polizei... Ich bitte dich.»
«Wenn du unbedingt willst. Es wird sogar besser sein, denn es darf es niemand erfahren; also geh, so weit wie möglich, und kein Wort zu irgend jemandem, schwöre es bei deinem Kopf.»
Rachmaninow schwor. Franz zuckte die Schultern, als er ihn weggehen sah. Ein Verbrecher kehrt stets an den Ort seines Verbrechens zurück, aber hier war es doch noch ein wenig verfrüht.
Rachmaninow ging mit trockener Kehle entschlossenen Schrittes in Richtung Via Veneto, die 200 Meter entfernt lag.
1902 heiratete er nach großen Schwierigkeiten mit den Eltern, den Freunden, den zivilen und kirchlichen Behörden seine Cousine Natalia Satin.
Keine Cousine, keine Schwester, und das ist mein Verhängnis. Ich weiß, warum er sie geheiratet hat, welches Glück ihm erlaubte, sich ihr zu nähern: Fleisch von seinem Fleisch, wie hätte sie ihn einschüchtern können? Sie war nicht dieses ganz andere, diese Blume ohne Knospe, ohne Wurzeln, diese erschreckende Orchidee. Ich sehe ihn

genau, er war depressiv, er zweifelte dauernd an sich selbst, er glaubte nicht, daß man ihn lieben könnte, und vielleicht fühlte er sich in Rußland bereits von seinen Genossen im Stich gelassen: Scriabine, viel mutiger als er, viel gewagter in der Mystik, der Sinnlichkeit, in der Auflösung der Tonalität; Strawinsky, der bereits 1913 in seinem *Sacre du Printemps* die zarten Harmonien, die naiven Melodien zerriß, die wehrlosen Liebeslieder, schlecht verborgen hinter der Schamhaftigkeit der Virtuosität, die niemanden täuschte. Dies alles vorausahnend, hatte er die Liebe zu einer Frau gewählt, die schon vor dem Liebesakt sein Fleisch war, einer Frau, in welcher er ein menschliches Wesen sehen konnte in der Intimität, will heißen in der Trivialität des täglichen Lebens. Eine Frau, mit der er tausend komplizenhafte, unvergleichliche Lächeln austauschen konnte und noch immer austauschte, trotz der Fremden, die er aus der Tiefe des Liebesraumes sich nähern sah. Wie der andere sein, wenn man den andern körperlich liebt: denn es ist seine Verschiedenheit, die uns anzieht, sein einmaliges, rebellisches Bewußtsein. Große Schwierigkeiten ... Doch was ist das, verglichen mit dem entsetzlichen Leiden, als Bewußtsein und als Körper von einer andern gesehen zu werden, die das Fleisch zu verneinen und das Gewissen zu ergründen scheint? Da konnte Sergej nur behutsam und allmählich die Begierde wachsen lassen, sein geschwisterliches Lachen nur langsam aufgeregter, seine Küsse auf Natalias rosaschimmernde, arglose Wangen sinnlicher werden lassen und nur nach und nach jenen unendlich kleinen Unterschied schaffen, der ausreicht, die Ähnlichkeit zu vervollkommnen. Ich sehe ihn seiner Cousine zulächeln, während in seinem Kopf ein Thema des zweiten Concerto heranreift. Er muß sich seiner Depressionen wegen von Dr. Dahl behandeln lassen, dem er als Zeichen der Dankbarkeit dieses Werk widmen wird. Aber seine wahre Dankbarkeit... Er lächelt seiner Cousine zu, während er aus einer Porzellantasse Tee trinkt vor einer silbernen Zuckerdose, die sein Gesicht übermäßig in die Länge gezogen wiedergibt. Und alles fügt sich wunderbar: die Wärme des Tees steigt ihm ins Gesicht, das die Kindheit wiederfindet, diese lustig verzerrte Spiegelung – jene der Welt – und diesen reinen Widerschein seines Fleisches, diesen sicheren Widerschein und vor allem diesen Satz, der aufsteigt und nichts anderes sein kann als Gesang, denn die polytonalen, atonalen, bald einmal seriellen Muster können die Melodien des schüchternen, naiven, kindlichen Glücks nicht auffangen. Musik von heute, zerrissenes Fleisch, überspannter Geist, gequältes Herz. Doch dieses unendliche, schlichte Glück, diese Heiterkeit angesichts der Zuckerdose und des dampfenden Tees, angesichts des fast lautlosen Gleitens des langen, rüschenbesetzten Kleides, weißer noch als der Zucker, wo sind sie?

«*Andiamo?*»

Er nickte mit dem Kopf. Ich habe verloren, man kann es ebensogut offen eingestehen.

«Macht 20 000 Lire, plus das ...»

Er nickte erneut. Das Mädchen war zierlich, hübsch, das Gesicht traurig und *nicht im geringsten* vulgär (denn der Mythos will es, daß alle Prostituierten mindestens, nicht wahr, ein bisschen vulgär sind).

«Wir müssen nämlich ein Taxi nehmen», entschuldigte sie sich.

«Ist es weit?»

«Nein, nein, aber zu Fuß würde es doch zu lange dauern.»

Im Taxi fragte sie:

«Wie heißt du?»

«Sergej.»
Nur ein kurzer Moment des Staunens, dann:
«Ich heiße Franca.»
Im Zimmer schlug sie ihm in fast freudigem Ton einige zusätzliche Vergnügungen zu einem zusätzlichen Preis vor.
«Alles, was ich möchte, ist, nicht allzusehr gedrängt zu werden, nimm das Doppelte,» sagte er in seinem leidlich guten Italienisch.
Er hatte ein Gefühl des Lächerlichen, das heißt, er wußte, daß er lächerlich war. Er kannte die Gepflogenheiten der käuflichen Liebe nur allzugut. Dennoch überließ er sich seiner Rolle mit einer gewissen Wollust:
«Ich komme zu dir aus enttäuschter Liebe.»
Franca, die nun finanziell abgesichert war, war zu allem bereit, selbst dazu, sich Geständnisse anzuhören. Offensichtlich interessiert unterbrach sie seine Vorbereitungen, um zu fragen:
«Ist das wahr? Liebst du sie sehr?»
«Wahnsinnig.»
Rachmaninow wußte, daß es zum Geschäft einer Prostituierten gehört, sich die Gefühle für andere anzuhören, bevor man von ihr selbst die geschuldete Zärtlichkeit verlangt – der Rest war nichts als eine Art männliche Selbstbestätigung, die das Recht auf besagte Zärtlichkeit gibt. Sergej schätzte das nicht, aber die Rolle klebte an ihm:
«Ja, wahnsinnig. Und ihretwegen habe ich getötet.»
Franca runzelte die Stirn, doch wie jeder Beichtvater nahm sie sofort wieder den Ton verständnisvollen Zuhörens an:
«Du hast getötet? Wen? Ihren Liebhaber?»
«Nein. Du verstehst, ich hätte mir gewünscht, sie wäre meine Cousine. Oder ein Mädchen wie du.»
Sie machte ein böses Gesicht:
«Es ist nicht wahr, daß du getötet hast. Du erzählst mir

Geschichten. Ich brauche das nicht. Ich bin für dich da, ich tue alles, was du willst, aber sag keine solchen Sachen mehr.»
«Du glaubst mir nicht?»
«Ich glaube dir vielleicht, daß du verliebt bist, aber du bist kein Mann, der tötet.»
«Und warum nicht?»
Sie hob die Schultern.
«Ich weiß nicht. Laß das. Auf alle Fälle, selbst wenn du getötet hast, geht mich das nichts an. Geh und erzähle es der Polizei.»
Rachmaninow schien nachzudenken, dann lachte er leise. Bis jetzt war er gestanden. Er wurde sich seiner Lage und der Örtlichkeiten bewußt: ein recht angenehmes Hotelzimmer, ein Doppelbett, zwei symmetrisch angeordnete Nachttischchen mit zwei Lampen darüber. Er legte sich neben Franca und strich ihr übers Haar.
«Du bist meine Cousine. Du bist meine Schwester.»
Dieser zweite Anfall von Verwegenheit erfüllte ihn mit einer Art heißer Angst. Sie suchte, scheinbar ohne zuzuhören, die Dinge voranzutreiben.
«Liebst du die Musik?» fragte Rachmaninow, die Augen zur Decke gerichtet.
«Ja, natürlich.»
«Die Melodien?»
«Ja, natürlich, die Melodien.»
Kurz darauf sagte er in sachlichem Ton:
«Du wirst es gemerkt haben, ich bin, sagen wir, zu schüchtern. Ich danke dir um so mehr für deine Bemühungen.»
«Oh, das macht nichts, ich bin auch schüchtern.»
Er hatte keine Lust zu lachen und war stolz, daß er keine Lust hatte.
«Ich glaube sogar, du bist schamhaft.»

Sie schaute ihn kurz an und sah, daß er sich nicht über sie lustig machte.
«Oh ja, zum Beispiel würde ich es nie wagen, selbst in eine Apotheke zu gehen!»
«Siehst du, ich frage mich manchmal, ob die, die ich liebe, nicht ein Ausbund an Schamlosigkeit ist.»
«Hat sie dich betrogen?»
«Aber du, zum Beispiel, dein Mund, das ist heilig. Während, wenn alles heilig ist, nichts mehr heilig ist. Verstehst du?»
«Ja, ich glaube.»
Sie machte ein angestrengtes Gesicht und stützte sich leicht auf ihren Ellbogen.
Als Zeitgenosse Schönbergs, jünger sogar als Debussy, scheint er in seinem veralteten Romantizismus den musikalischen Errungenschaften seiner Zeit völlig verständnislos gegenüberzustehen.
«Du hast gesagt, du liebst die Musik?»
«Ja, natürlich.»
«Auch die klassische Musik?»
Sie runzelte die Stirn.
«Ja.»
«Welche Stücke?»
Sie tat, als würde sie an den Fingern abzählen:
«Verdi, ich habe einmal *Rigoletto* gesehen, zusammen mit meinem Freund, es war sehr schön. Und dann...»
Auch er stützte sich nun auf den Ellbogen. Sie bot ihm ein Karamelbonbon an und hob fragend die Augenbrauen. Er nickte. Sie wickelte es für ihn aus. Von plötzlicher Leidenschaft erfaßt, packte er sie am Handgelenk:
«Du weißt, ich bin sicher, daß du recht hast, du allein, und daß wir alle im Grunde sentimental, volkstümlich im wahrsten Sinne des Wortes sind und daß es keinen Sinn hat

zu leugnen, daß wir vor allem die schönen Melodien lieben ...»
Sie runzelte wieder die Stirn und kaute an ihrem Bonbon.
«Schau, Natalia ...»
«Franca.»
«Ich träumte davon, eine schlichte, schöne Musik zu hören, die uns beide einhüllt, die sich in ihrer Schönheit niederschlägt, die uns glücklich macht in Frieden, mit diesem Tee, den ich mir so sehr wünschte, einen einfachen Tee, eine schön polierte Zuckerdose aus Silber, in der ich ohne Scham mein Gesicht auslachen konnte.»
«Du bist ganz schön kompliziert. Ich auch übrigens, mach dir nichts daraus.»
«Nein, Cousine, ich schwöre dir, ich bin einfach, genau das ist es, was dich täuscht.»
Er fühlte sich ein wenig trunken.
«Es ist der Geist, der uns umbringt. Und all das. Ihr dagegen seid echt.»
Sie befreite freundlich ihren Arm.
«Weißt du, ich muß bald gehen. Ich muß arbeiten.»
«Ich möchte eines Tages eine schöne Musik schreiben für eine schöne Cousine wie dich. Nie mehr das andere. Es kann nicht unmöglich sein, ich bin überzeugt davon.»
«Schreibst du Musik?»
Sie erhob sich. Während er lächelnd nach einer Antwort suchte, fand sie Zeit, sich vollständig anzuziehen.
«Nein, leider nicht. Aber ich liebe die Melodien. Nie werde ich darauf verzichten.»
Sie lächelte ihm liebevoll zu, wie eine Krankenschwester.
«Bleibst du hier oder kommst du mit mir?»
«Ich komme mit dir. Du kommst mit mir. Wir gehen zusammen ins Konzert.»
«Wie bitte?»

«Du wirst ein langes weißes Kleid anziehen, du wirst leise mitten durch die bereits anwesenden Zuschauer gleiten, wir werden uns auf die besten Plätze setzen. Und Sergej wird auf die Bühne treten, mit sicherem Schritt trotz seinen hundert Jahren.»
Sie betrachtete ihn aus dem Augenwinkel. Er redete, indes er sich ungeschickt anzog und dabei mit dem linken Fuß ins rechte Hosenbein stieg.
«Aber ‹Sergej›, ist das dein wirklicher Name?»
«Ja, er wird für uns, für das ganze Volk, sein zweites Concerto spielen, und dann wird das ganze Volk aufstehen, um ihm zu danken, und dann werde ich wirklich geliebt werden, dank dir, Natalia, dank dir.»
Die Hände am Verschluß seiner Hose, schaute er Franca verstört an. Sie ging auf ihn zu, um ihm zu helfen, wie sie es zuvor in umgekehrter Reihenfolge getan hatte. Doch sie tat es, ohne hinzusehen, ohne diesen seltsam glattrasierten Kopf aus den Augen zu lassen.
«Sag, stimmt es, daß du getötet hast?»
«Ah, du fängst an, es zu glauben, jetzt? Gut, ja, es stimmt.»
«Es wäre besser, du gingst jetzt und würdest die Stadt verlassen, ich weiß nicht. Aber ... Oh, nein, jetzt ist es zu spät! Vorher hättest du es tun sollen.»

Fassen wir zusammen. Es ist ein Diebstahl und anschließend ein Mord begangen worden. Liszt versucht, nach Ausschaltung Rachmaninows (vielleicht zu Unrecht), den Schuldigen zu finden. Es bleiben ihm noch ein paar Stunden bis zur Morgendämmerung des 9. Juni. Irgendwie hat er den dunklen Verdacht, daß es eine Verbindung zwischen Persana und den beiden Verbrechen gibt. Aber was für eine Verbindung? Die Hartnäckigkeit, mit der Franz der Wahrheit auf die Spur zu kommen sucht, erklärt sich aus seiner Freundschaft zu Niccolò, aber auch aus seinem Abscheu vor Lügen. Er weiß, daß es jemanden innerhalb des Instituts gibt, der entsetzlich lügt, und das verwirrt ihn unsäglich. Schließlich hat er das Gefühl, daß dieses Suchen ihn zu Persana führen wird.

Er fühlt sich erschöpft, der Mund ist ausgetrocknet, die Augen schmerzen. Er findet den Direktor in seiner Wohnung. Übereinstimmend beschließen sie vor einem Glas Orangenlimonade, das Frau Direktor kredenzt, die Mitglieder in der Reihenfolge ihrer Wichtigkeit zu verhören, die am wenigsten Verdächtigen zuerst. Das heißt den Historiker, den Kunsthistoriker, den Philologen, den Archäologen, den Philosophen. Um zu verhindern, daß der Leichnam entdeckt wird, hat der Direktor jedermann in seinen Salon bestellt; mit Liszt unterhält er sich hinter verschloßenen Türen im Eßzimmer. Im Salon hat die Gattin Karaffen mit Orangenlimonade aufgestellt, denen die alkoholisierten Kehlen alle Ehre antun. Doch nach jedem Schluck kehrt der beißende Geschmack wieder, und die Leiber schwitzen entsprechend. Die Institutsmitglieder befinden sich im Glauben, es gehe noch immer um die Kette. Sie sind zu erschöpft, um zu sprechen oder sich gegenseitig anzugreifen. In ihren Sesseln versunken, die Knie höher als der Kopf, dösen sie vor sich hin, überwältigt von der anhaltenden Schwüle dieses frühen Morgens, angesichts von Vallotons grellem Akt, umgeben von Gläsern, an denen die Reste der faden Limonade kleben. Nur der Philologe und der Historiker setzen ihr Gespräch über die *pabulatio* fort, jedoch ohne die gewohnte Leidenschaftlichkeit. Zudem setzt die Zitierung des Philologen ins Eßzimmer ihrem Gedankenaustausch ein Ende.

Die Frau des Direktors schließt die Tür und weist dem Mitglied einen bereitgestellten Sessel hinter einem rechteckigen Tisch zu, dem Direktor und Liszt gegenüber. Der Philologe sah trotz des Lichts, das seinen Augen wehtat, zur linken den massigen Körper des Direktors, der so auf seinen Rückenwirbeln und dem äußersten Ende seines Hintern saß, daß er seinen Oberkörper wie durch ein Wunder daran zu hindern schien, sich der Form des Sessels anzupassen; zur Rechten Franz Liszt, den Ellbogen auf den Tisch und das Kinn in die Hand gestützt, mit einem nachdenklichen und leicht angewiderten Gesichtsausdruck. Einen Moment lang erinnerte der Philologe sich an seine Universitätsexamen und fühlte sich aufgefordert, den Text eines zerfetzten Papyrus «einzuordnen». Doch er behielt die Bemerkung für sich, denn dieser Scherz erschien ihm unpassend: als überaus bescheidener Mensch brachte er dem Direktor großen Respekt entgegen, wie er dies jeder Person gegenüber tat, die in der Universitätshierarchie über ihm stand.

«Was halten Sie von Paganini?»

«Von Paganini? Dem Komponisten?»

«Nein, von dem, den man Paganini nennt, ihrem Kollegen», berichtigte der Direktor verärgert: es war ihm bewußt geworden, daß der Philologe seine Frage aus wissenschaftlichen Skrupeln gestellt hatte. Der Befragte legte seine Hände zusammen, ausgestreckte Finger gegen aus-

gestreckte Finger, betrachtete sie kurz und antwortete dann, ohne nach dem Warum zu fragen, in seiner präzisen, raschen, abgehackten, leicht tonlosen Art:
«Ich kenne ihn nicht sehr gut, denn, wie Sie wissen, gehen unsere Interessen ziemlich auseinander. Doch er hat bestimmt seine Qualitäten.»
Nachdem er dies gesagt hatte, glättete er mit seiner rechten Hand seine schwarzen Haare, die so gepflegt, so genau geschnitten und sorgfältig gekämmt waren, daß sie wie gummiert wirkten.
«Er ist tot», sagte Liszt mit Grabesstimme.
Der Blick des Philologen wechselte plötzlich zu Franz hinüber, sein Kopf schoß nach vorne wie derjenige eines Huhns beim Gehen:
«Wie sagen Sie?»
«Ja», bestätigte der Direktor ebenfalls mit Grabesstimme. «Paganini ist diese Nacht umgebracht worden, eben erst, in einem Gebüsch. Haben Sie nichts dazu zu sagen?»
Der Philologe ließ sich genauso heftig zurückfallen, wie er vorhin nach vorne geschossen war.
«Aber das ist ja furchtbar», rief er, die Hände um die Stuhllehne verkrampft, in einem Ton, dem die Aufregung etwas seltsam Preziöses verlieh.
«Ja, es ist furchtbar.» (Liszt wollte seine gewichtigen Worte etwas neutralisieren.) «Kannten Sie Feinde von ihm?»
Diesmal sprang der Blick des Philologen mit sanftem Blinzeln vom einen zum andern, ohne daß er dabei von seiner nervösen Exaktheit abgewichen wäre.
«Nein, wirklich, ich begreife nicht. Erklären Sie mir doch...»
«Wir wissen auch nicht mehr als Sie», sagte der Direktor unter Grimassen, da sein brennender Hintern unbedingt

nach Ruhe verlangte. «Vielleicht sogar weniger. Deshalb fragen wir Sie.»
Der Philologe nickte mit zusammengepreßten Lippen viermal kräftig mit dem Kopf.
«Gab es Rivalitäten innerhalb des Instituts, innerhalb irgendwelcher Cliquen, was weiß ich?» fragte Franz, der zum erstenmal anfing, das Gesicht des Philologen genauer zu betrachten, ein Gesicht, von dem man nicht hätte sagen können, ob es vom geistigen Leben gestrafft war oder physisch geschrumpft, wie man es von den Opfern der Jivaros-Indianer behauptet. Dadurch hatte es etwas Totes, etwas Neutrales, allzu Glattes, was jedoch keineswegs Mißtrauen oder Antipathie auslöste.
«Cliquen? Hören Sie, alles, was ich sagen kann, kam in der Anordnung der Tische heute abend zum Ausdruck.»
(Schau, schau, dachte Franz, Fähigkeit, sich synthetisch auszudrücken, ein guter Zug.)
«Wenn ich recht verstehe, dann gab es, dann gibt es eine gewisse Distanz zwischen denen, die sich direkt, leidenschaftlich mit Musik befassen, mit Dingen der Kunst also, und denen, deren Arbeit zugleich trockener und wissenschaftlicher ist.»
Er sprach objektiv.
«Ich verstehe, aber es gibt auch sehr wissenschaftliche Musikologen, wenn ich so sagen darf.»
«Gewiß, gewiß ...» (die Worte drängten sich im Munde des Philologen, jedoch ohne sich zu überschlagen). «Ich will hier kein Werturteil fällen» (Seitenblick auf den Direktor, der damit beschäftigt war, für seinen Hintern etwas mehr Lebensraum zu schaffen), «ich stelle eine Tatsache fest, die im übrigen nicht die geringste Feindseligkeit nach sich zog, nach sich zieht, das möchte ich betonen.»
«Zweifellos. Was halten Sie von Persana?»

«Ach, die Geschichte mit der Kette.»
«Nein, von Persana persönlich.»
Der Philologe blinzelte mit höflichem Gesichtsausdruck, jedoch mit gerunzelter Stirn. Er warf dem Direktor einen fragenden Blick zu, der ihn mit einem gutmütigen Lächeln ermutigte und damit Franz indirekt seinen Segen gab.
«Hören Sie, ich kenne sie wirklich kaum.»
«Finden Sie sie schön?»
Diesmal warf der Direktor Franz einen seltsam brummigen Blick zu, hinter dem sich bei ihm oft Überraschung verbarg. Doch zu seinem wie auch zum Erstaunen von Franz spitzte der Philologe den Mund wie einen Pürzel, als wollte er kräftig Luft holen, legte erneut die Hände zusammen und rief mit leuchtenden Augen aus:
«Ah, von einer ganz und gar außergewöhnlichen, ganz und gar bemerkenswerten Schönheit. O ja.»
«Uh», sagte Liszt verwirrt und schaute ihn noch genauer an, «wissen Sie, ob jemand unter den Institutsmitgliedern dieser Schönheit eine Bewunderung entgegenbringt, die bis zu Liebe geht?»
Auch da rief der Philologe überraschend:
«Was mich betrifft, ich bin verheiratet, stellt sich diese Frage nicht.»
Liszt hob die Brauen, der Direktor schaute melancholisch auf seine Frau, die eben mit einem sauberen Aschenbecher aus der Küche zurückkam.
«Aber es würde mich nicht wundern, wenn der eine oder andere meiner Kollegen ... Ohne jemanden beim Namen zu nennen, begnüge ich mich damit, ihn ‹Nietzsche› zu nennen.»
Er faßte dieses letzte Wort wie mit der Pincette an.
«Nietzsche, Nietzsche», machte der Direktor, während der Philologe ihn mit erstaunter Ehrerbietung anschaute.

«Ich danke Ihnen», schloß sein Vorgesetzter. «Ich möchte Sie bitten, durch die Küche hinauszugehen und im Interesse der Befragung ihr Zimmer aufzusuchen, ohne mit jemandem zu sprechen. Die Polizei wird sogleich benachrichtigt werden und wird Sie zweifellos morgen früh noch einmal verhören.»
Schon beugte sich der Philologe in seinem Stuhl vor, als Liszt unterbrach:
«Eine letzte Frage noch, aus reiner Neugierde. Können Sie mir sagen, worin Ihre Arbeit besteht?»
«Natürlich, sehr gern. Es handelt sich um eine neue kritische Ausgabe von Sappho für die Sammlung *Callitupyge.*»
«Aha, das ist interessant. Sie stecken folglich mitten in Liebesdingen drin.»
«In Dingen der Wissenschaft, wollen Sie sagen», entgegnete der Philologe mit leichtem Ärger in der Stimme, den Kopf eigenartig zur Seite geneigt.
«Gut, das wäre alles. Suchen Sie in meinen Worten bitte keine Arglist. Ich hoffe Sie bald unter weniger traurigen Umständen wiederzusehen.»
Der Philologe schlug sich gegen die Stirn, ganz und gar nicht geistig, sondern physisch:
«Mein Gott, ich hatte es beinahe vergessen! Aber das ist entsetzlich, wer konnte...»
«Das ist es, was wir herauszufinden suchen – und wir werden es finden», donnerte der Direktor, einzig und allein mit dem Ziel, so schien es, sich wachzuhalten.
Nachdem der Philologe gegangen war, ließ man seine Gattin hereinkommen. Es war Viertel nach drei in der Früh.
Eine kleine blonde Frau mit kurzen, ein wenig strähnigen Haaren, sehr weißer Haut, spitzem Profil, einem wachen, zugleich forschenden und schüchternen Blick: gleichzeitig

Schülerin, die weiß, daß sie Tintenflecken an den Fingern hat, und aufmerksame Mutter, der nichts entgeht. Ihr Körper erweckte den seltsamen Eindruck, als sei er fest und zerbrechlich zugleich. Liszt konnte nicht anders, als sie mit einem Männerblick anschauen und sie hinaus in die Finsternis verbannen.
«Madame», begann der Direktor, «wir haben Sie nicht um Ihren Schlaf gebracht, um Sie wegen der Kette zu befragen, sondern wegen Paganini.»
Sie errötete leicht.
«Was halten Sie von ihm?»
Die Verwirrung der Schülerin trug über die wachsame Nachsichtigkeit der Mutter den Sieg davon.
«Wir haben gemeinsame Interessen, wir sehen uns oft...»
Der Satz endete in einem Fragezeichen, genau wie bei denjenigen Schülern, die ihren Tonfall stets in der Schwebe halten, um ihn dem Urteil der Lehrerin anzupassen.
«Gemeinsame Interessen?» sagte Franz erstaunt. «Aber Ihr Mann hat soeben das Gegenteil behauptet.»
Das Lächeln der Gattin ließ sie viel erwachsener erscheinen:
«Ich teile nicht ausschließlich nur die Interessen meines Mannes.»
«Ich sehe», lächelte Franz mit einer Galanterie, die ihn selbst erstaunte. «Und welches waren Ihre gemeinsamen Interessen?»
«In erster Linie das Spiel, im Sinne des ... Okkultismus, wenn Sie so wollen. Er liebt es, wenn ich ihm die Karten lege.»
«Sie legen Karten?»
Liszt schien ebenso überrascht, wie wenn irgendein Ameisenbär ihm seine Vorliebe für Schach gestanden hätte.
«Ja.»

Sie hielt die Augen schamhaft gesenkt, hatte jedoch sichtbar Lust zu lachen. Dann wurde sie wieder ernst:
«Ja, gestern zum Beispiel habe ich es getan. Ein schlechtes Spiel übrigens.»
«Wirklich? Und worum drehte sich ihre Unterhaltung, die Fragen, die er Ihnen stellte?»
Sie blinzelte und errötete, doch Liszt und der Direktor mißtrauten dieser Verwirrung:
«Warum sagen Sie ‹drehte›?»
«Pardon?»
«Warum reden Sie in der Vergangenheit?»
Liszt und der Direktor wechselten einen Blick.
«Weil Paganini tot ist, ermordet, Madame», sagte der Direktor und schnupfte dabei vieldeutig.
Sie errötete heftiger, gewann ihren blassen Teint wieder, der plötzlich in ein wächsernes Weiß überging.
«Ich ... ich ...»
«Ja», sagte Liszt mit einer Art unversöhnlichen Mattigkeit, als ob er allen andern das Recht abspreche, niedergeschlagen zu sein, oder vielleicht auch, weil es ihn belastete, daß für jeden Befragten dieser Tod wieder neu war. «Ja, haben Sie nichts dazu zu sagen?»
Sie warf ihm einen regelrecht verängstigten, vielleicht feindseligen Blick zu. Sie hatte offensichtlich nichts zu antworten.
«Gut», wagte der Direktor zu sagen, dem sehr unbehaglich zu Mute war, «wir verstehen, daß das ein Schock ist für Sie. Doch verstehen Sie auch uns. Sie kannten ihn, vielleicht hat er Ihnen vor seinem Tod etwas anvertraut, ich meine in den letzten Tagen, etwas, das uns auf die richtige Spur bringen könnte?»
Sie bekam wieder Farbe. Doch sie bewegte den Kopf hin und her mit verstörtem Gesicht.

«Nichts, nichts. Ich habe ihm gesagt, aber er hat immer nur gelacht.»
«Sie haben ihm gesagt ... was?» sagte Liszt, der Abt, in süßlichem Beichtvaterton.
Sie brach plötzlich in Tränen aus:
«Er sagte, er liebe das Spiel, das große Spiel des Lebens.» Die Frau des Direktors war mit betrübtem, doch noch immer wissendem Gesicht hinter der Befragten stehen geblieben, die Hände auf die Rückenlehne des Stuhls gestützt.
«Kannten Sie Feinde von ihm?» (Der Direktor schaute mit einer Art zerstreuter Aggressivität starr auf die Lampe.) Doch sie schien nichts zu verstehen. Einmal mehr wunderte sich Liszt, wie unbekümmert die Mitglieder des Instituts die makabre Nachricht aufnahmen, und stellte fest, wie wenig neugierig sie auf die genauen Umstände dieses Todes waren. Als ob das Ereignis ihre Aufmerksamkeit und ihren etwas zweifelhaften Kummer auf etwas anderes lenkte.
«Feinde? Nein, aber ich weiß, ich glaube, es gab eine Liebe in seinem Leben», hauchte sie.
«Ja, ich weiß.»
Sie schaute Liszt bestürzt, dankbar und feindselig zugleich an. Doch sie sagte nichts weiter. Liszt hätte beinahe gesagt: ‹Was halten Sie von Ihrem Mann?›, aber er hielt sich zurück. So oder so wäre es unpassend gewesen. Sie fing wieder an, den Kopf nach rechts und nach links zu bewegen, wie nach einem Examen, das man einer Kleinigkeit wegen verpatzt hat. Auf einen beunruhigten Blick seiner Frau hin erklärte der Direktor die Unterhaltung für beendet und erlaubte der Frau des Philologen nach den üblichen Ermahnungen zu gehen. Während man sie bis zur Küchentür begleitete, stellte Liszt fest, daß sie schlecht

geschnittene Hosen aus grobem Stoff trug und daß die mageren Schultern zwar ganz gut in dieses Stoffmuster paßten, nicht jedoch die ausladende Breite ihrer Hüfte.
Nachdem sie schwankend den Raum verlassen hatte, wandte er sich an den Direktor:
«Wußten Sie, daß sie Okkultismus betreibt?»
«Ja, ich glaube sogar, Schumann hat sie wegen des Tischerückens konsultiert.»
«Schumann, ah ja?»
Liszt erinnerte sich, daß der wirkliche Schumann die Tische befragt hatte, um die genauen Tempi der Fünften von Beethoven zu erfahren.
«Glauben Sie, daß sie zusammen mit Paganini an irgendeinem esoterischen Zirkel teilgenommen haben könnte?»
«Wie dem auch sei, wir sind noch immer weit von einem Ritualmord entfernt.»
«Natürlich. Aber Sie haben gesehen, wie verwirrt sie war.»
Statt einer Antwort reckte der Direktor sein Kinn nach vorn. Man wußte bei ihm nie genau, ob seine Bewegungen durch ein physisches Mißbehagen ausgelöst waren (hier ein zu enger Kragen) oder ob sie ihren Grund in irgendwelchen Gefühlen oder Überlegungen hatten. Liszt, der sich unbehaglich fühlte, schlug vor, den nächsten Zeugen hereinzuführen.
Man ließ den ledigen Kunsthistoriker eintreten. Liszt griff ihn *allegro deciso* an:
«Was halten Sie vom Tod Paganinis?»
Noch unschlüssig, ob er sich setzen solle, rückte der Kunsthistoriker mit einer Bewegung des Zeigefingers auf der Höhe seiner Nasenwurzel verwirrt seine Brille zurecht und fragte mit leiser, höflicher Stimme:
«Handelt es sich um eine Oper von Erik Satie?»
«Nicht so ganz. Es handelt sich um ein Verbrechen.»

Ohne es zu wollen, schlüpfte Franz in die Haut des Polizisten, der es gar nicht schätzt, wenn man während der Verhöre scherzt, oder, besser, der die Unwissenheit des Befragten für einen Scherz zu halten pflegt, um ihn zurechtweisen und seine Autorität behaupten zu können.
«Pardon?» schaljapinte der Kunsthistoriker, der noch immer nur zur Hälfte saß und unangenehm gebückt über seinem Stuhl schwebte. Der Direktor machte eine erlösende Handbewegung, wie ein Pfarrer in der Kirche nach dem oder jenem «spontanen Gesang».
Liszt, der auf dieses «Pardon?» gefaßt war, ballte die Fäuste. Ich bin müde, ich werde nicht bis zum Schluß durchhalten. Und diese Verhöre waren nichts als Routine. Der Moment würde kommen, wo man sich mit Chopin, Schumann, Wagner befassen mußte. Das friedliche Bild der Villa d'Este gaukelte hartnäckig vor seinen Augen, so hartnäckig, daß er zum nicht gelinden Erstaunen des Direktors fragte:
«Was halten Sie von Tivoli?»
«Verzeihung», antwortete eine Oktave tiefer dieser kleine, hochgestochene, überaus distinguierte, alterslose Mickerling. Liszt hatte das Gefühl, die mindeste nicht-philologische Geste löse in diesem Körper ein unheilvolles und zerstörerisches Aufeinanderprallen der kalklosen Knochen aus.
«Ihr Kollege Paganini ist heute nacht ermordet worden», ließ der Direktor sich vernehmen (eine Quinte höher). «Kennen Sie den Schuldigen?»
(Auch er konzentrierte seine Fragen im Verlaufe der verschiedenen Verhöre.)
«Ich eh... ich verstehe nicht, was Sie damit sagen wollen», gluckste der Kunsthistoriker in einer Art übertriebener Aufregung. Er hatte die Hände auf die Armlehne gestützt

und schien drauf und dran aufzustehen. Eine neuerliche pastorale Bewegung hielt ihn auf seinem Platz fest.
«Glauben Sie uns, wir scherzen nicht», präzisierte Liszt (entzückt, endlich jemanden vor sich zu haben, der nicht ohne weiteres daran glaubte). «Es ist ein richtiges Verbrechen, das wir im Moment aufzuklären suchen, und dazu brauchen wir Ihren Beistand. Sie wissen gar nichts von der ganzen Sache? Sie glaubten wirklich, wir würden Sie wegen der Kette befragen?»
Der Kunsthistoriker warf ihm einen ebenso mörderischen wie ratlosen Blick zu.
«Ich verstehe überhaupt nichts, und ich weiß auch nichts», hämmerte er mit einem schweizerdeutschen Akzent, der fast so schlimm war wie derjenige des Direktors.
Man konnte dem nichts entnehmen als die Bestürzung eines Mannes, der in die Falle gegangen ist. Er verließ das Eßzimmer, ohne ganz davon überzeugt zu sein, daß man ihn nicht zum Narren gehalten hatte.
Blieben noch drei Personen, bevor die ernsthaft Verdächtigen an der Reihe waren: der Historiker, seine Frau und ein Archäologe.
Man hielt es nicht für nötig, die Gattin des Mitglieds und das Mitglied selbst getrennt zu verhören. Das Verfahren ging ohne nennenswertes Ereignis vorüber, das heißt, die jovialen Züge des schlanken Historikers (mit beinah sportlichen Allüren, jedenfalls verglichen mit seinen Kollegen) suchten mühsam ein Lächeln zustande zu bringen, das zur Situation paßte (dieses Mitglied befürchtete in der Tat, man könnte seine Katastrophenmiene für ein nur mühsam verbissenes Lachen halten); und das liebenswürdige, sehr rundliche Gesicht seiner offensichtlich geliebten Gattin vertauschte sein Lächeln gegen ein konzentriertes Schmollen, das dem Ärger näher war als den Tränen: sie

schienen diesen Tod offensichtlich im wesentlichen für eine gewaltige Unannehmlichkeit zu halten, besser, für eine dicke Aufschneiderei des Direktors. Über Paganini selbst hatten sie nichts zu sagen. Sie tauschten Blicke aus, wie um sich zu versichern, ob sie ja oder nein sagen, ob sie dieses oder jenes häusliche Detail über ihn preisgeben sollten (sie hatten bemerkt, daß es Niccolò nichts ausmachte, vier Tage hintereinander das gleiche Hemd zu tragen, daß er frühestens um Viertel nach neun aufstand, daß er ohne weiteres Käse im Kühlschrank verschimmeln ließ und daß er die Korridore, das heißt die Toiletten im fünften Stock mit schlüpfrigen Scherzen schmückte).
Liszt stellte fest, daß der innigste Wunsch des Paares darin bestand, schlafen zu gehen, die einzige Haltung, die ihm angesichts des Unglücks schicklich schien.
Blieb der Archäologe. Man führte einen jungen Mann von korrektem Äußeren herein, der trotz der vorgerückten Stunde, der Hitze und der Katastrophenstimmung (oder gerade deshalb) in Anzug und Krawatte erschien. Zum immer unbestimmteren Erstaunen des Direktors begann Franz den Archäologen über die Kette auszufragen ohne jede Anspielung auf Paganini.
«Können Sie, der Sie sich mit Steinen, alten oder nicht, auskennen, uns zufällig sagen, ob diese Kette sehr wertvoll war? Haben Sie sie, zufällig, sage ich, genauer angeschaut, bevor sie verschwand?»
Die Reaktion des Archäologen war vielschichtig. Einerseits fühlte er sich offenbar geniert wegen der gewissermaßen fleischlichen Andeutung dieser Frage, anderseits wollte er sich nicht den Anschein der Unkenntnis geben. Er umfaßte ein Knie mit den Händen und reckte das Kinn. Dann mit einem komplizenhaften, kindlichen, pfiffigen, Zustimmung heischenden Lächeln:

«Oh ja, in Steinen, da kenn' ich mich aus!»
Der Eindruck des «Zustimmung-Heischenden» trat im Laufe der Sekunden mehr und mehr in den Vordergrund, und Liszt sah sich, überrumpelt von dieser anmaßenden und scheinheiligen Erwartung, gezwungen, die Sache ins Rollen zu bringen:
«Ja, wir zweifeln nicht daran. Also? Glauben Sie, daß diese Kette so wertvoll ist, daß jemand ernsthaft daran denkt, sie zu stehlen?»
«In Italien ist alles möglich», platzte der Archäologe, ohne den bettelnden, beinahe eitlen Ausdruck aufzugeben, heraus und streckte weiterhin das Kinn in die Luft.
«Aber hier sind wir sozusagen in der Schweiz», korrigierte der Direktor, ohne wirklich an den Nutzen seiner Bemerkung zu glauben. «Leider», fügte er murmelnd hinzu. «Sie glauben doch wohl nicht, daß es ein Mitglied des Personals gewesen ist?»
«Aber natürlich», rasselte der Archäologe, «ist es jemand vom Personal, also da besteht gar kein Zweifel, ich kenne sie, diese Kette ist verloren, gestohlen, das ist alles.»
«Aber der Mord an Paganini, das war doch wohl nicht der Gärtner?»
Stummes Entsetzen. Darlegung der entsetzlichen Ereignisse durch Liszt. Wortreiches Entsetzen. Erschrecktes Unverständnis, von Gefühl überwältigtes Stottern, konfuse Anspielungen auf den herrschenden Anarchismus, auf Bomben auf offener Straße, auf Diebstähle in Schlafwagen, auf das Scheidungsgesetz, Entschluß, das Institut, Rom zu verlassen, per Flugzeug, sofort, es sei denn, die Palästinenser usw. ...
Nachdem der Archäologe gegangen war, nahte die Stunde der ernsthafteren Dinge. Man rief den Philosophen. Er war nicht im Salon, und niemand hatte darauf geachtet.

Um keinen Verdacht zu erwecken, hatte der Direktor nicht ausdrücklich verlangt, daß alle dasein müßten. Und bestimmt war Nietzsche erst nach Beginn der Verhöre weggegangen. Man suchte ihn, so gut man konnte: unauffindbar.
Der Knoten schürzte sich, alles wurde klar: Nietzsche hatte aus dem oder jenem Grund Paganini ermordet und befand sich jetzt auf der Flucht. Und all dies stand mit Sicherheit in Zusammenhang mit Persana.
Chopin, Schumann und Wagner, die erschöpft auf der Terrasse des Salons dösten, wurden von Nietzsches Verschwinden und dem Mord an Paganini in Kenntnis gesetzt. Man hielt es nicht mehr für nötig, sie zu verhören, und war zutiefst erleichtert, den Schuldigen gefunden zu haben. Liszt war einmal mehr überrascht, mit welcher Leichtigkeit die Nachricht von dem Mord akzeptiert wurde. Ein pflichtschuldiges Erstaunen, so schien es, und darüber hinaus eine Art resignierter, dumpfer Schmerz, verbunden mit offensichtlicher Angst. Dennoch wirkten die drei Freunde deutlich erleichtert – seit der Nachricht vom Verbrechen!
Sie bekamen die Erlaubnis, den vierten Stock zu verlassen. Der Direktor beschloß nach einer langen und zähen Unterhaltung mit Liszt in seinem Büro, nicht länger mit der Benachrichtigung der Polizei zu warten. Er schickte sich an zu telephonieren, als er von der Terrasse aus, wo er kurz hatte Luft schnappen wollen, feststellte, daß im Turm Licht brannte.
«Seltsam. Ich werde nachsehen müssen.»
Es muß dazu gesagt werden, daß sich in dem berühmten Turm ein großer rechteckiger Raum befand, direkt unterhalb der Spitze, ein Raum, der einst als Paradezimmer für bedeutende Gäste gedient hatte. Die Großen des faschisti-

schen Europa sollen hier sogar einige Nächte verbracht haben und von einer seidenknisternden Gräfin mit einem vergoldeten Kerzenleuchter über eine eiserne Wendeltreppe bis zu dem riesigen Himmelbett geführt worden sein. Einem Schlafgemach Ludwigs II. von Bayern in Linderhof oder Neuschwanstein ebenbürtig, bot der Raum seinen Gästen einen Blick über Rom, von dem Nero nicht zu träumen gewagt hätte.

Doch nachdem die Villa Scura in die Hände von Bürgerlichen gefallen war, wurde dieser Raum nicht mehr benützt, nicht einmal um einen Bundesrat oder den Direktor einer Fabrik für pharmazeutische und kulturelle Produkte in hochherrschaftlichen Schlaf zu wiegen. Dennoch wurde er sorgfältig gepflegt, und der Zugang war den Mitgliedern nicht ausdrücklich verboten. Doch einige Jahre vor den Ereignissen, von denen wir hier berichten, war der Raum Schauplatz von Orgien, die der Feder des Petronius würdig gewesen wären. Das Flackern der Kerzen in ihren vergoldeten Haltern und vor allem die wagnerisch donnernden Akkorde, die quer durch den Äther die Glocken des Vatikans herausforderten, die Encolpen und Eumolpen in den Schatten stellten. Seither war es obligatorisch, beim Direktor den Schlüssel zu verlangen. In Wirklichkeit ließ dieser, der nachlässiger war als sein Vorgänger, ihn an einer Schnur an seiner Garderobe hängen, so daß man sich seiner, wenn man wollte, ohne Erlaubnis bemächtigen konnte.

Der Direktor stieg schwerfällig die Stufen empor, die vom fünften Stock in den Turm führten. Er war vollkommen erschöpft. Die Wendeltreppe machte ihn schwindlig, so daß sich ihm das Zimmer Ludwig II. nicht gleich in der Horizontalen darbot. Endlich sah er. Er sah Nietzsche ausgestreckt auf der rechten Hälfte des Bettes. Der Philosoph hatte die türkis schimmernde Decke nicht zurückgeschlagen (man träumte vom Knittern weißer Seide, von einer Unordnung toter Stoffe neben lebenden Körpern; doch die Frau des Direktors hatte es nie gewollt). Bloß, das stand hier nicht zur Debatte. Von elektrischen Kerzen bewacht, lag Nietzsche auf dem Rücken, die Brust durchbohrt von einem Dolchstoß: ein dunkler Fleck breitete sich auf dem wunderbaren Blau aus. Noch bevor der Direktor verstört die Tür zuschloß und in einem dantesken Schwindelanfall die piranesische Wendeltreppe in Angriff nahm, stellte er fest, daß der Leichnam die Hände über der Brust gefaltet hatte, gleich einem Toten, der eines anständigen Todes gestorben war und über dem der fromme Schatten der Gräfin wachte.

Nachdem er wieder im prosaisch-klinischen fünften Stock angelangt war, blieb der Herr Direktor stehen, um nachzudenken; er nahm in diesem nackten, jeglicher Verrücktheit – es sei denn der echten – feindlichen Flur langsam seine Gedanken wieder zusammen. Ein gewaltiges Stirnrunzeln zwang seine aufgerissenen Augen in ihre Höhlen zurück.
«Also», fragte wenig später seine Frau, «was war mit diesem Licht? Du hast es nicht ausgemacht?»
«Oh nichts, es wird das Zimmermädchen gewesen sein, das ich gebeten hatte, noch heute abend dieses Zimmer sauberzumachen wegen des ... unerwarteten Besuchs ... des Botschafters. Du hast recht, ich habe es tatsächlich nicht ausgemacht, ich gehe noch einmal hinauf.»
«Aber nicht doch, ich gehe.»
«Einverstanden, mein lieber Franz, Sie erlauben mir doch, Sie so zu nennen, wir sind eine große Familie, nicht wahr? Einverstanden, aber ich begleite Sie, das ist ein gutes Training.»
Liszt war viel zu erschöpft, um heftig auf die Tragödie des «Zimmers Ludwig II.» zu reagieren. Er blieb bloß nachdenklich am Fußende des Bettes vor dem Leichnam dieses Mannes stehen, den er kaum gekannt hatte und dessen kleiner Schnurrbart jetzt ein ungehöriges, ja monströses Aussehen annahm. (Dieser Schnurrbart war das einzige, was an Nietzsche erinnerte. Im übrigen war der Tote groß, mager und hatte einen grau-rosa Teint; seine schmutzigbraunen Haare, die zu seinen Lebzeiten stets hatten über die Ohren fallen wollen, waren jetzt sorgfältig gekämmt, als ob der Mörder sich Mühe gegeben hätte, seinem Verbrechen eine gediegene, würdige, beinah rituelle Note zu geben.) Liszt stand so versunken da, daß der Direktor sich fragte, ob sein Begleiter nicht am Ende bete. Als Atheist aus einer Mischung von metaphysischer Bequemlichkeit

und pseudowissenschaftlichem Neopositivismus fühlte der Direktor sich religiösen Dingen gegenüber genauso unbehaglich wie gegenüber seinen Vorgesetzten: dennoch glaubte er kein Recht zu haben, sie der Analyse zu unterziehen. Er respektierte also Franz' Schweigen. Dann, als dieser sich regte, um sich vom Bett zu entfernen und die Stirn an die Scheibe zu pressen, hoch über einem erblassenden Rom, der ewigen Stadt, eingebettet im Ebenmaß ihrer Hügel, riskierte er ein Wort:
«Jetzt rufe ich die Polizei an. Wir haben nur zu lang gewartet.»
Liszt nickte, ohne sich umzudrehen. Auf alle Fälle, so dachte der Direktor, würde ihnen weiteres Zuwarten nur Schwierigkeiten bringen. Überdies und vor allem ging die Angelegenheit über ihre Kräfte. Möglich, daß die Polizei mit ihrem neutralen, objektiven Blick die Dinge ganz anders sähe und, zu ihrer aller Erleichterung, den logischen Ablauf dieser Schrecknisse herausfände.
«Also, dann gehe ich?» fragte der Direktor, irritiert von diesem abgewandten Rücken, schon zum zweiten Mal.
«Ich bitte Sie.»
Liszt drehte sich um seine Achse.
«Ich bitte Sie, doch erlauben Sie mir, dieses Haus für eine halbe Stunde zu verlassen. Ich kann nicht mehr. Und an Schlaf ist nicht zu denken.»
«Es ist bloß ... Sie sollten hier sein als Zeuge.»
«Warten Sie mit Telephonieren, bis ich zurück bin. Ich schwöre Ihnen, es wird nicht lange dauern.»
Der Direktor kratzte sich am Kopf. Er hatte Angst, und er, der sonst für Autorität nichts übrig hatte, empfand jetzt das Bedürfnis, sich der Ordnung zu unterwerfen oder, besser, in diese unbegreifliche Folge von Ungeheuerlichkeiten eine Ordnung – und sei es die Polizei – zu bringen.

Liszt ging auf ihn zu und legte seine schönen Hände auf die schweren Schultern (die immer aussahen, als wollten sie die Kleider sprengen, gleich einem Stück Fleisch, das zu eng geschnürt ist.)
«Hören Sie, ich weiß, hier spielt sich etwas Ungeheuerliches ab, von dem wir nur gewisse, vielleicht notwendige Auswirkungen sehen. Ich fühle, daß das nur in Rom geschehen konnte, an diesem Ort, in diesem ... diesem Schmelztiegel der Menschheit, der Geschichte, der Schönheit ... Ich kann es Ihnen nicht erklären, es ist wie die Verbrechen der Atriden unter der Sonne Griechenlands ... Und das wird die Polizei nie verstehen, ich glaube nicht, daß die Polizei versteht. Aber ich spüre, daß wir eine Chance haben zu verstehen, wenn wir hinausgehen, wenn wir die Stadt hören. Denn wir fühlen uns hier in diesem geschmacklosen Palast beschützt. Das stimmt nicht, schauen Sie nur, wir sind in den Sog geraten, werden zerrieben in diesem Tiegel!»
Franz' Augen loderten wie im tiefsten 19. Jahrhundert. Er wich plötzlich zurück, fuhr sich mit dem Handrücken über die Stirn:
«Ich muß Ihnen beunruhigend vorkommen, verrückt auch ich und warum nicht schuldig ...»
Der Direktor, der von diesem romantischen Diskurs nicht allzuviel verstanden hatte, war trotz allem beeindruckt: Während die Gegenwart des Todes und des Verbrechens in diesem Haus in ihm ein panisches Bedürfnis nach Rechtfertigung, nach Erklärungen und nach Ordnung auslöste, versetzte sie gleichzeitig die Villa Scura außerhalb der Reichweite Helvetiens; sie katapultierte das Institut weit weg von Friede, Gesetzen, Streitereien, Ernst und Pünktlichkeit. Ja, in dieser Nacht war die Villa Scura eingegangen ins Römische Reich, reihte sich ein unter die tausend-

jährigen Villen grausamer Herrscher, sie entwickelte sich in der großartigen und blutigen Abwesenheit des Gesetzes, sie erlaubte sich alles, sie vergeudete stolz ihr moralisches Kapital. Sie war die Mörderin, doch konnte man ihr einen Vorwurf draus machen, daß sie diesen Weg gewählt hatte, den einzigen, der ihr zu Größe verhalf? Auf jeden Fall würde der Direktor, wenn in vier Stunden das Telephon auf dem Direktionstisch läutete, dem säuselnden Kleinkrämer im Departement des Innern (des Innern!) nicht antworten, der in Bern die Augenbrauen immer höher ziehen würde, je länger das klägliche, vergebliche Läuten vor sich hin plärrte. Nein, der Direktor würde nicht antworten, und keiner, selbst dort unten in den seriösen Büros, würde ihm je einen Vorwurf daraus machen können. Welch ein Preis für diese Freiheit, für diese Orgie der Unordnung! Von sich aus hätte er nie zugestimmt. Doch da andere ihn bezahlten, da das Haus in seinen Grundfesten erzitterte (viel heftiger als unter den unregelmäßigen Durchfahrten der «Metroroma»), mußte man das akzeptieren, mußte man seine Stellung akzeptieren. Der Direktor empfand für den geheimnisvollen Mörder fast so etwas wie Dankbarkeit.
«Gut», sagte er zu Liszt. «Ich werde warten, bis Sie zurück sind. Aber bleiben Sie nicht zu lange weg», fügte er in einer Anwandlung von Komplizenschaft hinzu.
«Danke.»
Franz ließ den Direktor zuerst hinausgehen, wartete einige Sekunden, bis er die Wendeltreppe hinunterging, nicht ohne zuerst das Licht auszumachen, in das sich jetzt bereits die grau-lila Dämmerung mischte.
Auf der Via Ludovisi, der Via Veneto hatten die letzten Prostituierten längst die verspäteten Freier abgewiesen und waren in ihre entlegenen Studios zurückgekehrt, sich

verärgert auf die Unterlippe beißend, weil sie im Hotelzimmer das Päckchen mit dem Hundefutter liegengelassen hatten. Die ersten Zeitungsverträger, die ersten Bäcker von *Palombi* waren noch nicht zu sehen. Keine Taxis mehr entlang der gedeckten Terrasse des *Café de Paris,* keine Autos von Zuhältern mehr, die mit eingeschalteten Scheinwerfern in den Quersträßchen standen, keine polyglotten Schlepper, keine bisexuellen Ausdünstungen mehr, nichts mehr von dem, was nachts diese Gegend kennzeichnet, und noch nichts von dem, was ihr tagsüber ihre langweilige und snobistische Gediegenheit gibt.
Leere. Franz hörte den Widerhall seiner Schritte an den Fassaden der Luxushotels. Er machte sich sogar einen Spaß draus, mitten auf der Straße zu gehen, wo kein einziges im Zickzack fahrendes und hupendes Auto unter seiner Gegenwart zu leiden hatte. Er atmete nicht ohne bittere Wollust den Geruch der Pferdeäpfel ein, den die touristenjagenden Kutschen unter sich gelassen hatten. Am Ende der Via Veneto ging er durch die Porta Pinciana in den Mauern des Aurelius – ein grausamer Kaiser vielleicht – und wandte sich nach rechts zum Park des Pincio, dessen Eingang von zwei steinernen Adlern bewacht wurde, denen er einen Gruß zuwarf, gleich einem General, der zwei Finger zur Mütze führt, wenn er die Garde abschreitet. Dann ging er, noch immer mit denselben hallenden Schritten, in Richtung auf die Villa Borghese. Auf einer der Bänke am Wegrand machte er in dem unbestimmten Licht eine menschliche Gestalt aus, die ausgestreckt dalag, den Kopf in den Kragen eines Allwettermantels vergraben. Auf dem Boden eine unförmige Tüte, die vermutlich Reste von Eßwaren enthielt; jedoch keine Flasche. Franz zögerte zwei, drei Sekunden, dann setzte er seinen Weg fort. Er würde nicht bis zur Villa Borghese

gehen, die um diese Zeit bestimmt geschlossen war. Er würde nach links abbiegen, um langsam zum Teich hinunterzugehen, wo er sich vielleicht ein Boot nehmen konnte. Er würde folglich das geschwätzige und pompöse Goethe-Denkmal links liegen lassen (Denkmal vom Typ *Apotheose des Homer,* ohne unehrerbietig sein zu wollen gegenüber einem Meister, der ganz in meiner Nähe wohnte). Er rief sich mit dem Rom des wirklichen Liszt das Weimar des authentischen Franz in Erinnerung. Er kannte die Stadt seines Vorbilds selbstverständlich auswendig und wußte, daß er in diesem Augenblick seine Füße in die Fußstapfen des Meisters setzte. Blieb das gleiche zu tun für die Gedanken und den Geist. Doch das würde nach dieser Nacht vielleicht möglich werden.

Der graue Teich in der grauen Dämmerung. Absolute Stille. Am andern Ufer der Wasserfläche eine Art Göttertempel mit einer griechischen Inschrift, einer Votivformel zu Ehren des Asklepios. Asklepios, Gott der Heilkunde, war er nicht von einer Schlange begleitet? Oder trug er den Thyrsus-Stab? Ich verwechsle ihn zweifellos mit Merkurs geflügeltem Stab. Macht nichts. Thyrsus, so hat mich Baudelaire in einem seiner *Poêmes en prose* genannt. Könnte ich, im romantischen Sinne, in dieser Mischung von Männlichem und Weiblichem – von Diabolischem, denn du hast die Schlange nicht vergessen, Charles, mein Freund, könnte ich der Gott sein, der heilt?

Schritte im Kies. Es war natürlich Persana, begleitet von ihrem Hund. Lächelnd.

«Sie sind genauso ein Frühaufsteher wie ich!»
«Ich wollte eine Bootsfahrt machen. Kommen Sie mit?»
Sie schaute kurz zu Boden, dann hob sie den Kopf.
«Aber ja, warum nicht?»
«Also gehen wir», sagte Franz in der Rolle des entschlosse-

nen Galans. «Ein Glück, daß ich Sie treffe, übrigens. Ich habe eine Neuigkeit für Sie.»
«Ah ja, und welche?»
Tristan, glücklich, seinen Menschen wiederzusehen, trottete vor sich hin, wobei er sich mit einer liebenswürdigen und eingebungsvollen Arglist im Blick ständig umschaute.
«Ich hebe sie auf für gleich, wenn wir auf dem Wasser sind.»
«Es ist nicht...», begann Persana in fragendem Ton, doch sie ließ den Satz in der Luft hängen.
Sie schritten rasch aus. Liszt fröstelte: die Kühle, der Schlafmangel, sagte er sich, ohne recht daran zu glauben. Tristan sprang bereits in das Boot, das Liszt losgemacht hatte.
«Warten Sie, ich helfe Ihnen.»
«Danke.»
Ein Fußtritt gegen die kleine Brücke, ein kurzes Stampfen. Franz ergriff die Ruder
«Also, diese Neuigkeit? Lassen Sie mich nicht länger warten, vor allem nicht, wenn es schlimm ist.»
«Es ist schlimm.»
Er hatte seine ganze Aufmerksamkeit aufs Rudern gewandt und sprach mit fast geschlossenem Mund.
Sie schaute ihn mit eindringlichem Blick an, ohne etwas zu sagen: in genau der erwarteten und gewünschten Pose.
«Nietzsche ist tot, ermordet im Zimmer Ludwig II.»
Er ruderte absichtlich kräftig, während er dies sagte, so daß sein Kopf nach hinten geworfen wurde. Er sah nichts als die Wipfel der Bäume, die um den kleinen See herumstanden.
«Aber gibt es denn einen Verrückten in diesem Haus?»
Er hörte auf zu rudern. Sie war sehr blaß und machte eine Bewegung, als wolle sie sich selbst in die Arme nehmen.
«Mir ist kalt.»

Bei jeder andern, vor allem in einer solchen Situation, hätten diese Worte bedeutet: «Ich habe Angst, ich möchte mich an Sie schmiegen»; doch Liszt fühlte mit unwiderlegbarer Deutlichkeit, daß die Worte Persanas kein Hilferuf waren. Vielmehr eine Feststellung. Wiederum empfand er Lust, sie nicht anzusehen, nicht von Morden und Diebstahl zu sprechen. Doch dann sagte er mit neutralerer, fast gereizter Stimme:
«Die Polizei kann jeden Moment informiert werden. Man weiß absolut nichts, außer daß der einzige mögliche – oder doch fast der einzige – Schuldige des ersten Mordes das Opfer des zweiten geworden ist. Das heißt, alles steht auf dem Kopf. Man weiß nichts. An der Polizei, es herauszufinden. Ich denke, Sie werden diesen Ort so schnell wie möglich verlassen wollen. Das wird möglich sein, sobald die Polizei die Sache in die Hand genommen hat.»
Sie betrachtete keineswegs die Augen, sondern die Stirn des möglichen Genies.
«Ich habe es nicht eilig, wissen Sie.»
«Erschrecken diese Verbrechen Sie nicht?»
«Doch, natürlich, aber sie haben nichts zu tun mit der Villa und noch weniger mit Rom.»
Franz war überrascht von diesem – wie er es vorläufig nannte – Kurzschluß; als ob gewisse Phänomene, die für gewöhnlich miteinander verbunden waren, im Denken Persanas getrennt blieben, als ob die Verbrechen der Villa Scura etwas für sich wären und nicht auf ihre Umgebung ausstrahlten, als ob die Leiche Nietzsches nicht für immer das einstige Türkis der Bettdecke verändert hätte. Das Gegenteil meiner Empfindungen, konstatierte Franz in schmerzlicher Gereiztheit.
Tristan verließ seine Herrin, um sich seinen Rivalen genauer anzusehen.

«Sie konnten nicht schlafen», sagte dieser unvermittelt.
«In der Tat.»
«Doch wohl wegen der Atmosphäre an diesem Ort?»
«Wenn Sie wollen.»
Sie schmollte. Franz kraulte Tristan die Schnauze.
«Wußten Sie, daß der wirkliche Liszt, als er in Rom wohnte, ganz in der Nähe der heutigen Villa Scura, genauso einen schwarzen Hund besaß?»
«Eine Bracke?»
«Nein, einen Windhund. Aber Sie geben doch zu, die Übereinstimmung ist frappant.»
Sie lachte:
«Sie sagen das, als gehöre er Ihnen!»
«Entschuldigen Sie, aber dieser Hund gefällt mir sehr, und ich bin im Begriff, ihn mir anzueignen, ohne es zu merken.»
«Das ist nicht weiter schlimm. Ich mag Leute, die Tiere lieben, und ich liebe nur sie: wer die Tiere nicht lieben kann, kann auch die Menschen nicht lieben.»
«Man sagt umgekehrt auch, daß der, der die Tiere zu sehr liebt, ein Misanthrop ist.»
«Ja...»
Es war zu spüren, daß dieses Ja rein formell gemeint war.
«Und ... Ihr Liszt, lebte er allein mit seinem Hund, ein Misanthrop?»
«O nein, er war in Begleitung seiner wunderbaren Geliebten Marie d'Agoult, eine schreibende Gräfin, ein Blaustrumpf, jedoch sehr leidenschaftlich. Sie wissen, er lebte mit ihr einige Zeit in Genf. Dann sind sie nach Italien gegangen. Kann sein, sie haben den gleichen Spaziergang gemacht wie wir.»
«Ja, aber wir sind kein Liebespaar», berichtigte Persana, offensichtlich nicht zum Spaß, sondern aus reiner Sorge um Genauigkeit.

Was Franz am meisten verwirrte, war, daß er bei ihr nirgends auch nur den geringsten Widerstand spürte oder, genauer, jenen Punkt, der zwar im körperlichen Bereich nicht zu lokalisieren ist, der jedoch bei einer Frau ganz plötzlich unter einem Blick zurückweicht wie die Taste des Klaviers unter dem leichten Druck des Fingers. Er hatte sich daran gewöhnt, bei allen Frauen, denen er begegnete (außer einigen häßlichen Entlein), dieses Zurückweichen zu spüren. Nicht im eigentlichen Sinne des Wortes: so, sagen wir es noch einmal, daß ein empfindlicher Teil ihrer selbst plötzlich (fast immer unvermittelt) die männliche Gegenwart anzuerkennen bereit war. Doch das Bild ist noch immer zu grob. Wir müssen genauer werden und sagen, daß zwischen diesem Augenblick und der körperlichen Annäherung viel Zeit liegen kann. Und noch immer konnte ein Zwischenfall die ersehnte Zukunft aufs Spiel setzen. Doch stets hatte Franz unter seinem Blick diese minimale, jedoch entschiedene Empfänglichkeit gespürt, gleich der hohlen Wellenbewegung eines Einzellers im Augenblick seiner Teilung, oder auch dieses Sich-Anbieten körperlicher Rundungen, dieses Zurückwerfen des Kopfes, das dem Mann auch bei gleichgültigem Gesichtsausdruck anzeigt, daß er von nun an in diesem Fleisch gegenwärtig ist, angenommen, alsbald empfangen.
Bei Persana nichts dergleichen: ihre Schönheit blieb sich gleich, ohne sich zu verschließen, gab nichts wieder vom Licht des Mannes, schillerte nicht unter seinem Atem, veränderte sich nicht unter seinen Worten, nicht mehr als das Wasser des Teiches, das sich jetzt beruhigt hatte, sich unter dem weißen und schwarzen Bild veränderte, dem Bild einer gewöhnlichen Idylle, das es widerspiegelte.
Und auch das traf Liszt: die Situation, die für gewöhnlich die Verwirklichung des Idylls zweier junger und schöner

Menschen hätte bedeuten müssen, stellte in Wirklichkeit die düstere, tastende, anachronistische Begegnung zweier Wesen dar, die von mehreren Verbrechen beherrscht und vielleicht getrennt wurden. Franz seufzte, überwältigt von Müdigkeit und Nervosität. Würde er mit einer solchen Situation fertig werden?
«Sie haben recht, wir sind kein Liebespaar.»
Bei jeder andern hätte er jetzt eine Anspielung gewagt, ja sogar ein eindeutiges Wort in der Art von: ‹Doch wir könnten das Übel beheben.›
«Glauben Sie, daß Liebe und Schönheit nötig sind für die Schaffung eines Werks?» faselte er statt dessen und hatte dabei den fatalen Eindruck, den Schulmeister zu spielen.
«Sie fragen mich viel», antwortete sie in einem Ton, der in seiner Gleichgültigkeit entmutigend wirkte.
«Ich stelle Ihnen diese Frage deshalb, weil Liszt in Rom angeregt wurde durch die Kraft und die Schönheit des Ortes und durch die Gegenwart seiner Geliebten, obgleich ihre Beziehung zu jenem Zeitpunkt bereits anfing zu leiden.»
Sie lächelte mit einer gewissen Bewunderung, jedoch einer strengen Bewunderung, wenn man so sagen darf.
«Sie scheinen sich in seiner Biographie wirklich gut auszukennen.»
«Ganz einfach, er ist mein Gott, er war vollkommen als Schöpfer, als Freund, als ... als menschliches Wesen. Er war die Vornehmheit in Person. Kein niedriges Gefühl. Und damit ein außergewöhnlicher Vorläufer. Unser Jahrhundert fängt erst an, ihn zu entdecken. Wußten Sie, daß man kürzlich seinen *Christus* in Sankt Ignazius aufgeführt hat? Er hat ihn übrigens im Kloster von Santa Francesca Romana geschrieben, das Sie zweifellos kennen. Nein? Wir können einmal zusammen hingehen.»
«Warum nicht?»

«Doch ich wollte sagen, daß ich ihm ähnlich sein möchte. Mehr noch, ich wünschte, daß heutzutage ein solches Wesen möglich wäre, auch wenn nicht ich es sein sollte.»
Sie schaute ihn aufmerksam an.
«Seit wann haben sie diese Idee?»
«Oh, von meiner frühesten Jugend an hat man in meiner Umgebung bemerkt, daß ich eine körperliche Ähnlichkeit mit Liszt habe. Man hat mich seine Musik lieben gelehrt, der Rest kam von selbst.»
«Sie spielen jedenfalls gut Klavier. So gut, daß meine Kette verschwinden konnte, ohne daß ich es bemerkte.»
Er lächelte unbestimmt und hing weiter seiner Idee nach:
«Schauen Sie, ich frage mich, ob der große Künstler des 19. Jahrhunderts endgültig tot ist oder nicht. Ob diese Art zu reagieren, schöpferisch zu werden angesichts der Schönheit, ob diese Art des intensiven Erlebens in der Religion einer transzendentalen Kunst, diese Großzügigkeit, entstanden aus Wissen und Empfindsamkeit, ob all das heute noch leben könnte. Verstehen Sie doch, wenn die Liszts heute nicht mehr möglich sind, dann heißt das, daß die Menschheit sich unfehlbar zurück entwickelt. Denn er war kein Naivling, kein Schwächling, kein Träumer. Er war ein Mann. Und ich befürchte, das gibt es heutzutage nicht mehr.»
«Aber warum denn?» fragte sie ein wenig so, als hätte Franz gesagt: ‹Ich werde nie mehr eine elektrische Eisenbahn zu Weihnachten bekommen.›
Um ehrlich zu sein, übrigens, Liszt II. war ein wenig weinerlich geworden während dieser Ansprache. Ein Schluchzen der Müdigkeit und Schwäche saß ihm in der Kehle. Doch er fuhr fort:
«Warum? Unter anderem deshalb, weil die Nazis Wagner verherrlichten, schlimmer noch, weil sie ihn liebten.»

«Aber sind das nicht alles alte Geschichten?»
«Es ist aktuelle Geschichte, sobald man den metaphysischen Anspruch einer Kunst mit ihrem ästhetischen Reiz verwechselt, auch wenn dieser Reiz Hexerei ist. Wir müssen auf Platon zurückkommen, Persana: Das Schöne darf nichts anderes sein als die sichtbare Seite des Wahren! Das war es, was mein Vorbild in der Sixtina des Michelangelo begriffen hatte.»
Im Schutze dieses abstrakten Vortrags hatte er den sehr konkreten Vornamen dieser Frau einfließen lassen, die er begehrte und anfing zu lieben. Entgegen jeglicher Erwartung bemerkte sie diesen Ausrutscher:
«So nennen wir uns also beim Vornamen?»
«Wenn Sie möchten ... Die Umstände sind so ...»
«Aber mein liebster Franz», sagte sie ironisch, zweifellos um ihre Befangenheit zu verbergen, «glauben Sie nicht, daß es Zeit wäre zurückzukehren?»
«Ja gewiß.»
«Ich glaube, ich verstehe, was Sie sagen wollten: Sie möchten nicht einfach irgendwer sein. Doch ich versichere Ihnen, das muß möglich sein, obwohl Sie sich in Wirklichkeit vor den andern in acht nehmen sollten.»
Franz, der die idyllischen Ruder wieder aufgenommen hatte, ließ sie, unter dem leicht inquisitorischen Blick Tristans, erneut hängen.
«Wie das?»
«Ja, ich glaube, Sie laufen Gefahr, den andern zu viel Vertrauen entgegenzubringen, das kann Sie ins Unglück stürzen.»
«Haben Sie kein Vertrauen zu den andern?»
Sie lachte:
«Nein.»
Wieder hätte die galante Antwort lauten müssen: ‹Auch

nicht zu mir?› Doch Franz fühlte, wie unpassend solches Geplänkel gewesen wäre.
«Und warum?»
«Oh, ich weiß nicht warum. Warum ich Ihnen das alles erzähle. Sagen wir, es gebe gewisse Gefühle, gewisse Gedanken, an die ich nicht mehr glaube. Ich habe meine eigenen Nazis gehabt.»
Dieser Bemerkung entnahm er, daß sie seine musikwissenschaftlichen Ausführungen viel genauer verfolgt hatte, als er angenommen hatte.
Er nahm, unsinnigerweise ergriffen vom Vertrauen in die andern wie in sich selbst, die Ruder wieder auf.
«An welche Gefühle glauben Sie nicht mehr?»
Wenn sie antwortet: ‹An die Liebe›, dann mache ich die Probe aufs Exempel. Die Frauen, die vor einem Mann melancholisch seufzen, sie glaubten nicht mehr an die Liebe, sind bekanntlich schmachtende Kokette oder tröstbare Untröstliche.
«An fast alle.»
Sie zog ihren Rock über Beine, welche auch die Prüdeste gern unter Männerblicken hätte bräunen lassen; und die Kälteste hätte ihren Rock in Gleichgültigkeit herabgleiten lassen.
«Aber, Persana, zu was haben Sie denn Vertrauen?»
Sie lachte wieder:
«Zu den sicheren Werten, zu benennbaren Dingen, zu den seelenlosen Geschöpfen oder auch zu dem da.»
Sie streichelte Tristan mit einer ungezwungenen Heftigkeit, die Franz zunächst erstaunte. Doch er erinnerte sich, daß der Besitzer eines Hundes, der dessen Reaktionen genau kennt, sich oftmals liebevolle Gesten erlaubt, die dem Außenstehenden brutal vorkommen müssen; es kann auch sein, daß die Gefühle, diejenigen des Tieres und

diejenigen des Menschen, sich mit der Zeit, da Fleisch und Fell sich aneinander gewöhnt haben, abstumpfen. Dergestalt daß die Liebkosungen eines andern Wesens, auch die sehr sanften, auf den Hund dieselbe Wirkung haben wie die Püffe seines Herrn. Indes, die Erklärung befriedigte Franz nicht, denn hier verriet diese plötzliche Heftigkeit viel eher die List einer gewissen Scham; es war ein Mittel, einen Kontakt herzustellen, dessen offensichtliche Grobheit die leidenschaftliche Wirklichkeit verbarg. So balgt sich Prousts Erzähler mit Gilberte, ehe er sie küßt. Doch hier ging es nicht um Tristan, Ziel unendlicher Liebe, sondern um Franz, den Fremden.
«Ah der, man kann schon sagen, er vergilt es Ihnen wohl, ihr Vertrauen.»
«Mehr als das. Er hat es mir zuerst entgegengebracht. Sein einziger Anspruch kommt aus seiner Hilflosigkeit, verstehen Sie. Ich könnte ihn im Stich lassen, töten sogar, ihn quälen, ohne Sanktionen zu riskieren, wenn ich mich vorsehe. Er ist restlos von mir abhängig, er ist wie ein Gefangener, der gehalten ist, zu seinem Wächter Vertrauen zu haben, der es jedoch in Liebe tut, ist Ihnen das klar, Franz.»
Er registrierte, daß sie ihn mit dem Vornamen ansprach. Gut denn, der Hund dürfte kein schlechtes Mittel sein.
Sie legten an. Sie nahm die Hand, die er ihr reichte. Sie lächelten sich zu, beide im Ungewissen über den Wert der Gnade, die ihnen zuteil wurde.
Franz sagte sich mit dem naiven Stolz des Mannes, daß Persanas Gesicht, das jetzt ganz rein war, ganz Perle und Diamant, eines Tages aus dem Zustand des Minerals übergehen werde in den Zustand des Lebendigen, und das dank ihm, dank dem Manne: denn trotz den Rundungen und Wölbungen dieses Körpers, trotz dem geschwungenen

Schnitt der Lippen kannte Persana die wahre Wölbung nicht, die atmet wie diejenigen der menschlichen Kunst, diejenigen von Sant'Agnese in Agona auf der Piazza Navona; die Wölbung, die sich beugt, nicht aus toter Notwendigkeit, sondern aus Bedürfnis, aus Begierde, als Antwort auf einen Ruf. Sie war noch nicht wie diese Hügel Roms, deren begehrliche Weiblichkeit schließlich Tausende von Kirchtürmen emporwachsen läßt.
Franz band das Boot an der Brücke fest, nicht ohne dabei seine Finger zu zeigen.
«Gehen wir zurück?»
Sie nickte, ohne etwas zu sagen, um den Fluß seiner Gedanken nicht zu stören, doch das Unglück war geschehen. Mit einem letzten Blick auf den Tempel des heilkundigen Asklepios sprach er in professoralem Ton:
«Ja, wir sind schon reichlich spät dran.»
Und Persana, was dachte sie? Wäre es nicht an der Zeit, daß der Erzähler, dessen Objektivität, Redlichkeit und Klassizität bis jetzt nicht in Frage gestellt worden sind, uns mit der banalen Allwissenheit des Komparsen (denken wir daran, daß der Doktor Watson den Ausgang der Geschichte kennt, die er uns mit seltener Naivität erzählt) in die Welt Persanas einführte?
Als sie Franz zum erstenmal sah, unterzog sie ihn jener strengen Prüfung, der sie alle Männer zu Anfang unterzog. Erster positiver Punkt: er trug keinen Bart. Der Bart, das ist bekannt, dient dazu, den Eindruck von Männlichkeit zu erwecken. Der Bart soll ein Zeichen von Männlichkeit sein; doch gerade weil dieses Zeichen gewollt ist, zeugt es von einem Mangel. Das ist wie in den ersten Stummfilmen. Wenn die Schauspieler sich mit so emphatischen Gesten ausdrückten, dann nur, weil ihnen die Sprache fehlte. Zweiter positiver Punkt: Franz strahlte Sicherheit aus,

doch ohne Übertreibung. Dritter positiver Punkt: seine Hände waren nicht unangenehm. Oft, wenn Persana in die Metzgerei ging, beklagte sie die Hände des netten Kerls, der fröhlich und ohne an das Beil zu denken, das auf einen Nacken herabfällt, der nicht beschrieben zu werden braucht, eine weiche, glänzende Scheibe Kalbsleber zerschnitt (für Tristan). Er tat Persana leid, weil er seiner Lebtag diese blutigen Pranken den Blicken darbieten mußte und, trotz dem Luxus seines Geschäfts, vergeblich um die Gunst der Frauen bettelte. Ob nun der Metzger glücklicher Gatte einer artigen Metzgerin mit plumpen Händen war, hatte keine Bedeutung. Für sie waren die Hände das Wichtigste, weit wichtiger als die Schönheit des Gesichts. Sie hätte den größten Mörder geliebt, wenn er nur gepflegte Hände hatte (Vorsicht, nicht zu gepflegt: keine spatenförmig geschnittenen Nägel, keine Kralle am kleinen Finger, kein dicker Siegelring: nein, eine natürliche und anständig gestaltete Vornehmheit).

Sie hätte selbst ein Verbrechen begangen, um sich die Hände zu erhalten, mit denen das Schicksal sie gesegnet hatte: denn sie beurteilte nicht nur die Männer nach ihren Extremitäten. Sie verstieß auch jede Frau mit feuchten Händen, Wurstfingern, abgekauten oder zu langen Fingernägeln, breiten Handflächen und vorstehenden Adern aus dem Kreis der Menschheit. Aber was sie am meisten abstieß bei einer Frau, das war ohne Zweifel die «neutralisierte» Hand, das heißt die Hand, die sich durch Flucht dem Urteil zu entziehen suchte. Diese Hand, in der Regel ziemlich klein, ein wenig untersetzt, erkannte man unfehlbar an den Nägeln, die kurz waren wie bei einem Mann und doch mit einer farblosen Substanz lackiert, als ob ihre Besitzerin, obwohl entschlossen, aus ihren Extremitäten keine Angelegenheit der Ästhetik zu machen, dennoch

irgendwo diesen faden Lack aufbewahrte – in der Art duckmäuserischer kleiner Mädchen, die von hohen Absätzen träumen – und im letzten Moment dann doch davor zurückschreckte, zu ihrer vom Dienst am Manne befreiten Weiblichkeit zu stehen. Persana stellte sogar fest, daß verheiratete Frauen mit Vorliebe von diesem dritten Weg Gebrauch machten, und zwar aus einem Rest von Koketterie, aus Sehnsucht vor allem. Unsere Heldin begegnete den Frauen mit noch viel größerer Strenge als den Männern: sie verurteilte die Objekt-Frauen, die Stunden vor dem Spiegel zubrachten, um vor den Männerblicken diese sich verzehrende Flamme (verzehrend für die Männer) besser zur Geltung zu bringen; sie verachtete die «Neutralisierten», die nicht den Mut hatten, eindeutig Stellung zu nehmen; sie brandmarkte die Ungeschminkten, die sich ihrer Meinung nach «vernachlässigten». Der Widerspruch ist nur allzu offensichtlich: Persana war der Ansicht, eine Frau habe das gute Recht, ihre Weiblichkeit auf die Spitze zu treiben, sie habe sogar die Pflicht, es zu tun, jedoch nur zu Nutz und Frommen des eigenen Geschlechts, nicht zum Vergnügen des andern. Sich schönmachen, weil man schön ist, ja. Sich schönmachen jedoch aus Würde, aus Herausforderung; nicht anders. Man läuft Gefahr, von Narzißmus zu reden, von freibeuterischem Feminismus. Aber es geht tiefer als das, es ist schwerwiegender.
Doch kehren wir zu Franz Liszt zurück. Sie entdeckte also an diesem jungen Mann einige Tugenden. Daß er schön war, tat dem keinen Abbruch. Sie spürte natürlich seine männliche Begierde, sie wußte seinen Charme zu würdigen, ihr gefielen sein Enthusiasmus und sein Schwung. Sie hielt ihn für würdig, zu ihren Freunden zu gehören, würdig vor allem, daß man seinen Altruismus etwas genauer unter die Lupe nahm. Was sollte das heißen? Nun denn,

Persana war sich seit ihrer frühesten Jugend einer jahrtausendealten Wahrheit bewußt: Die Männer verbargen nur schlecht einen abgrundtiefen Egoismus (die Frauen übrigens auch, doch das steht im Moment nicht zur Diskussion).
Lauter Banalitäten bis hierher. Persanas Originalität bestand in der Unerbittlichkeit, mit der sie in ihrem Leben aus ihren Beobachtungen die Konsequenzen zog. Denn die überwältigende Mehrheit der Frauen (die Persana verachtete) jammerte eine Zeitlang über diesen Stand der Dinge, beklagte sich sogar bei ihren Partnern, die sie schließlich mit der üblichen lüsternen Zärtlichkeit trösteten. Und man redete nicht mehr davon. Zumindest redet man nur noch im Krisenfall davon. Wo kämen wir da hin, denkt die überwältigende Mehrheit der Frauen, wenn wir auf die Liebe verzichten müßten, bloß weil die Männer Egoisten sind? Wir gerieten in die Einsamkeit, antwortet Persana, und damit zur einzig wahren Autonomie. Wir entledigten uns der Männer. Nicht in der rein taktischen Art und Weise der Lysistrata und auch nicht, indem wir uns den Freuden von Lesbos hingeben oder sonst irgendwelchen Surrogaten. Wir lassen die Männer Männer sein, das ist alles. Und wenn wir uns doch eines Tages aus Schwäche einem Mann ergeben sollten (denn nur aus Schwäche kann es geschehen, daß wir diesen ewigen Identitätsverlust dulden, diesen verzweifelten Verlust des Seins, den man uns seit Entstehung der Welt auferlegt), wenn wir uns überrumpeln lassen sollten durch seine pseudonaiven Beteuerungen, seine lasterhaft väterliche Wärme, sein Versprechen, der einzige zu sein, der anders ist als die andern, dann rächen wir uns. Und je großzügiger ein Mann daherkommt, je gütiger, idealistischer, aufrichtiger, altruistischer, um so mehr muß man sich in acht neh-

men, um so mehr gilt es ihn zu bestrafen. Denn die Verstellung darf nicht verziehen werden.
Das Interessante an dem jungen Franz war, daß er sich nicht verstellte. Gut, er verbarg seine Begierde, er vermied den direkten Ausdruck, er hatte sich nicht auf Persana gestürzt, auf die Gefahr hin, daß das Boot kenterte, als sie für einige wenige Sekunden ihre Beine hatte sehen lassen. Gewiß, er sprach wie viele andere auch von Schönheit, Kunst, Ideal und menschlichem Adel gleichsam in Großbuchstaben. Doch seine Augen funkelten vor unverhüllter Begierde. Einer viel trockeneren, viel saubereren Begierde als diejenige anderer Männer. Weniger schlüpfrig. Zweifellos hatte es damit zu tun, daß Liszt sich seines Charmes bewußt war: Ein Mann, der an sich selbst zweifelt, der Angst hat vor seiner eigenen Begierde, versucht sich im Zaum zu halten, seinem Kurs eine andere Richtung zu geben, sie hinter der Demut feuchter Blicke zu verbergen. Der Erfolg ist eine Begierde, die viel unangenehmer wirkt, viel näher ist den dicken Tränen, dem Schmalz als dem intelligenten Funken (denn die Begierde von Franz wirkte – seltsame Neuigkeit – fast in sich schon intelligent). Der Pianist also verdiente, obwohl ein Mann unter Männern, eine besondere Behandlung. Möglich sogar, daß sich die Sache mit ihm in die Länge ziehen könnte. Nicht daß Persana sich zur mindesten Schwäche bereit gefunden hätte. Doch einmal mehr fühlte sie, daß der Mann, der eben noch ihr gegenüber die Ruder geführt hatte, ein Gegner war, der mehr als andere der Beachtung würdig war; ihr lag daran, seinen Altruismus bis zur Neige auszuschöpfen. Ihres schließlichen Sieges bewußt, fühlte sie auch, daß der Sieg über einen solchen Gegner eine viel radikalere, viel komplexere Bedeutung erlangen würde: den Egoismus eines blökenden Dichters, eines Provinz-Don-Juans oder

eines halb-impotenten Lüstlings an den Tag zu bringen, hatte schließlich nicht viel Verlockendes an sich. Man konnte stets behaupten, gewisse Männer seien mehr wert als andere. Doch über eine Persönlichkeit von der Klasse Liszts zu triumphieren, das war der wahre Beweis.
Die kläglichen Geister, die in den Überlegungen Persanas einen Makel zu finden glauben, sollten sich nicht zu früh freuen, die Paralogie darin entdeckt zu haben. Es gibt ein Naturgesetz, werden sie grinsen (und «sie» schließt freilich viele Frauen mit ein); dieses Gesetz führt bei den Tieren Männchen und Weibchen zusammen, und der Mensch ist nichts als ein banaler Fall in diesem universellen Gesetz; (vielleicht werden sie sogar vom Blütenstaub reden und vom Moschus der Schmetterlinge, ganz zu schweigen von der Gottesanbeterin und der schwarzen Witwe). Was den Egoismus betrifft, so wundern sich diese guten Geister, daß man ihn nur in der einen Hälfte der Menschheit findet und die grundlegende Tugend nicht sieht, die darin steckt: Der Egoismus dient, in Form von Begierde, der Begierde der andern. Auf diese guten Gründe, die man nach Belieben weiterführen könnte, gäbe Persana zur Antwort, sie pfeife auf die Natur und wenn der Mann schon nichts weiter sei als ein banaler Fall innerhalb der Naturgesetze, dann werde die Frau von jetzt an in den Rang eines besonderen Falls erhoben. Man ersieht daraus vielleicht, daß auch der streitbarste Feminismus, verglichen mit dieser Haltung, nichts als eine wimmernde Rebellion im Schoße des Mannes ist.
Franz und Persana begaben sich raschen Schrittes auf den Heimweg. Um seine Begleiterin nicht zu berühren, hielt Liszt respektvoll Abstand. Sie war es, die ihn bei der Hand nahm.

Franz bändigte seine Freude: Sie nimmt meine Hand, weil sie, trotz allem, Angst hat, diesen Toten zu begegnen. Freuen wir uns nicht zu früh. Dennoch war der Mann voller Hoffnung und Vorsicht bemüht, der Botschaft dieses Händedrucks eine väterliche und beschützende Bedeutung zu geben.
Wie traurig, daß die Hände nicht völlig unabhängig sind vom Körper: denn Franz' apollinische Hand und die Nofretete-, die Beccafumi-Hand Persanas warteten seit Ewigkeit schon darauf, sich zu vereinigen. Wenn es nur nach ihrem Willen gegangen wäre ... Kann sein, wenn diese beiden Köpfe einmal tot sind und tot ihre entsetzlichen oder kriminellen Gedanken, dann werden die Hände als elegante Skelette das wahrste Zeugnis über Franz und Persana ablegen. Dem Erzähler jedenfalls gefiele es, den Abguß oder die Elfenbeinskulptur ihrer verschränkten Finger, ihrer acht im Augenblick geschlossenen Wunden, auf seinem Schreibtisch aufzubewahren.
Die Villa Scura. In geheimem Einverständnis trennten sie sich, bevor sie hineingingen, und benützten zwei verschiedene Eingänge. Mit ergebenem Lächeln ging Persana auf ihr Zimmer, gefolgt von Tristan. Franz schlenderte, noch immer fröstelnd, durch die äußere Spirale, die zum Garten führte. Im vierten Stock stieß er auf die Frau des Direktors, die den Salon aufräumte, während ihr Mann auf dem Sessel neben dem Telephon schnarchte. Auf ein Heben der Brauen hin unternahm Franz es, den Gatten zu wecken. Eine halbe Stunde später war die Polizei da.
Der Inspektor entsprach nicht dem klassischen Bild. Klein, seltsam gebückt oder, besser, zusammengedrückt unter dem Gewicht einer unsichtbaren Kappe, stellte er einen wohl einmaligen Kompromiß zwischen einer Siphose und einer Skoliose dar. Sein intelligenter und scharfer

Blick jedoch, sein rascher Gang – mit leicht nach außen gedrehten Füßen – wogen den erbärmlichen und bedauerlichen Eindruck seiner Wirbelsäule auf. Die Hände meist in den Taschen eines sprichwörtlichen Regenmantels, ließ er sich alles erklären und faßte die Situation mit den folgenden Worten zusammen:
«Alles in allem, ein Diebstahl, der nicht stattfinden konnte, hat stattgefunden; ihm folgen zwei Verbrechen, die, das eine wie das andere, in keiner Weise begangen werden konnten. Ist es das?»
«Genau das ist es», bestätigte der Direktor ernsthaft. Dann, die Ironie gewärtigend, verhaspelte er sich und stotterte, «ja, *magari,* wenn man so sagen will, schließlich, da gibt es nichts zu verstehen ...»
Der Inspektor, der unter dem Valloton saß, machte einem seiner Männer, der den Salon betrat, ein Zeichen:
«Haben Sie jemanden im fünften Stock postiert?»
Der Polizist bejahte.
«Ich möchte nicht», erklärte der Inspektor in völlig neutralem Ton, «daß sich heute morgen noch ein drittes Verbrechen ereignet.»
«Weil ... Glauben Sie, daß das möglich wäre?»
«Ich glaube gar nichts. Ich bin nur vorsichtig», sagte der Inspektor, im Begriff, sich mit seiner Rolle zu identifizieren. «Es ist also so, daß die Mitglieder des Instituts, die verbleibenden Mitglieder, offiziell nur von einem Verbrechen Kenntnis haben?»
«Ja», bestätigte Liszt, der von der Terrasse zurückkam.
Der Inspektor beugte sich zu einem niedrigen Tisch hinunter, um sein Päckchen Zigaretten zu angeln (amerikanische, ein wenig zu lang).
«Kommen wir also auf das zweite Verbrechen zurück. Wenn ich Sie richtig verstanden habe, waren Sie mit ihren

persönlichen (man konnte eine leichte Verachtung aus diesem Adjektiv heraushören) Verhören beschäftigt, und jedermann befand sich im Salon, während dieses Verbrechen begangen wurde? Der Gerichtsarzt wird die Todeszeit feststellen, doch das wird uns sicherlich nichts einbringen.»
«Das heißt», unterbrach Franz (dem es, die Hand noch immer erfüllt von der Berührung Persanas, an Konzentration, nicht jedoch an Ausstrahlung fehlte), «man könnte sich vorstellen, daß eines der Mitglieder nach seinem Verhör in das Zimmer Ludwig II. hinaufging und das Verbrechen verübte. Das könnte der Philologe sein, seine Gemahlin, der Historiker, der Kunsthistoriker oder der Archäologe.»
«Warum nicht einer von den andern?»
«Das ist in der Tat nicht ausgeschlossen. Sie haben diesen Salon nach der Nachricht von Nietzsches Verschwinden verlassen. Wir haben sie gehen lassen in der Meinung, wir hätten den Schuldigen gefunden, ohne zu wissen, daß er in Wirklichkeit das nächste Opfer sein würde.»
«Warum sprechen Sie von einem Zimmer Ludwig II.?»
«Oh, wegen des wagnerischen Geistes, in dem es eingerichtet ist.»
«Ja, um ehrlich zu sein, dieses Haus kommt mir recht eigenartig vor», bestätigte der Inspektor, ohne von seiner Neutralität abzuweichen, indem er jedoch dem Direktor einen durchdringenden Blick zuwarf, der diesen erröten ließ. «Und seine Bewohner?»
Der Direktor fuhr auf:
«Wie? Ach, oh, ganz normal, nicht wahr? Aber es kann sein, daß ihnen die Atmosphäre nicht zusagt. Sie kamen mir seit einiger Zeit außerordentlich nervös vor.»
«Man mordet nicht aus Nervosität», erklärte der Inspektor

(einer der Aphorismen, die er während seiner Ausbildungszeit gelernt hatte). «Und was Sie nicht wissen, ist, daß der Mord an dem, den Sie den Philosophen nennen, fast sicher ausgeschlossen ist. Überlegen Sie doch: nicht das mindeste Anzeichen eines Kampfes, nirgends Fingerabdrücke und die Leiche gebettet wie ein Schlafender. Im Schlaf ermordet, werden Sie sagen. Dann hätte er aber auch Zeit haben müssen, um einzuschlafen. Gehen wir trotzdem davon aus. Warum dieses Fehlen von Spuren – außer den Ihren, vermutlich? Wir hätten also davon auszugehen, daß wir es mit einem Profi von vollendeter Geschicklichkeit zu tun haben. Ich nehme an, daß das bei Ihren Philologen nicht der Fall ist. Oder dann ein Verrückter, ein Liebhaber makabrer Schauspiele?»
«Und Selbstmord?»
«Und die Waffe? Es lag keine Waffe neben der Leiche. Es sei denn, jemand habe sie inzwischen verschwinden lassen.»
«Ich zum Beispiel», brummte der Direktor in löblicher Aufrichtigkeit.
«Machen wir es nicht noch komplizierter. Ich fasse zusammen: Mord scheint beinah unerklärlich und Selbstmord unmöglich. Das einzige, was Sie mir nicht gesagt haben: Auf der freien Seite des Bettes findet sich ein großer Riß, so als ob jemand einen Dolch in die Matratze gestoßen hätte.»
Der Direktor und Franz runzelten die Stirn.
«Gut», sagte der Inspektor befriedigt und resigniert zugleich, «fangen wir noch einmal von vorne an.»
Verhöre, Untersuchungen, Expertisen, Hypothesen, Verblüffung, Schrecken, Entsetzen der Mitglieder, die eines nach dem andern ins Bild gesetzt werden. Am Mittag des 9. Juni tappte man noch genauso im dunkeln wie in der ersten Minute. Nachdem Franz den Inspektor verlassen hatte

(dessen Rolle, man hat es bereits gemerkt, nicht über die eines, immerhin intelligenten Statisten hinausgeht, der sich dem Leser einprägt als affenhaftes Opfer einer unzweifelhaften Siphose-Skoliose), ging er essen und machte sich, mit dem Schlaf kämpfend, auf die Suche nach Persana. Wenn er sein Zimmer im vierten Stock erreichen wollte, konnte er eine Tür benützen, die es ihm ersparte, an der Wohnung des Direktors vorbeizugehen. Doch leider wachte ein Polizist vor diesem Ausgang, kein Henker zwar, doch fest entschlossen: Das junge Mädchen hatte selbst aus Angst darum gebeten, daß man seinen Schlaf beschütze – denn sie schlief, zu allem Überfluß. Tief enttäuscht und eifersüchtig auf die Vorrechte des Polizisten ging Franz in den fünften Stock hinauf. Dort bedeutete ihm ein weiterer Vertreter der Ordnungskräfte, daß Wagner ihn suche und in seinem Zimmer auf ihn warte. Er ging zu ihm.

Unnötig, die Ansammlung von luxuriösen und grellen Wandbehängen zu beschreiben, die die Wände des Zimmers vollständig zu bedecken vermochten. Doch erinnern wir uns, daß dieses Zimmer, wie alle, die die Fürsorge der Eidgenossenschaft für die «Mitglieder des Instituts» bereit hält, mit seinen hohen weißen Mauern, den kalten Bodenplatten, der funktionellen Möblierung (Tische mit Kunststoffplatte, Röhrenkonstruktion, Tischlampe, vergleichbar einem riesigen Vorstadtleuchter), nur einen einzigen Zweck zu verfolgen schien: das «Mitglied» so schnell und so sparsam wie möglich zum Selbstmord zu führen. Die wagnerischen Wandbehänge waren deshalb hochwillkommen.

Wagner hatte geschlafen. Er empfing seinen Freund durchaus erfrischt und überaus freundlich. Selbst in dieser tragischen Stunde ließ sich ihre Verbundenheit nicht

leugnen. Wenn es doch nur darum gegangen wäre, über Beethoven in Venedig zu diskutieren, wie sie dies früher getan hatten, statt zwei Verbrechen erörtern zu müssen! Was tat's, auf dem Blick von Liszt zu Wagner glitt langsam die Trauergondel, musikalische Trägerin dieser Toten. Es war vielleicht wegen all dieser Erinnerungen, daß Liszt zu seinem eigenen Erstaunen zuerst das Wort ergriff:
«Hattest du nicht Streit gehabt mit Nietzsche?»
«Nicht den geringsten. Doch ich weiß alles oder fast alles von dem, was sich zugetragen hat. Setz dich doch, es kann lange dauern.»
«Du weißt, wer ihn getötet hat?»
«Nicht so schnell. Ich sehe mich gezwungen, einen Umweg zu machen und von der Konstruktion dieses Hauses zu sprechen.»
Was uns angeht, so machen wir, während Wagner redet, einen Abstecher zu Nietzsche selbst und versuchen dann, den Bericht Wagners wieder einzuholen.
Im Frühling 1882 begegnete Nietzsche Lou Salomé in Rom – genauer in einer Kapelle der Basilika von Sankt Peter –, wo Paul Rée, unterstützt von Lou, an der Herausgabe antireligiöser Schriften arbeitete. In der ersten Kapelle also rechts die Pietà des jungen Michelangelo (27 Jahre alt) und einige Kapellen weiter eine junge Person, die mit der Jungfrau von Buonarroti einen einzigartigen Kontrast bildete. Weder Frau noch Mutter, erwachsen, doch ein wenig knabenhaft, zart hingegen, lebendig, schmollend lachend, offensichtlich intelligent. Die andere indes, die Mutter, die Frau, vollkommen ruhig, heiter im Angesicht des Todes, weder lachend noch ernst, ganz Wissen und Sanftheit. Lou, die das Leben mit ihrer reizenden, doch ein wenig großen Stirn herausforderte, den Kopf dem Himmel zugewandt, um ihn zur Rechenschaft zu ziehen, und

ihre kleine Brust unter einem strengen Kleid und dem Willen verbarg, den Kind-Mann nicht zu säugen, der da auf sie zukam. Die Jungfrau, Herrin über Leben und Tod, die Stirn geneigt, ein Antlitz vom Himmel abgewandt, das alles weiß, läßt ihre Brust ahnen, obwohl sie unter weiten Falten verborgen ist. Erinnern wir uns auch daran, daß Nietzsche, obwohl noch keineswegs bedroht vom Wahnsinn, doch bereits unter den verschiedensten Krankheiten zu leiden hatte, die ihn sogar gezwungen hatten, seine Lehrtätigkeit aufzugeben: Migräne, Schwierigkeiten mit der Verdauung, Erbrechen und eine zunehmende Kurzsichtigkeit. Das hinderte ihn nicht daran, die Begegnung zu machen, die wir eben beschrieben haben, will heißen, zu sehen, daß die Ewige Wiederkehr kein leeres Wort ist. Es gibt Orte, an die man immer wieder zurückkehrt, weil man weiß, daß sich dort das Geheimnis unseres Lebens verbirgt oder daß sich dort das Symbol unserer Tragödie erhebt. Und man kreist um den Marmor, um die Frau, die uns herausfordert, indem sie uns erklärt, die sich entfernt, indem sie uns zu uns selbst bringt. Das war Nietzsche in jenem Augenblick. Sankt Peter und die Begegnung mit der Frau, wie das Spinnennetz unter dem Mond Zarathustras, das Netz, in dem die Schwarze Witwe wacht, immer seid ihr gewesen, immer werdet ihr sein. Kann sein, daß die Kurzsichtigkeit der Augen, die innere Hellsichtigkeit die verfängliche Verschmelzung zweier Stirnen und zweier Bewegungen der Stirn zustande bringt, diese gewaltige und giftige Mischung, die ... doch nein, es ist eine Halluzination.
«Kommen Sie oft hierher?»
«Nein, nicht sehr.»
«Lieben Sie diesen Ort?»
«Er ist zu großartig. Ich fühle mich ein wenig verloren. Doch Sie sind blaß. Ist Ihnen nicht gut?»

«Es ist nichts. Meine Leber. Doch Sie wissen, das erlaubt, wie man sagt, sich eine Meinung über die Gesundheit zu bilden. Ich möchte Sie etwas fragen, Sie sind ein wenig Arzt, hat man mir gesagt: Glauben Sie, daß Krankheit wirklich Zugang zu Welten verschafft, die den Gesunden verschlossen sind?»
«Ich weiß wirklich nicht! Glauben Sie, daß Michelangelo krank war, als er dieses Meisterwerk schuf?»
«Welches? Ach, das dort drüben. Krank nach dieser Frau bestimmt. Ich frage mich, warum man sie in diese Ecke verbannt hat, statt sie gut sichtbar auf den Petersthron zu setzen.»
«Sie vergessen, daß Bernini, der für den Thron verantwortlich ist, ein Barocker ist. Er wollte die Ekstase darstellen, nicht die Schönheit schaffen, die sie auflöst.»
Wer war dieser unmögliche Paul Rée, der sie begleitete und so feierlich redete?
Sie waren ins Licht hinausgetreten. Nietzsche, der es eilig hatte, der allzu kirchlich-mütterlichen Umarmung der Bernini-Colonnaden zu entkommen, beschleunigte seinen Schritt und schlug einen Spaziergang auf den Janiculus vor. Der unbestimmte Paul Rée war zurückgeblieben, zweifellos um irgendwo hinter dem Kolosseum den Schatten der Gräfin von Maysenburg aufzusuchen. Unglaublich, sie waren gemeinsam mit ihm hinausgetreten, Lou und die Jungfrau, und das erobernde und das heiter-stille Lächeln verschmolzen zu einem Lächeln liebenswürdiger und herzlicher Zustimmung. Genug des Spaßes, dachte Nietzsche. Fassen wir uns und zeigen wir uns auf der Höhe der Wiederkehr.
Vom Janiculus aus kann der Leser endlich ein Rom entdecken, in dem das Schweizer Institut nichts ist als ein weißlicher Fleck im blassen Rot der Paläste und Kirchen.

Man konnte sehr genau den anspruchsvollen Turm aus den Bäumen ragen sehen, riesig, jedoch bedeutungslos.
«Was bedeutet Rom für Sie?»
«Ich lebe jetzt schon mehrere Monate hier, und mein Eindruck hat sich nicht verändert seit dem ersten Tag: es ist, als hätte ich das alles schon einmal gesehen.»
Sie lachte.
«Das verstehe ich nicht.»
Er zeigte auf eine Ansammlung von Steinen, die in einer gewissen Unordnung nebeneinanderlagen und denen nur unsere Erinnerung ihre Bedeutung und die untergehende Sonne ihre Schönheit verlieh.
«Wissen Sie, ich bin stets auf der Suche nach der gleichen Spinne unter dem Mond, und ich finde sie immer. Sie werden mir sagen, ich hätte sie im Kopf! Wenn Sie so wollen, so habe ich stets das Gefühl gehabt, Rom in einem früheren Leben schon einmal begegnet zu sein. Da ist nichts, was mich überrascht, doch alles berührt mich sehr. Die Schönheit, das könnte sein: das Gefühl eines déjà-vu, das nicht langweilig wäre.
«Hübsche Definition.»
Sie hatte ein Lachen, das er für ironisch hielt, das jedoch nur verlegen war.
«Sie glauben vielleicht, dieses Gefühl des déjà-vu sei bei mir nichts anderes als Vorbote einer beginnenden Epilepsie. Und Sie haben damit zweifellos recht. Was tut's, wenn es meine Wahrnehmung der Dinge schärft?»
«Aber ich denke überhaupt nicht an so etwas!»
«Sagen Sie, waren Sie schon auf der Piazza Navona?»
«Sicher.»
«Gut, haben Sie dann nicht auch das Gefühl, dieses Oval sei seit Ewigkeiten in Ihren Schädel, in Ihr Gehirn eingeprägt? Es heißt, es habe früher viel tiefer gelegen und man

habe, vor den Wasserspielen Berninis, Seeschlachten auf ihm durchgeführt. Das ist nicht verwunderlich: das entspricht dem allmählichen Auftauchen der Stadt in unserem Bewußtsein. Mit jedem Leben sehen wir sie weiter aus den Urmeeren emporwachsen, ich meine, aus denjenigen unseres Unterbewußtseins. Doch wie hätte die Piazza Navona nicht sein können? Wir müssen aufhören, in den Kategorien unserer blödsinnigen Zeitlichkeit zu denken. Sie glauben mir nicht? Wie erklärt sich dann dieses Gefühl des absoluten déjà-vu? Mit Epilepsie, ich weiß.»
«Aber nein doch! Schauen Sie, es wird immer röter. Ich dachte, der Höhepunkt sei schon erreicht.»
«Der Höhepunkt wird erreicht sein, wenn unser gegenwärtiges Bewußtsein es will. Doch an manchen Abenden habe ich alles umschlingen können. Und ich weiß, heute abend ist es möglich. Verstehen Sie doch, das am meisten Erwartete ist auch das Unerwartetste. So habe ich in einem früheren Leben die Muttergottes des Michelangelo geliebt. In einem andern früheren Leben eine blonde, lebensfrohe Russin, die mir viel zu leiden gab, weil sie Frau war, ohne es zu sein. Jetzt ... doch ich sage irgend etwas. Was ändert es, daß kein Argument, weder der Vernunft noch einer guten Philosophie, etwas vermag gegen das entsetzliche Gefühl, daß alles war und alles sein wird. Keine Schöpfung, keine Apokalypse. Es ist immer die Apokalypse im ursprünglichen Sinne des Wortes. Doch ich langweile Sie mit meinen wirren Worten.»
«Aber nein! Sagen Sie mir, was ist das für ein Turm da in der Nähe?»
«Santa Maria in Trastevere.»
«Und das langgestreckte Gebäude dort unten?»
«Das Gefängnis.»
«Oh!»

«Das ist eigenartig, ich habe nicht das Gefühl des déjà-vu.»
Man weiß, daß Nietzsche Lou vor dem Löwendenkmal in Luzern bat, ihn zu heiraten; dies nach einer recht kurzen Beziehung, die nach Ansicht von Lou einen solchen Schritt nicht rechtfertigte. Doch das war noch gar nichts. Bei anderen Gelegenheiten, mit anderen Auserwählten hatte der Verfasser der «Fröhlichen Wissenschaft» es fertiggebracht, seine Bitte gleich bei der ersten Begegnung vorzubringen. Doch, ob Jungfrau oder Schwarze Witwe, die Frau bleibt ewig unbeweglich unter dem Mond, und ihr Netz, ihr Schleier wird nie dem Ewigen vom Mann entrissen werden.
Friedrich brachte also am Ende des Spaziergangs seine Bitte vor. Wird man es als Aufforderung werten, daß die Schöne durch ein Neigen oder Heben des Kopfes ihr langes Haar über die nackten Schultern gleiten ließ? Das nennt man eine Provokation durch das bloße Sein. Von daher die entsetzlichen Mißverständnisse. Geschmeichelt, ungläubig, lachend, ironisch schrie Persana laut auf:
«Sie denken nicht daran?»
Vom Janiculus aus hatten sie den Wagen des Philosophen genommen. Jetzt befanden sie sich in den Gärten des Pincio.
«Aber ja, ich denke daran», schluchzte er wie unter einem inneren Aufstampfen.
Man weiß, warum Nietzsche sich zuerst vom Christentum und dann vom Wagner-Schopenhauertum abwandte: er war sich zu gut, er wollte seine Freiheit in der Unbehaglichkeit, in der Gefahr, im Schmerz und schließlich im Unmöglichen. Das sage nicht ich, das sagt Lou selbst. Unser Nietzsche jedoch, weit von solcher Art entfernt, suchte die Pietà von Michelangelo, weil seine Frau ihn zunächst betrogen, dann verlassen hatte und nun irgend-

wo in der Schweiz mit einem Postnietzscheaner Edelweiß pflückte. Persana konnte nicht umhin festzustellen, daß ihr Hund Tristan mehr Stolz an den Tag legte als er. Mit seinem kümmerlichen Schnurrbart, seiner mageren Statur, seinen ewig roten Augen sah er aus wie ein Zirkushündchen (dressiert, jedoch zitternd auf seinen Hinterbeinen), ein Albino zu allem Überfluß. Doch sie konnte nicht ahnen (oder ahnte sie es?), daß der Hauptvorwurf, den ihm seine Frau gemacht hatte, darin bestand, daß er in der Liebe nichts taugte. Das kam ganz einfach daher, daß Nietzsche nicht aufhören konnte zu denken. Verwirrt, gedemütigt und beleidigt realisierte er nur unter unendlichen Schwierigkeiten, daß die Frauen, denen er auf der Straße begegnete, nicht unbedingt alle größer waren als er. Sogar zu kleinen Mädchen *hob* dieser Schlappschwanz die Augen. Falls der wahre Nietzsche zufälligerweise solche Probleme gehabt hatte, so hatte er eine Philosophie daraus gemacht, insbesondere beißende Aphorismen gegen die Frauen. Doch man muß schon der wirkliche Nietzsche sein, um das Unvermögen des Denkens in einen Gedanken zu verwandeln, um die Ohnmacht des Körpers zu besingen, den ein innerer Gesang lähmt. Um als Kranker so blendende Ansichten über die Gesundheit zu haben.

Nur angesichts von Lou-Persana glaubte unser Nietzsche, für Augenblicke wenigstens, das Geheimnis seines Vorbildes erfaßt zu haben. Jedenfalls, wenn es allein nach der Kühnheit seines Fleisches, sich zu erheben, gegangen wäre, wäre jede Hoffnung berechtigt gewesen. Gewiß, Friedrich vergaß das beängstigende Zurückfluten seines Blutes in der höchsten Panik der Vereinigung nicht. Doch trotzdem, wenn im Blick seiner Frau Liebe gelegen hätte, wenn ihre Augen nicht die Kälte eines Spiegels gehabt hätten, in dem er unausweichlich die lächerliche Magerkeit

seines spärlich behaarten Körpers erkannte, wenn sie ihn nicht aufs grausamste sich selbst überlassen hätte, diesen häßlichen Narziß ... Und Lous Blick verbannte uns eben nicht in unsere Einsamkeit, es war der Blick einer andern.
«Aber ja doch, ich denke daran», wiederholte er in tiefster Überzeugung.
Warum platzte Nietzsche mit seinen Heiratsanträgen heraus? Weil er sich auf diese Weise des unausweichlichen Scheiterns der glorreichen und blutigen Entfaltung seiner Philosophie versicherte. Unser Nietzsche stürzte sich als kleinerer Geist lediglich auf jede sich bietende Gelegenheit, seinem Hundedasein zu entfliehen. Menschliche Triebfeder und keineswegs allzu menschlich.
«Sehen Sie doch, ich kann auf eine solche Frage nicht einfach ins Blaue hinaus antworten!»
Um vom Thema abzulenken, bat sie ihn vor dem Teich des Pincio, ihr von Wagner zu erzählen, auf den er vorhin so dunkle Anspielungen gemacht hatte.
«Warum dieser Zwist? Es würde zu lange dauern, wäre zu heikel, das alles zu erklären. Zu heikel für mich, wollte ich sagen. Doch eins ist sicher, sie haben sich nie davon erholt, weder der eine noch der andere. Erinnern Sie sich an diese Pilgerfahrt, die er nach dem Streit zusammen mit Lou nach Triebschen, vor das Haus am Ufer des Sees, unternahm. Lou erzählt, Friedrich habe Tränen in den Augen gehabt. Sie wissen, es gibt tausend philosophische Gründe für diese Feindseligkeit. Für mich ist es so, daß Nietzsche den Mann nur hassen konnte, den die Frauen dermaßen liebten.»
«Das verstehe ich nicht.»
«Ja! Worin besteht denn die Kraft der Verführung bei einem Mann? Weder in der Schönheit noch in der Stärke noch der Intelligenz noch der geistigen Überlegenheit,

nicht einmal in alldem zusammen. Es ist die Verheißung körperlichen Glücks. Ganz einfach.»
«Entschuldigen Sie, aber ich verstehe immer weniger.»
«Aber ja. Wagner ist nicht nur genial, er versteht es auch, anziehend zu wirken. Doch auch Nietzsche ist genial. Der eine ist das bessere Tier als der andere, das ist alles.»
«So glauben Sie also, das sei es, was die Frauen anzieht?»
«Ich spreche nicht unbedingt von Ihnen. Ich glaube sogar, ich spreche überhaupt nicht von Ihnen.»
«Sie tun gut daran.»
Sie sagte das mit ihrem ironischen Lachen, das Nietzsche offensichtlich falsch interpretierte. Sofort machte er sich klein und verharrte mehrere Sekunden, bevor er seine roten, tränenerfüllten Augen zu Lou erhob.
«Im wesentlichen lieben die Frauen aus Gründen, die mit Verdienst nichts zu tun haben. Deshalb korrigiere ich mich: Sie können sich unter Umständen in das Genie verlieben, für das Wagner nicht mehr kann als für die Qualität seiner Organe, aber sie verlieben sich weder in die Qualität noch ins Talent, weder in die Kultur noch in die Arbeit.»
«Sie sind hart.»
«Mir selber gegenüber. Ich wollte Ihnen eine Bootsfahrt auf dem Vierwaldstättersee vorschlagen, aber es hat keinen Sinn. Wir haben sie bereits gemacht, genauso, wie wir bereits auf die Kuppel von Sankt Peter gestiegen sind und unter der christlichen Kirche von San Clemente bereits das Mithras-Heiligtum entdeckt haben, dessen blutiger Kult Sie erschreckte und mich vor Wohlbehagen erschauern ließ. Doch ich habe es Ihnen gesagt: Was man am glühendsten zu tun wünscht, ist das, was man bereits getan hat. Immer diese Spinne unter dem Mond.»
«Aber warum dann mich heiraten, wenn Sie es bereits getan haben?»

Kein Zweifel: Nietzsche wurde unter dem, was er für weibliche Ironie hielt, immer blasser.
«Sie haben recht. Und im übrigen bin ich verheiratet. Aber mit einer Frau, der ich nie in einem früheren Leben begegnet bin. Das war mein Fehler. Und die Scheidung ist nicht mehr fern. Doch eins müssen Sie wissen: (Hitze stieg in ihm auf beim Gedanken an die Worte, die er jetzt gleich aussprechen würde, doch sie stieg in ihm auf wie eine Absenz) Ich werde haargenau, haargenau, ich betone, alles tun, damit Sie mich heiraten.»
«Wirklich, es lohnt sich nicht. Und ich erwarte nicht, daß man sich für mich aufopfert.»
«Sie befehlen mir nicht, hinzugehen und diesen Soldaten zu verspotten, zum Beispiel?»
«Ich befehle Ihnen gar nichts. Sie sind groß genug, um zu wissen, was Sie zu tun haben.»
«Ich bin sehr klein. Sie haben eine wunderbare Kette. Ich fühle, daß die eine oder andere Perle eines Tages meine Herzkranzgefäße verstopfen wird.»
«Sie verstehen mehr von Medizin als ich. Oh, an dieser Kette hänge ich sehr. Nicht wegen ihres Kaufwertes, der gewiß sehr groß ist, sondern weil sie ein Geschenk meiner Mutter ist. Und ich verehre meine Mutter. Lachen Sie nicht.»
Nietzsche lachte nicht.
«Ich trage sie immer, obgleich Perlen angeblich Unglück bringen. Bis jetzt habe ich nichts davon gemerkt.»
«In diesen Perlen sehe ich den Mond.»
«Und die Spinne, wo setzen Sie die hin?»
«Die Spinne? Es ist die Hand des Mannes, die sie berühren möchte.»
«Wirklich, was tun Sie sich doch selbst zuleide! Doch es stimmt, daß die Perlen, wenn bestimmte Hände sie berühren, ihren Glanz verlieren.»

«Sie sollten Ihre Hand nur ungefährlichen Fingern anvertrauen.»
«Dazu müßte man jeden testen.»
«Ja.»
«Das heißt, ich müßte die Kette ablegen und das Risiko eingehen.»
«Ich weiß nicht genau, was Sie damit sagen wollen, aber mit mir gehen Sie auf jeden Fall ein Risiko ein, das stimmt. Mir scheint, ein einziger Blick von mir genügt, um Ihre Haut welken zu lassen. Doch haben Sie keine Angst, sie bekommt all ihren Glanz wieder, wenn ich gegangen bin oder wenn ich aufhöre, Ihre Gedanken in Anspruch zu nehmen.»
«Hören Sie doch auf, sich zu peinigen: es ist unerträglich. Sie wollen offenbar, daß ich Ihnen widerspreche, doch dieses Spiel mache ich nicht mit.»
«Ein Spiel. Nein, ich will nicht, daß Sie mir widersprechen, ich will, daß Sie mich lieben, wie ich bin.»
«Hören Sie zu, alles was ich für Sie tun könnte, wäre, Sie diese Kette anfassen zu lassen, aber ich kann nicht. Ich bin zu egoistisch, und dann, es ist nicht, daß ich Sie fürchte oder daß ich Sie hassenswert finde; aber das ist Ihr Fehler: Sie geben den Dingen zu viel Gewicht. Mit Ihnen wird die kleinste Handbewegung zur Verpflichtung.»
«Ja, man sagt auch, mir fehle die Einfachheit. Doch ich finde mich sehr einfach. Kannten Sie die Geschichte von Lou und dem Wecker?»
«Nein.»
«Ein junger Mann, der in Lou verliebt war, hatte ihr auf ihre Bitte hin einen Wecker geliehen. Eines Tages versprach sie ihm völlig überraschend, wenn sie ihm den Wecker nicht bis zu einem bestimmten Datum zurückgebe, heiße das: ich heirate dich.»

«Wie?»
«So war's, ich schwöre es Ihnen. Lou war so. Der junge Mann wartete mit Angst und Inbrunst auf den Ablauf der Frist. Die Frist war abgelaufen. Außer sich vor Freude schloß der junge Mann, man habe sich für ihn entschieden. Er lief, die Zeit aufzuhalten, die er Lou in die Hände gelegt hatte. Sie fiel natürlich aus allen Wolken: sie hatte diese unmögliche Weckergeschichte vollkommen vergessen. Unglaublich, nicht? Man weiß nicht, was aus dem jungen Mann geworden ist.»
«Und Sie schwören, daß es wirklich so war?»
«Absolut. Es ist nicht nötig, daß Sie das alles psychoanalysieren. Sie kennen sich da besser aus als ich.»

«Mein lieber Franz, du wirst den Wagnerismus dieses architektonischen Exkurses mehr als zweifelhaft finden, aber das ist nicht mein Fehler. In diesem Haus, das Mussolini und vielleicht sogar Hitler betreten haben, ist es ganz normal, daß sich das Andenken Wagners verfälscht. Was hältst du übrigens von Tristans Tod?»
«Was? Er ist auch tot?»
Wagner warf seinem alten Freund aus Bayreuth einen schiefen Blick zu:
«Machst du dich über mich lustig?»
«Verzeih, ich dachte, du meintest den Hund.»
«Ach, der Hund. Wagner taufte seine Tochter Isolde, aber nicht seine Hunde. Schließlich und endlich.»
«Reg dich nicht auf. Du sprachst vom echten Tristan. Doch ich sehe nicht, was er hier verloren hat. Verlangst du von mir eine wissenschaftliche Exegese, wo ich doch die ganze Nacht nicht geschlafen habe?»
«Nein, nein, beruhige dich. Es ist ganz einfach. Hier in diesem Institut ist alles so konzipiert, damit Tristan nicht nur an Isoldes Seite, sondern im gleichen Augenblick wie sie sterben kann.»
«Es hat wohl keinen Sinn, dir zu sagen, daß ich kein Wort von dem verstehe, was du da erzählst.»
«Laß mich doch erklären. Du kennst die Schlösser Ludwigs II.? Du weißt, daß mein edles Vorbild sich kurze Zeit in Hohenschwangau aufgehalten hat, nie in Neuschwanstein. Was soll's. Was zählt, ist der Wagner-Fimmel des Bayern-Königs. Lohengrin-Grotte, Wagner-Legenden an allen Wänden, Verherrlichung des Großen Freundes in allen möglichen und unmöglichen Ecken. Gut. Doch woran Ludwig II. nie gedacht hat, das ist, ein richtiges Zimmer für Tristan einzurichten, will heißen, für sich selbst. In Neuschwanstein wäre das doch vollkommen gewesen.»

«Was verstehst du unter einem richtigen Zimmer? Und welcher Zusammenhang ...»
«Ich komme darauf. Der Architekt, der die Villa Scura erbaute, war ein fanatischer Verehrer Wagners und Ludwigs II. Er träumte von einem Neuschwanstein unter der Sonne Roms. Bloß, die Gräfin und der Graf behielten ihn im Auge. Sie zogen wie alle Schweizer das Gewöhnliche dem Extravaganten vor.»
«Woher weißt du das alles?»
«Gute Frage. Denn sogar der Direktor weiß nichts davon. Ich habe in den Archiven gesucht, Nachforschungen angestellt über diesen geheimnisvollen Architekten. Und dann muß ich noch sagen, daß ich einige Zeit mit der Tochter einer Geliebten dieses Herrn liiert war. Von Kopfkissen zu Kopfkissen ... Jedenfalls hat sich unser Mann auf subtile Weise für die Forderungen der Gräfin gerächt. Das Zimmer Ludwig II. trägt seinen Namen mit mehr Berechtigung, als man glauben möchte. Stell dir vor, wenn sich zwei Verliebte brav nebeneinander auf das große Bett legen, dann senkt eine Maschinerie, mit leichter Verzögerung von ihnen selbst in Gang gesetzt, den beiden eine Klinge genau ins Herz, bevor sie in der Wand verschwindet.»
«Soll das ein Witz sein?»
«Erinnere dich daran, daß die Bettdecke zu Nietzsches Linken ein Loch hat.»
«Aber wie ...»
«Der Platz Isoldes offensichtlich, jedoch leer. Ein herrliches Symbol.»
«Richard, hör doch ...»
«Denk an das Fehlen von Spuren.»
«Aber Richard, wozu denn dieses Theater?»
«Hast du in diesem Haus etwas anderes erwartet? Persön-

lich finde ich, es gibt Schlimmeres auf dem Gebiet der Architektur.»
«Also, du behauptest ... Wie soll Nietzsche das gewußt haben?»
«Ich habe es ihm gesagt, damals, als wir miteinander verkehrten. Ich war ihm das schuldig, ihm, der Stunden am Klavier zubrachte, um meinen *Tristan* zu entziffern.»
«Laß dieses wohlgefällige Lächeln, ich bitte dich. Deine Geschichte hat etwas Groteskes und Teuflisches an sich.»
«Oh, spiel nicht den Abt Liszt. Nietzsche war in Persana verliebt. Als er zurückgewiesen wurde, brachte er sich um, und um dies zu tun, bediente er sich des Systems, das ich die Ehre hatte, ihm zu beschreiben. Da steckt Logik dahinter.»
«Du findest, ein so wagnerisch melodramatischer Tod sei logisch für Nietzsche? Also, deine Geschichte, das ist Wagner plus die Neuenburger Uhren. Grotesk und entsetzlich. Und niemand hätte in den dreißig Jahren deine abscheuliche Maschine entfernt?»
«Niemand wußte etwas davon. Du weißt, der Architekt hat sich nach dem Bau dieses Palastes ein wenig verflüchtigt. Und es ist nur, ich sagte es dir schon, dank den Frauen, daß ...»
«Aber du, du hättest es doch bekanntgeben können?»
«Mein Lieber, ich wollte gewisse Leute nicht um ein solches Ende, um ein so würdiges Ende, bringen. Daher habe ich mich entschlossen, das Geheimnis nur einigen wenigen Auserwählten zu offenbaren. Nietzsche war bis zu diesem Tag der einzige. Es sei denn, man habe, wie es scheint, die Sache Mussolini und Hitler gezeigt. Gib zu, das wäre erhabener gewesen als das Hängen oder der Bunker zu Berlin.»
«Ich mag diese Art von Humor nicht, merk dir das.»

«Gut. Es bleibt dabei, daß ich dich informieren wollte, als ich sah, daß die Untersuchung nicht von der Stelle kam.»
«Du bist zu gütig. Ich versuche, das alles zu verdauen, doch es gelingt mir nicht. Wie wirst du in wenigen Minuten angesichts der Leiche das totale Nicht-Vorhandensein dieses ungewöhnlichen Systems erklären?»
Wagner lachte schallend, unpassend, unangenehm:
«Es stimmt, daran dachte ich nicht! Ach, Franz, mit dir kann man einfach keine krummen Touren machen. Doch ich schwöre dir, ich habe ihn nicht umgebracht. Und dann sagte ich mir, für dieses zweite Loch wäre die Erklärung nicht schlecht.»
«Ich verneige mich vor deiner Phantasie. Doch man könnte einfachere Erklärungen in Betracht ziehen, als es die deinen sind.»
«Ich warte darauf.»
«Hör zu, Richard, du hast mich kommen lassen, um mir etwas zu sagen. Nachdem wir jetzt fertig sind mit deinen Geschichten, bei denen man im Stehen einschlafen könnte, kommen wir doch zur Sache.»
«Klar, der Schein ist gegen mich.»
«Wir stehen nicht vor Gericht. Du kannst offen reden.»
«Einverstanden, doch das zwingt mich zu neuen Umwegen. Umwege über die Wahrheit diesmal, da kannst du sicher sein. Du weißt, daß Wagner in Zürich, im Februar 1852, Isolde begegnet war, ich meine Mathilde Wesendonck, die seine Muse wurde. Die Schweiz, mein Gott, liegt im Zentrum von allem... Anderseits ist Wagner erst sehr spät nach Rom gegangen, in Begleitung Cosimas, der Tochter Liszts, im Jahre 1876 und 1880, wenn ich mich nicht irre. Rom war für ihn nichts als eine Durchgangsstation zwischen Neapel und Venedig. Überdies hat er hier

Gobineau getroffen. Doch schließlich sind das Unannehmlichkeiten, mit denen ich fertig werden konnte.»
«Ich verstehe nicht.»
«Das Paradoxe an mir ist, daß mir alles ein Mittel ist, alles und alle. Im Dienste eines einzigen Zieles, das ich selbst bin».
Franz, den der Schlafmangel zugleich hellsichtiger und empfindlicher machte, ereiferte sich:
«Hör mal, von wem redest du? Von Wagner oder von dir? Diese Konfusionen fangen an mir auf die Nerven zu gehen.»
«Und du, mein Lieber, in wessen Namen sprichst du denn? Komm, paß dich den Umständen an: Du bist in ein Irrenhaus geraten, es wäre besser, du würdest fröhlich bei diesem Irrsinn mitmachen, statt ihn mit schlechtem Gewissen über dich ergehen zu lassen.»
«Ich bitte dich, hör auf. Apropos, sag mir noch einmal, worin besteht deine Arbeit in diesem Haus?»
«‹Apropos›! Gut, sagen wir, ich versuche systematisch die Wurzeln der Atonalität in dem vergifteten Werk des sogenannten Richard Wagner herauszuarbeiten. Reicht dir das, um meine Identifikation zu rechtfertigen?»
«Wenn du dich schon mit Wagner identifizieren willst, so solltest du wenigstens auf die Erfindung deiner Abrakadabra-Maschinerien verzichten. War Wagner denn ein Mythomane?»
«Du weißt genau, daß er der größte Mythomane aller Zeiten war. Hat er nicht die Geschichte eines Dreiecksverhältnisses in eine musikalische Tragödie verwandelt, die Liaison mit einer verheirateten Frau namens Mathilde Wesendonck, eine Liaison, wie wir sie alle haben.»
«Hör auf, so zu lachen.»
«Ich seh' dich kommen mit strenger Miene: die Wahrheit der Kunst gegen meine wirkungslosen, kindischen Lügen.

Aber nein, zwischen der Maschinerie des *Tristan* und derjenigen meines Bettes mit versenkbaren Dolchen besteht nur ein gradueller Unterschied. Doch genug davon. Was mich die Verbindung herstellen ließ, das waren die Hunde.»
«Wie?»
«Ja. Du weißt, daß Richard Wagner, derjenige, den du seit Jahren hartnäckig den ‹wirklichen Wagner› nennst, seine Hunde bis zum Wahnsinn liebte. Daß er einen von ihnen mit großem Pomp unter einer Stele begraben hat, in Genf – immer die Schweiz; einen andern in Wahnfried. Seltsam, merke es dir, denn im Grunde brachte er den Menschen die Beachtung entgegen, die wir gemeinhin für Hunde übrig haben. Ja, offensichtlich, es ist genau deswegen. Was mich betrifft, ich mag keine Hunde. Bloß, ich habe mir gesagt, es muß ein Mittel geben, das Problem zu lösen. Um so mehr, als man mich so offensichtlich herausfordert mit einem Hund namens...»
«Tristan.»
«Denke an eins, es ist der rote Faden: ich sterbe vor Einsamkeit, doch ich bedarf der andern nur in dem Maße, als ich mich selber liebe. Und es fehlte mir nicht an Anziehungskraft: Es heißt, Wagner habe eine gewisse Verführungsgabe besessen, diabolischer, verkrampfter natürlich als diejenige Liszts, doch gewiß wirkungsvoll. Eine komplexe, fesselnde, wirklich fesselnde Persönlichkeit.»
«Komm doch endlich zur Sache. Siehst du nicht, daß ich vor Erschöpfung umkomme?»
«Wir sind ja schon da. Die Begegnung, die allererste, fand in Zürich statt, das sagte ich schon. Dieses Haus, das ist ein wenig Zürich oder Bern. Also kein Ortswechsel. In der Folge muß ich einige Korrekturen an der Biographie anbringen. Doch das Wesentliche stimmt, glaube ich.

Dann also, o mein wunderbarer Freund; die erste wichtige Szene spielt sich im Café Greco ab.»

Persana sah einen kleinen Mann hereinkommen, untadelig gekleidet und auffallend vor allem durch einen weißen Seidenjabot. Sie stellte fest, daß er den Kopf zu hoch trug, ein typisches Zeichen für kleingewachsene Männer. Sie stellte ferner das gespielte oder übertriebene Erstaunen fest, das sich auf diesem ein wenig schlauen Gesicht spiegelte, dessen Augen indes funkelten, fast wie diejenigen Berninis auf seinen Selbstbildnissen in der Villa Borghese.
«Sie gestatten?»
Keineswegs eingeschüchtert durch die Blicke, die sich auf ihn richteten, oder das rasche und verächtliche Vorübergehen der Ober, die angezogen waren wie Dirigenten, setzte er sich neben Persana auf die Bank aus karmesinrotem Samt, einem Samt, der abgenützt war durch das Sitzfleisch Liszts, Mendelssohns, Byrons, Keats', Goethes, Berlioz', Thomas Manns und anderer.
«Bitte.»
«Wir leben nebeneinander in diesem Institut und haben nie Zeit, uns wirklich zu sehen. Also habe ich mir gesagt ...»
«Sie haben gut getan.»
«Was trinken Sie? Eine heiße Schokolade? Um diese Jahreszeit?»
«Sie ist eben besonders gut hier. So richtig sahnig. Ich rate Ihnen, sie zu probieren.»
Der Hund knurrte unter dem Tisch.
«Tristan, bist du ruhig!»
«Wie nennen Sie ihn? Ich habe Sie schon einmal gefragt, aber ...»
«Ja, ja, es ist Tristan. Keine Angst: Sie sind nicht der erste,

der sich wundert. Bist du jetzt fertig? Es ist eigenartig, er ist sonst sehr freundlich.»
«Vielleicht gefalle ich ihm nicht. Obwohl ich Hunde sehr liebe.»
Persana merkte sich diese infame Lüge geflissentlich: Tristan knurrte nie bei jemandem, der Hunde mochte. Sie hätte irgend etwas Artiges sagen können, doch sie wollte ihrem Nachbarn keine Munition geben, indem auch sie sich der Lüge bediente. Übrigens war der gute Mann, über den jetzt das Urteil gefällt war, auf keinen Fall mehr gefährlich, und man konnte sich ruhig der Wärme, Intelligenz und Intensität seines Blickes überlassen. Der Dirigent mit der Nummer eins beugte sich mit verächtlicher Zerknirschung über Wagner. Genauer, er neigte sein Ohr, die Augen gingen ins Weite, wie man das aus purer Höflichkeit einem verwöhnten Greis gegenüber tut, dessen Worte man längst alle auswendig kennt.
«*Eh, un cioccolato caldo, per favore.*»
«Ich wollte Sie nicht drängen.»
«Doch, es ist mir ein Vergnügen, wissen Sie! Verzeihen Sie, wenn ich indiskret bin, aber ich dachte nicht, Sie hier zu finden.»
«Warum denn nicht? Weil es ein bisschen versnobt ist?»
«Das wollte ich eigentlich nicht sagen. Doch ich stellte mir vor, daß Sie die großen Räume vorziehen.»
«Sie täuschen sich nicht. Doch ich hatte einen langen Spaziergang gemacht mit ihm, und bevor ich die Treppen der Piazza di Spagna in Angriff nahm, wollte ich mich für fünf Minuten setzen. Ich bin das erste Mal hier. Und Sie?»
«Ich? Nein, ich gebe zu, der Ort gefällt mir. All jener wegen, die früher hier verkehrten. Und dann weiß ich nicht. Ich habe vielleicht einen Hang zum Luxus. Doch wir sprachen von Tristan, Ihrem Hund. Ich reagiere vielleicht

heftiger als andere, denn mein Studienthema ist ausgerechnet Wagner.»
«Tatsächlich, ich muß Sie schockieren.»
«Aber ganz und gar nicht. Es ist ein amüsantes Zusammentreffen, das ist alles. Und Wagner, das wissen Sie vielleicht, liebte die Hunde über alles.»
«Wirklich?»
«Absolut. Er nahm sie überallhin mit, seine Hundefreunde, auf die längsten Reisen, übers Meer sogar, wie zum Beispiel seinen Neufundländer Robber. Über ihren Tod war er untröstlich. Über denjenigen von Pohl etwa, der in einem Garten, der *Les artichauts* heißt, hoch über dem Genfer See begraben wurde.»
«Das ist wie bei Lou Salomé, die Rilke anscheinend verlassen hat, um ihrer Hündin Lottchen in den letzten Stunden beizustehen.»
«Ach, woher haben Sie diese Anekdote?»
«Halten Sie mich für so ungebildet?»
«Mein Gott, nein, doch ich wußte nicht, daß Sie eine solche ... eh, Hundebildung besitzen.»
«Und Sie als Wagner-Kenner müßten den Ausspruch Schopenhauers kennen, der sagte: ‹Je besser ich die Menschen kenne, desto mehr Hochachtung habe ich vor meinem Hund.›»
«Sie sind wirklich beeindruckend; mich wundert, daß Sie bei all diesen Kenntnissen nicht gewußt haben, was ich Ihnen von Wagner erzählte. Doch darf ich Sie fragen, warum Sie Hunde lieben?»
Tristan, die Schnauze auf der Samtbank zwischen Wagner und Persana, spitzte die Ohren.
«Das müßten Sie doch wissen, wo Sie sie auch lieben.»
«Natürlich, aber wir haben vielleicht nicht dieselben Gründe.»

«Für mich ist es vielleicht deshalb, weil dieses Tier, dieses vor allem, absolut unfähig ist zu lügen.»
«Aber wenn es unfähig ist, dann ist es kein Verdienst!»
«Wenn Sie eine Frau um ihrer Schönheit willen lieben, ist es dann ihr Verdienst?»
«Warten Sie, das geht mir zu schnell. Was Sie also stört an den Menschen – denn Sie lieben offensichtlich die Hunde mehr als die Menschen –, das ist die Lüge.»
«Vielleicht.»
«Ist es nicht vielmehr das Wort, das allein die Lüge möglich macht? Sie wissen doch, daß man mit Gesten, mit Blicken lügen kann. Daß ein Hund heuchlerisch sein kann, verschämt usw.»
«Ich gehöre jedenfalls nicht zu denen, die säuselnd klagen, ihrem Hund fehle nichts mehr als die Sprache. Dieser Mangel ist ein immenser Vorzug.»
«Aber wenn ich keine Sprache hätte, wie hätte ich Ihnen dann zu verstehen geben können, daß ich Sie liebe?»
«Wie bitte?»
«Sie haben mich ganz genau verstanden. Ich meine, Verstellung sei bei Ihnen überflüssig. Ich liebe Sie. Ich muß annehmen, daß meine Augen es nicht deutlich genug sagten, sonst hätten Sie mich verstanden, wie Sie Tristan verstehen.»
«Hören Sie, ich habe Sinn für Humor, aber es gibt Grenzen.»
«Ich scherze nicht. Das wissen Sie.»
Wagner war ernst:
«Und ich lüge nicht.»
Interessant, dachte sie. Für ihn sind die Worte die Wahrheit, das heißt, sie schaffen sie. Jetzt ist er ganz aufgewühlt, weil er diese idiotische Formel ausgesprochen hat.
«Ging Wagner auch in dieser Offenheit mit Frauen um?»

«In dieser Hinsicht bin ich weniger gut informiert als auf dem Gebiete der Hunde. Doch unmöglich ist es nicht.»
«Und können Sie mir sagen, warum und wie Sie mich lieben?»
«Lachen Sie nicht. Es hat nicht nur mit diesem luxuriösen Ort zu tun, daß ich ein Salon-Verführer bin. Warum? Weiß ich es selbst? Ich brauche Sie; seit Sie hier sind, haben Sie einen Platz eingenommen, indem Sie eine Leere geschaffen haben. Ich kann es nicht besser sagen.»
«Und was erwarten Sie von mir?»
«Nichts, das heißt, alles. Nein, daß wir diese heißen Schokkoladen verlassen, um uns draussen angenehmer zu unterhalten.»
«Gern. Aber Sie haben die Ihre noch nicht ausgetrunken.»
Sie bewunderte die Geste der Verachtung, die er für diese irdische Belanglosigkeit übrig hatte, während ihn doch der sahnige Schaum mindestens ebenso verlocken mußte wie andere Vergnügungen. Sie standen auf, nachdem er, jegliches Angebot der Beteiligung empört von sich weisend, bezahlt hatte.
«Aber sind Sie denn nicht verheiratet?» fragte sie ins Blaue hinaus, als sie die Piazza di Spagna erreicht hatten.
«Das bin ich. Meine Frau ist in der Schweiz.»
«Und Sie trauen mir zu – falls ich versucht gewesen wäre, Ihnen eine günstige Antwort zu geben auf ihre ... Frage –, daß ich mich teile oder Sie mit Ihrer Frau teile?»
«Die Liebe läßt sich nicht teilen.» «Genau. Also?»
«Aber das Leben läßt sich teilen. Im übrigen sehe ich meine Frau nicht mehr, ich liebe sie nicht mehr, ich habe sie nie geliebt.»
«Nehmen wir einmal an, ich nehme Sie ernst, bis wir Trinità dei Monti erreicht haben. Noch einmal, was erwarten Sie von mir?»

«Ich will es Ihnen erklären. Ihnen erklären, wer ich bin, was ich will, wovon ich träume, und Sie werden verstehen. Haben Sie Zeit, einen Umweg über die Gärten des Pincio zu machen?»
«Ich bin ein wenig müde. Aber sagen wir ja, das gibt Tristan noch ein wenig Bewegung.»
Persana sprach diese Worte ohne Bosheit. Doch sie sah, daß sie Wagner ganz und gar nicht gefielen.
«Hier also mein Dissertationsthema: Wagner und das 20. Jahrhundert. Oder genauer: Hätte der *Tristan* nicht geschrieben werden können? Sie sehen jetzt die Bedeutung, die Sie haben.»
«Ich gestehe, nein. Ist die Villa Medici von hier aus nicht besonders schön?»
«Ja, von hier aus hat unser Freund Chateaubriand Rom betrachtet, ‹eingehüllt in sein Gewand der Jahrhunderte›. Vorsicht Autos.»
«Danke.»
«Viel zu viele große Männer hier. Ingres, Berlioz, Debussy. Und die sind erst noch nur vorübergehend hier gewesen. Ich spreche nicht von denen, die die Stadt wirklich geprägt haben. Ganz in der Nähe hier Caravaggio zum Beispiel. Das widert mich an.»
«Warum?»
«Ihr Gewicht erdrückt mich. Ich glaube, wir alle in der Villa Scura empfinden das gleiche.»
«Wird der schöpferische Mensch nicht angeregt von den Werken, die ihn umgeben?»
«Natürlich. Doch wir sind keine schöpferischen Menschen. Daran gehen wir zugrunde. Es heißt, Paris sei der Schmelztiegel der Künstler. Entweder sie sterben, oder sie gehen groß daraus hervor. Rom ist der Schmelztiegel der Amateure und derjenigen, die über Kunst reden: sie ster-

ben, oder sie verschließen sich der Schönheit restlos. Bleibt eine dritte Möglichkeit, die einige von uns sich zu eigen machen.»
«Welche?»
«Sie werden gleich verstehen. Ich sagte Ihnen, das Thema meiner Dissertation sei im Grunde genommen: Hätte es den *Tristan* nicht geben können? Diese seltsame Frage, die Ihnen bestimmt nur von begrenzter Bedeutung zu sein scheint, hat zwei Varianten. Erstens: Dieses Werk, das die Vorherrschaft der Tonalität stürzt, bereitet der gesamten Musik des 20. Jahrhunderts den Weg. Wenn Wagner etwas anderes geschrieben hätte, wäre dann nicht auch das 20. Jahrhundert anders verlaufen? Isoldes Nase ist genauso viel wert wie diejenige der Kleopatra. Aber eben, hier die zweite Variante: Wäre Wagner der Mathilde-Isolde mit der hübschen Nase nicht begegnet, hätte er dann den *Tristan* geschrieben? Hat der Hund eine Kraft für seine Größe! Reißt er Sie nie um?»
«Nein, das nicht. Aber er ist kräftig, das stimmt.»
«Bloß, sehen Sie, diese beiden Varianten sind im Grunde nur eine einzige, das habe ich jetzt herausgefunden, daran sind Sie schuld, und es zwingt mich, sämtliche Kapitel umzuschreiben.»
«Ich bin verwirrt.»
«Das müssen Sie nicht. Sie öffnen mir die Augen. Hier meine neueste Überlegung, deren Originalität Sie nicht übersehen werden.»
Tja, dachte Persana, ganz das Gegenteil von Nietzsche (den sie am Abend zuvor in Sankt Peter getroffen hatte, wohin Schumann sie begleitet hatte). Nietzsche quälte sich dauernd und entschuldigte sich, daß es ihn überhaupt gab. Und der hier benützt unsereinen schamlos. Zwei ganz verschiedene Formen des gleichen Stolzes.

«Ich bin ganz Ohr.»
«In der Auflösung der Tonalität spiegelt sich auch die Idee der Schönheit. Ich betone, sowohl der menschlichen wie der künstlerischen Schönheit. Sie werden aufbegehren und sagen: Widmet nicht Stockhausen seiner Frau metaphysische Meditationen, und zeigen sich nicht die Künstler von heute auf Cocktails flankiert von Jugendstil-Kreaturen, die auch nicht häßlicher sind als andere, ja die sogar beinah hübsch wären, wenn sie sich kleideten wie Sie?»
Er macht keinen Fehler, außer dem ersten und schwerwiegendsten...
«Zweifellos. Aber zunächst gibt es nicht deswegen keine Christen mehr, weil das christliche Zeitalter zuende ist. Oder, wie die Christen selbst sagen, daß der Teufel sich nicht mehr regt, heißt nicht, daß er besiegt ist. Hier geht es nicht um den Teufel, sondern eher um die heilige Jungfrau. Übrigens, wußten Sie, daß Wagner im Dezember 1854 an Liszt schrieb, er komponiere den *Tristan*, um der Liebe ein Denkmal zu errichten, die die Frauen ihm nicht gegeben hätten; und daß in der gleichen Woche die Kirche das Dogma von der unbefleckten Empfängnis erließ? Es gibt keinen Zufall im Leben: Diese päpstliche Entscheidung, die im Grunde genommen den Tod der Muttergottes, der menschlichen, sinnlichen und göttlichen Muttergottes, absegnete, die die Worte da setzte, wo die Dinge nicht mehr überprüfbar waren, beschönigte die entsetzliche Entscheidung Wagners: die Göttlichkeit der Schönheit dadurch zu töten, daß man sie proklamiert. Und sie nicht nur als grundlegende Wirklichkeit zu töten, sondern als *Form,* was viel schlimmer ist. Das vergiftete Schaudern, das Wagner der Tonalität eingejagt hat, wird auch die Schönheit Mathildes für immer zerstören! Bedenken Sie: eine Frage von Dur und Moll. Die ganze romantische

Musik bis hin zu Tristan ist eine Schöpfung ihrer eigenen Ursachen. Können Sie mir folgen?»
«Nein, natürlich nicht.»
«Meine Liebe, ich will damit sagen, daß diese Musik beim Hörer eine Wirkung auslöst, die derjenigen der menschlichen Schönheit gleicht, und daß daraus die Liebe resultiert. Bloß, vergessen wir nicht, daß *Tristan* kam. Tristan, der Höhepunkt der Musik, denn sein berühmter Chromatismus ist zugleich fortschreitende Suche nach und ständige Flucht vor dem vollkommenen Akkord, dem vollkommenen Akkord, der nur im Tod erklingt und der dadurch seinen eigenen Tod auslöst. Verstehen Sie das (was Mathilde Wesendonck, eingeengt neben ihrem Bankiers-Gatten anläßlich der Wagner-Aufführungen, die sie sehen konnte, bestimmt nicht verstanden hat) ... Übrigens, auch Diotima, die verheiratete Freundin Hölderlins, war eine Bankiers-Gattin, wenn ich nicht irre. Das ist wie im Witzblatt, doch was können wir dafür? Sie sind nicht zufällig die Gattin eines Direktors der Schweizerischen Bankgesellschaft? Nein? Um so schlimmer. Doch man muß verstehen, daß Wagner, vielleicht ohne es selbst zu wissen, der atonalen, dann der seriellen – und was immer Sie wollen – Musik den Weg gebahnt hat; anders gesagt, der Musik, die der Liebe fremd ist; der Musik als Schwester von Bach, das heißt, dem konstruktiven Geist, nicht dem anbetenden Herzen. Noch anders gesagt, es ist *Tristan* selbst, der es dem Kunstwerk schließlich erlaubt hat, diese platonische Faszination aufzugeben, von der es seit Mozart gelebt hatte. Es ist die Musik der Liebe, die die Liebe zur Musik vertrieben hat. Es ist die Musik der Schönheit, die die Ästheten der Häßlichkeit möglich gemacht hat und vor allem ermöglicht hat, daß man aufhört, die Kunst als Funktion der leidenschaftlichen und zweifelhaften

‹Schönheit› zu begreifen. Wenn Ihnen lieber ist, Wagner hat Mathilde einen Zerrspiegel vorgehalten, hat sie à la Picasso gemalt, während er glaubte, eine apollinisch-dionysische Statue zu schaffen. Ist das nicht außerordentlich? Von Stund' an totale und endgültige Auflösung der gesamten Romantik, musikalische und nicht musikalische. Die Gleichung Schönheit-Eros-Kunst ist in den Mülleimern der Kunstgeschichte gelandet. Nichts mehr von vollkommenem Akkord, nichts mehr von Ruhe, aber auch nichts mehr von Spannung; kein verminderter Septakkord mehr: Schluß mit der masochistischen Wohlgefälligkeit. Es lebe der Geist, und es lebe die Revolution, liebste Freundin.»
«Sobald wir sitzen, erlaube ich Ihnen, meinen Arm loszulassen.»
«Wagner konnte wohl der Meinung sein, Hegel sei ein Esel, verglichen mit Schopenhauer. Hegel hat vollkommen recht, wenn er schreibt, die Kunst sei ein Augenblick in der Geschichte des Menschen, ein Augenblick, dessen Ende wir erleben. Und Marx hatte recht, seit Karlsbad über die beginnende Wagner-Verehrung in Bayreuth herzuziehen. Wagner lieben, heute mehr als 1876, bedeutet nach Nietzsche an Gott glauben, ans heilige Rußland glauben nach der Oktoberrevolution. Möglich, jedoch unweigerlich grotesk.»
«Worauf wollen Sie hinaus?»
«Ich? Auf nichts. Ach, ja, auf meinen persönlichen Fall. Zunächst zwei Worte zu den Mitgliedern des Schweizer Instituts in Rom, die, ob sie wollen oder nicht, in Rom leben. Es ist unanständig und lächerlich. Aber vor allem unanständig. Wir bekommen Stipendien, um während zwei oder drei Jahren auf Kosten der Eidgenossenschaft die wenig ansprechenden Mandarine zu spielen. Weiß

Gott, das Kulturbudget könnte viel höher sein, als es ist, und Tausende von Schweizern in Rom saugen die Schweiz oder Italien viel nachhaltiger aus als wir. Doch moralisch gesehen, sind wir in der idealen Lage, unserem Jahrhundert zu entgehen. Zunächst wegen des Hauses: wenn Sie es sehen, verstehen Sie, in welchem Maße es uns vor dem wirklichen Rom abschirmt. Aber auch und vor allem aufgrund unseres Status. Bedenken Sie: Obwohl ziemlich arm, stellen wir genau das Muster einer zukünftigen Menschheit dar, sagen wir aus dem Jahr 50 000, indem wir in vollkommener materieller Sicherheit leben, in einer herrlichen Umgebung und ohne Zwänge außer unseren eigenen. Das Paradies. Doch dieser wunderbare Sprung in die Zukunft wirft uns in Wirklichkeit ein Jahrhundert zurück, in die Lage des wohlhabenden Bürgers, der noch mehr oder weniger gutgläubig den Lärm und die Wut ignorieren kann, die in den Fabrikhallen von Manchester erzeugt werden. Mehr denn je sind die Romantiker die, die Zeit haben, es zu sein. Heutzutage ist die Romantische Nacht der Sand, in den der Strauß seinen Kopf steckt. Wir sind entsetzlich verlogen. Sie kennen den Ausspruch Edgar Allan Poes über das Glück: Es braucht die Abgeschiedenheit, eine geliebte Frau, die freie Natur und ein schönes neues Werk. Sogar die freie Natur haben wir mitten in Rom. Bleibt nur das schöne neue Werk. Wir sind am Ende, sage ich Ihnen.»

«Aber Sie reden ja, als verlange man von Ihnen ein Kunstwerk?»

«Man verlangt von mir, daß ich über Kunst rede und es in Rom tue, so als ob man von mir verlangte, daß ich im Brennofen von Kohle rede. Doch ich glaube weder an den Brennofen noch an die Kohle. Ich sage bloß, daß alle Bedingungen geschaffen sind, damit wir daran glauben, und

alle meine Kameraden fallen drauf rein, einschließlich des Direktors, der doch Linguist ist!»
«Sie sprechen ja gar nicht über ihren Fall, wie Sie behaupten.»
«Mein Fall? Ach ja, natürlich. Es ist widersprüchlich und störend, daß ich in Sie verliebt bin, was, ich fühle es, dazu führen wird, daß ich Tristan liebe (ich spreche von der Oper).»
«Hören Sie doch, Sie wissen genau, daß Sie nicht in mich verliebt sind. Sie sind da ganz Ihr Jahrhundert: Sie begehren mich, das ist alles.»
«Ach, wie kann ich Sie überzeugen! Doch, liebe Freundin, wenn ich Sie bloß begehrte, dann wäre alles viel einfacher. Nein, ich glaube, ich falle ins 19. Jahrhundert zurück, wie man in seine Kindheit zurückfällt. In unseren Tagen findet man noch manchmal Fälle von wilder, reiner Leidenschaft vom Stil Tristans, wenn man das Verhalten von Kindern in einem Kindergarten beobachtet. Es gäbe nur ein Mittel, das zu vermeiden: den gewöhnlichen Zustand wiederfinden, die wahre ‹condition humaine›. Ach, arbeiten, Persana, arbeiten wie die andern, den Nabel der andern betrachten, wie Sie es eines Tages tun werden, nicht nur den eigenen, welche Freude, welche Einfachheit, welche Folgerichtigkeit! Ich träume von nichts anderem.»
«Warum dann hierbleiben?»
«Weil ich ein Widerspruchshaufen bin, sehen Sie das nicht? Doch ich werde mich schon herauswinden. Darf ich Ihnen eine Frage stellen?»
«Nach allem, was Sie mir gesagt haben, nützt es mir nicht viel abzulehnen.»
«Bin ich ein Fall für die Medizin?»
«Jedenfalls bin ich noch nicht weit genug, um Ihnen eine sichere Antwort geben zu können...»

«Schizophrenie, Cyclothymie, Zwangsneurose?»
«Ein solches Vokabular paßt schlecht hierher. Ich bitte Sie, reden wir von etwas anderem oder gehen wir nach Hause.»
«Was werden Sie tun?»
«Wie tun?»
«Ja, was werden Sie antworten?»
«Aber...»
«Nein, sagen Sie nichts. An einem der nächsten Tage könnten wir einen gemeinsamen Spaziergang durch ein unbekanntes Rom machen, das ich Ihnen zeigen werde. Mythomane, was? Aber ja, Sie halten mich für einen Mythomanen. Doch wenn ich Ihnen sage, ich kenne die Vorstädte, zweifeln Sie dann daran?»
«Ich sage Ihnen, nein.»
«Ich bin der einzige in diesem Institut, und ich bin stolz darauf, der durch *Centocelle* gegangen ist oder sich in die Gegend der Tiburtina begeben hat. Diese Namen sagen Ihnen nichts, denn meine würdigen Kollegen haben Ihnen nur vom Capitol und der Heiligen Pudentia erzählt. Das sind moderne Quartiere oder arme oder beides. Ganz zu schweigen von den Slums. Hören Sie, Persana: Ich bin zutiefst überzeugt von diesem Gemeinplatz des utopischen Sozialismus: Wenn *Tristan* Ihrem Kammerdiener nichts sagt, der in Centocelle wohnt und jeden Tag seine vierzig Minuten Busfahrt hinter sich bringt, um unsere helvetischen Paläste blank zu scheuern, dann ist die Kunst im Eimer. Restlos. Und vor allem die Oper. Bedenken Sie. Das Kunstwerk, das nach Wagners Ansicht total sein sollte, ist das allerelitärste geworden. Ach, die stinkenden Premieren der kurzatmigen und mittelmässigen Oper von Rom!»
«Ich glaubte verstanden zu haben, daß Sie keinesfalls mehr

an die Kunst glauben? Warum dann davon träumen, sie den Massen näherzubringen?»
«Noch ein Widerspruch, ja. Das kommt daher, daß ich viel zu sehr Ästhet bin, um aufrichtig am Wohle der Menschheit interessiert zu sein. Ich verwechsle die Lösung unmittelbarer Probleme mit den hypothetischen Freuden der Zukunft. Ich verwechsle, wie Wagner auch, Oper und Drama. Alles, was ein Künstler hoffen kann, ist, wie Wagner Nibelungen à la Proudhon zu schreiben. Doch Proudhon verwirklichen! Was die Kunstkritik betrifft, reden wir nicht davon. Sagen wir also, ich kultiviere mein schlechtes Gewissen, höchster Luxus der Mandarine. Dennoch, ich bin der einzige hier, der darunter leidet, daß man nicht einfach vom Rheingold zehren kann, um die Inflation zu bekämpfen. Nein, ich sage Ihnen, man sollte das Institut in die Luft jagen und uns damit. Es gibt nur eine würdige Haltung: sich dem gemeinsamen Schicksal anschließen. Luigi Nono, das ist ein Komponist, wie ich sie liebe: er fügt in seine Kompositionen Schreie streikender Massen oder das Heulen von Gefolterten ein. Seine Schüler werden sich damit begnügen, selbst auf die Straße zu gehen, und alles wird gesagt sein. Reden Sie mir von den Pianisten, die uns einen Vortrag über den Mezzogiorno halten, bevor sie Beethoven spielen, zum Totlachen. Man muß wählen. Entweder spielen Sie Beethoven und halten damit neun Zehntel der Menschheit für einen Haufen von Türstehern oder dann gehen Sie auf die Straße. Der Fehler der zeitgenössischen Künstler besteht darin, daß sie, koste es, was es wolle, an ihrer Kunst festhalten und denken, sie könnten die Ziege und den Kohl haben. Eine soziale Kunst, ich frage Sie. Als nennte man eine Grille Ameise, eine Ästhetik Ethik, eine Einsamkeit brüderlich. Faschist, was, denken Sie jetzt? Die Elite, die Erhabenheit, Mussoli-

ni, der mit dem Kammerdiener des Instituts tafelt, während sie *Rigoletto* hören? Die Auserwählten, die Davidsbündler, der Fürstenbund, die ganze wagnerische Leier? Gott, was wäre ich platt. Nein, es ist das Gegenteil, aber aufgepaßt: weder Trotzki noch Gramsci noch Garaudy! Auch nicht Bakunin. Wissen Sie, was der in Dresden zu Wagner gesagt hat, nachdem sie die Neunte von Beethoven gehört hatten? Wissen Sie, was er geplärrt hat, der Bakunin, mit Tränen in den Augen? Daß dieses Kunstwerk im großen und zerstörerischen Brand der Revolution um jeden Preis erhalten werden müsse. Man kann auf niemanden zählen. Nein. Ich sage: weder die elitäre Kunst, gepriesen als solche, noch Kunst fürs Volk. Gar keine Kunst. Ganz einfach. Künstler aller Länder, hört auf, euch dem Volk auszuliefern, indem ihr rückwärts schaut. Hört auf, einen Abgrund zuzudecken, den nicht einmal der Adler Nietzsches, der vor allem nicht, zu überfliegen vermag. Hört auf, uns Gekläffe, Bauchgrimmen und Exkremente zu liefern, die, ungeachtet eurer Mühen, noch immer Kunst bleiben, noch immer elitär sind. Um alles in der Welt, schweigt. Das ist alles, was man von euch verlangt. Die Kunst ist vorbei. Es hat keinen Sinn, sie in ihrer Agonie noch einmal häßlich auferstehen zu lassen. Doch aufgepaßt: Auch da werden Sie mir sagen: gehabt, gehabt, abgedroschenes Geschwätz eines Künstlers, der sich auf die Revolution beschränkt und schließlich der Diktatur den Weg bereitet. Doch wenn diese Leute ungeschickte und großmäulige Massenvernichtungen anrichten, dann deshalb, weil sie den Geist verachten. Das ist schlimm, zugegeben. Wenn die Künstler den Geist verachten, dann kann Mussolini seinen Revolver wieder einstecken, man arbeitet für ihn. Aber nein. Der Künstler muß ganz einfach sterben vor Schönheit. Man verlangt nichts weiter von

ihm. Die Vernunft, der Geist, sie können und müssen im Dienste des Volkes stehen, das ist es, was dem Volk nie entfremdet werden kann, wie die Schönheit uns entfremdet. Antworten Sie mir doch von Zeit zu Zeit, und sei es nur wie die Gesprächspartner des Sokrates, ich fürchte, man hört mir nicht zu.»
«Ich höre Ihnen zu, und ich wollte Sie nicht unterbrechen.»
«Ja, natürlich. Sie verstehen, nur das Absolute isoliert uns. Die Religionen haben das begriffen, und die Künstler sind Mönche, mit Verneinung geschlagen. Wenn sie vor Schönheit sterben müssen, dann deshalb, weil die Schönheit Götter aus ihnen macht, jedoch keine Übermenschen. Der Künstler muß Prometheus sein oder, wenn Sie lieber wollen, der Prinz Siddharta. Die Wechselfälle des Jahrhunderts wollten es, daß die Götter schlecht angesehen sind, so daß unsere modernen Künstler sich als Menschen verkleiden. Zwecklos. Man erkennt sie sofort, und wenn nicht, so verraten sie sich selbst. Hinabgestiegen in die Tiburtina, stellen sie mit Entsetzen fest, je mehr die Realität des Elends und der Häßlichkeit sich um sie her breitzumachen scheint, desto eher verwandelt sie sich vor ihnen in einen Traum, in eine Seifenblase der Irrealität. Sinnlos, da eindringen zu wollen. Die Seifenblase platzt, und der verblüffte Künstler findet sich in der Sixtinischen Kapelle wieder oder vor den Marmorsteinen des Thermen-Museums. Er ist wirklich Prometheus oder Siddharta, und wozu versuchen, aus sich herauszugehen, zu den Menschen herabzusteigen, wenn ihm doch diese vollkommene Schönheit bleibt, die ihn vollkommen beschützt und ihn im übrigen unsichtbar macht für die zerlumpte und skrofulöse Menge. Sie werden mir sagen, ein Bettler oder einfach ein alkoholisierter gelbgesichtiger Kneipenbruder könne ihm seine entsetzlichen Blicke ins Bewußtsein ram-

men und ihn brutal auf die Erde zurückholen? Ja, offensichtlich. Doch Sie vergessen die Macht der Schönheit, deren bevorzugte Antriebskräfte der Schmerz und selbst das Entsetzen sind. Nicht die geringste Hoffnung, sage ich Ihnen. Man muß sterben. Christus war nicht schlecht in seiner Art, wenn Sie das Gleichnis sehen. Und ich glaube gern, daß das alleinige Heil in der *Imitatio Christi* besteht, aber wörtlich. Die größte Versuchung für Christus war offensichtlich die Schönheit, nicht in der liebenswürdigen und wohlriechenden Form der Magdalena, sondern als Macht automatischer Erlösung. Schauen Sie Parsifal. Name eines Hundes – Verzeihung –, was haben wir die ‹reale› Welt zu erlösen, wenn die Welt unserer Vorstellung sich in Schönheit verwandelt, absolut und unwiederbringlich, wie ein gewisses Wasser auf der Hochzeit von Kana, Augenblick höchster Versuchung für Christus: er, der sogar die Wunder seines göttlichen Bewußtseins in gewissem Sinne objektivieren und diese Festteilnehmer glauben machen konnte, sie becherten Kanaan Jahrgang 47 vor Christus, während sie doch ganz schlicht bei Wasser geblieben waren. Die Künstler sind in der Regel Götter mit dem schwächsten Aktionsradius: die Schönheit rettet nur sie selbst und einige ihrer Adepten. Was tut's, das Prinzip ist das gleiche. Wir brauchen nach Prometheus, Siddharta und Jesus Götter, die auf ihre Göttlichkeit verzichten, und nicht Götter, die sich mit menschlichem Flitter umgeben. Gegenüber der Schönheit gibt es kein Pardon. Wir töten sie, oder sie tötet uns, uns andere Menschen. Das ist meine These, und ich bin voller Hoffnung, da Wagner, ich sagte es schon, der sich übrigens von seiner hartnäckigen Lektüre Feuerbachs nicht irremachen ließ, der Verneinung der Schönheit den Weg zu ebnen wußte. Wir sind fast alle heute, außer ein paar Nostalgikern, dahin gelangt. Aristo-

teles gegen einen gewissen Platon, wenn ich vereinfachen darf. Der Mensch muß ein politisches Wesen sein, nicht so eine Art theoretischer Vogel, ein Strauß, der im Begriffe ist, ich sagte es Ihnen schon, seinen Kopf in den Sand des Einen-Schönen-Guten zu stecken. Die Schönheit: eindeutig ein politisches Problem oder, besser, ein Problem, das zu lösen ist, wenn man das Politische erreichen will – und in diesem Sinne stört es mich sehr, daß ich in Sie verliebt bin.»
«Tatsächlich?»
«Es ist anachronistisch wie die Schönheit. Das haben die Chinesen ganz genau begriffen, wenn sie einige tausend Kilometer zwischen die Fabrik eines potentiellen Tristan und derjenigen legen, wo seine mögliche Isolde dabei ist, sich ihre Nägel schmutzig zu machen.»
«Sie sind ein Zyniker.»
«Sie halten mich für unaufrichtig?»
«In der Tat.»
«Habe ich nicht den Blick Ihres Hundes?»
«Nein.»
«Immer sagen Sie nein. Nein zu allem?»
«Hören Sie, Sie sollten sich bewußt sein, daß ... übrigens, Sie sind nicht der einzige, der mir abgeschmackte Vorschläge macht.»
«Das überrascht mich nicht. Es wimmelt von Anachronismen. Wissen Sie, was eine gute Lösung wäre?»
«Sagen Sie es.»
«Wie die Götter an der inneren Schönheit sterben müssen, so sollten Sie auch sterben.»
«Sie sind zu liebenswürdig. Doch ich fühle mich voller Lebenslust. Ich gebe jedoch zu, Ihre Liebeserklärungen sind recht ungewöhnlich.»
«Irrtum. Sie sind ganz besonders banal. Schauen Sie diese

Kette, die mich von Anfang an fasziniert hat, zumindest des Wertes wegen, den Sie darstellt. Stellen Sie sich vor, Sie bleiben damit an irgendeiner Pistazie hängen, Ihre Grimasse hätte schnell gegen die Götter gesprochen.»
«Wirklich, Sie sind charmant.»
(Man sollte sich von den Antworten des schüchternen und trotzigen kleinen Mädchens, das Persana zu sein scheint, nicht irreführen lassen. Sie spielt eine Rolle, besser vielleicht als Wagner selbst. Sie genießt einmal mehr die Beweise, die sie bei allen Männern sucht. Doch der Leser hat begriffen.)
Sie näherten sich dem Tor des Instituts. Das war der Moment für Persana, ihr Lächeln vertrauten Einverständnisses aufzusetzen und, nachdem sie ihre Kette zurechtgerückt hatte, ihre linke Hand an ihrem Körper hinuntergleiten zu lassen, nicht ohne, wie zufällig, Wagners Hand zu berühren, der darauf jedoch nicht reagierte: er hatte den Verdacht, daß Nietzsche einer der Bewerber war. Und wer noch? Paganini vielleicht? Persana überprüfte noch einmal den Sitz ihrer Perlenkette.
«Wirklich wunderschön.»
«Wenn Sie brav sind, dürfen Sie sie mal anfassen. Aber nicht an meinem Hals!»
«Darf ich übrigens die Namen meiner Rivalen wissen? Damit ich sie im passenden Moment umbringen kann.»

Wir finden Wagner schließlich in seinem Zimmer wieder, wie er Liszt diese Begegnung beschreibt, bündiger und subjektiver jedoch, als wir dies getan haben.
«Also», faßte Franz zusammen, «du bist verliebt in sie.»
«Aber nein, du hast rein gar nichts verstanden. Sie hat mich durchschaut; ich begehre sie, das ist alles.»
«Mein lieber Richard, du erlaubst, daß ich dich meinerseits durchschaue: Du bist verliebt in sie. Und nun erkläre mir den Tod Nietzsches, das ist schließlich der springende Punkt.»
«Ich komme ja darauf, ich galoppiere darauf zu, auch wenn es nicht danach aussieht. Ich gebe zu, daß die Kleine mir gefällt. Aber lassen wir das. Also, es ist offensichtlich, daß Nietzsche Selbstmord gemacht hat. Ich wollte jedoch, daß es sauber ist.»
«Ich möchte vor allem, daß es klar ist.»
«Ich suchte, wenn dir das lieber ist, nach der Möglichkeit einer Versöhnung *post mortem*. Du kennst die Differenzen, die ich mit Nietzsche hatte.»
«Von wem sprichst du jetzt schon wieder? Von euch oder von den richtigen?»
«Hör auf, so idiotische Fragen zu stellen, du wunderbarer Freund. Du bist intelligent genug, um unterscheiden zu können.»
«Ich fange an, an meiner Intelligenz zu zweifeln. Was soll's.»
«Hältst du mich eines Verbrechens für fähig?»
«Nein, aber ich bin auf alles gefaßt.»
«Ich habe dir gesagt, daß ich unschuldig bin. Wenn du daran zweifelst, verlierst du nur Zeit. Doch ich werde dir die Angelegenheit anders darstellen. Traust du mir ein ‹crime passionnel› zu? Oder noch anders: Ist ein ‹crime passionnel› im Jahre 1976 möglich?»

«Jetzt redest du schon wieder chinesisch.»
«Meine Frage ist überhaupt nicht spitzfindig: Gibt es im Jahre 1976, dem Centenarium Bayreuths, noch ‹crimes passionnels›?»
«Geben die Morgenzeitungen nicht eindeutig Auskunft darüber? Du wirst die schönen Titel morgen im *Messagero* sehen!»
«Die Zeitungen? Ach, du meinst die Dinge von der Art: ‹Junger Arbeiter erwürgt seine Verlobte, als er sie in den Armen eines andern überrascht›. Ich rede von den Leuten, die im 20. Jahrhundert des Denkens leben und denken.»
«Ich bitte dich, verschiebe deine Philosophiererei auf später. Ich bin wirklich zu müde. Was ist nun mit Nietzsche?»
«Es ist ganz einfach. Er hat sich umgebracht. Ich habe per Zufall Lust bekommen, in den Turm hinaufzusteigen, und habe ihn dort entdeckt; mit Handschuhen ausgerüstet, habe ich mir erlaubt, ihn in eine würdige und vornehme Position zu bringen.»
«Angenommen, ich glaube dir. Das Gericht wird sich bestimmt nicht so geneigt zeigen. Doch um dir zu glauben, müßte ich zumindest deine Gründe kennen.»
«Du brauchst nur Schumann und Chopin zu fragen. Nach der Nachricht von Paganinis Tod und dem Verschwinden Nietzsches sind wir rausgegangen, jeder nach seiner Seite, sie sind Zeugen. Was meine Motive betrifft, wir haben uns nie besonders geschätzt, zumindest nicht in letzter Zeit. Und nachdem ich keinen Grund mehr hatte, ihm übel zu wollen, habe ich ihm postum die Ehre erwiesen. Sagen wir auch, daß es mir Spaß machte, Tristan neben eine nicht anwesende Isolde zu betten, daher meine Idee mit dem Dolch im Bett. Nein, besser ist, alles zuzugeben. Die Idee mit dem Bett stammt von Nietzsche. Doch der Sinn war klar für mich. Daher meine kleine Geschichte. Und

schließlich macht es mir nicht viel aus, die Justiz in einer Angelegenheit, die sie nichts angeht, an der Nase herumzuführen.»
«Und warum soll Nietzsche sich deiner Meinung nach umgebracht haben?»
«Du weißt, in den letzten Tagen hat Friedrich mir von Lou Salomé erzählt. Er hat mir erzählt, daß der Professor Andreas, der Lous Mann geworden ist, diese Festung gestürmt hat, indem er sich vor ihren Augen umbrachte. Ganz genau, indem er sich in ihrer Gegenwart einen Dolch zwischen die Rippen stieß. Man hat ihn gerechterweise gerettet, und Lou war so beeindruckt, daß sie ihm das Ja-Wort gab. Vielleicht war Nietzsche in Persana verliebt und hatte die Absicht, sich zu verfehlen.»
«Du siehst keinen Zusammenhang zwischen diesem Selbstmord und dem Mord an Paganini?»
«In welcher Weise?»
«Ganz einfach, nachdem er den vermeintlichen Rivalen getötet hat, bringt er sich aus Reue um.»
«Einverstanden, aber warum Paganini zu seinem Rivalen erklären? Immerhin muß man sicher sein, daß es sich um einen glücklichen Rivalen handelt, wenn man so weit gehen will, ihn zu töten.»
«Vielleicht war Nietzsche sich dessen sicher.»
«Ich sehe nicht wie.»
«Ich auch nicht, jedenfalls nicht beim jetzigen Stand meines Wissens. Doch meine Erklärung hat für sich, ohne deine zerstören zu wollen, daß sie beiden Todesfällen Rechnung trägt und nicht nur dem zeitlich letzten. Vorausgesetzt, daß ich dir jetzt glaube, was ich tue, ist das Problem, auszumachen, wie Nietzsche sicher sein konnte, daß Paganini ein glücklicher Rivale war, da doch offensichtlich niemandem von uns die Verbindung Persana-Paganini

aufgefallen war. Das Eigenartigste ist, daß ich mich mit Niccolò kurz vor seinem Tod unterhalten habe, und wenn ich mich recht erinnere ... Auf jeden Fall, wenn er von einer Liebe gesprochen hat, so hatte ich nicht den Eindruck, daß er es im Ton eines überglücklichen Menschen tat.»
«Wirklich?»
«Richard, im Namen unserer Freundschaft, hast du mir wirklich nichts mehr zu sagen?»
«Im Namen unserer Freundschaft, ich kann dir im Moment nicht mehr sagen. Später vielleicht.»
«Du weißt also mehr?»
«Ja und nein. Doch im Augenblick ist es unmöglich. Was hältst du von Persana?»
«Ich weiß immer weniger, was ich von ihr halten soll. Aber ich frage dich etwas. Kann das, was du weißt, weitere Verbrechen verhindern, sprich?»
«Es wird keine weiteren Verbrechen mehr geben. Es würde mich zumindest sehr wundern. Ich bin übrigens ausserordentlich erstaunt, daß es überhaupt eins gegeben hat. Der Selbstmord, das geht ja noch. Du solltest dich hinlegen, Franz; du kannst ja kaum mehr die Augen offenhalten. Es wird jetzt wirklich nichts mehr geschehen. Ich versichere es dir. Im übrigen ist ja die Polizei da.»
«Du weißt, ich habe nicht die Absicht, den Sherlock Holmes zu spielen. Aber ich habe auch nicht die Absicht aufzugeben. Diese Geschichte ist viel zu furchtbar und geht mir viel zu nahe. Ihr seid alle meine Freunde, schließlich. Und dann ...»
«Und dann verstehen wir uns. Geh ins Bett, mein Alter. Ich wollte mit dir über das Problem der tempi im *Lohengrin* sprechen, aber das tun wir ein andermal.»
«Ich wollte mit dir über die tempi im *Parsifal* sprechen.

Aber ich frage mich, wann das mit Anstand möglich sein wird.»
«Schlaf gut.»

Rom, eine weibliche Stadt? Ihr Zauber, ihr Charme, ihre Schönheit, mehr ist es nicht... Während es sich doch ganz eindeutig um einen männlichen Ort handelt, aggressiv und schlaff, explosiv und weich zugleich, voll von falscher Zärtlichkeit und echter Gewalt. Seltsam, daß man von ganz Italien im Femininum spricht, als ob im Land der dicken «Mammas» und des unersättlichen Erstgeburtsrechts nicht das Männliche den Sieg davongetragen hätte. Wenig schöne Frauen in Rom, dafür eine Menge junger Leute oder unverschämt eleganter Männer, die, nachdem sie ihren Gattinnen Kinder angehängt haben, sorglos, elastischen und leichten Schrittes vor den Modeauslagen auf und ab schlendern. In Rom ist alles, was sich hebt oder reckt, männlich, von den Kirchtürmen bis zu den Menschen. Die Kirche, weiblich dem Namen nach, die Jungfrau, die Mutter, das sind sorgfältig gehegte Alibis, um die Bordelle, die männliche Priesterschaft, die organisierte Besudelung des weiblichen Geschlechts zu rechtfertigen. Doch alles, was darüber zu sagen ist, wurde bereits gesagt, und Persana weiß es. An diesem Junimorgen, einem ihrer ersten Tage in Rom, spürte sie diese Männlichkeit fast physisch, sie setzte sich mit allen Fasern dagegen zur Wehr und wußte doch, daß es bei allem Rechthaben nichts nützte, sich dagegen zu wehren. Man müßte es aufsaugen, auflösen, sich aneignen, um es besser von sich weisen zu können. Über die Piazza di Spagna gegangen. Die Aggressivität der Autos regte sie auf. Der Direktor hatte gut reden, wenn er ihr erklärte, es sei ganz und gar ungefährlich, die gute Reaktionsfähigkeit sei eine der Haupttugenden der römischen Autofahrer, sie konnte sich nicht daran gewöhnen. Im Innersten blieb sie davon überzeugt, daß nur ihr Wille, ihre Geistesgegenwart und vielleicht diejenige Tristans sie davor bewahrten, überfahren zu werden.

Via Frattina. Fußgängerzone, glücklicherweise. Fast schwarz vor Menschen, trotz der frühen Stunde. Persana ging schnell mitten durch die Menge, aus der ihr eine Fülle männlicher Blicke entgegenflog. Manchmal auch Blicke von Frauen, die womöglich noch schlimmer waren: dich messend für den Bruchteil einer Sekunde, von oben bis unten, gierig den Fehler suchend, den man mit dem Anflug einer ironischen Grimasse bestrafte. Ließ sich kein Fehler entdecken, wurde die Ironie zur Verachtung. Was die Männer angeht, so ist bekannt, daß die Schamlosigkeit ihrer Blicke nur durch die Lässigkeit aufgewogen wurde, mit der sie meistens deren Bedeutung zu vertuschen suchten. Weiche Spitzen, Schneckenfühler.
Persana entschied sich für eine Boutique mit Kleidern, Blusen, Foulards, wo sie eine untadelig gekleidete junge Frau erwartete, die vor allem kampfbereit zu sein schien. Entgegen aller Erwartung wurde Tristan zugelassen, mit einem mißtrauischen Blick allerdings: die Hundegäste dieser Boutique gehörten in der Regel eher der Gattung Spaniel oder Pekinese an.
«Mademoiselle wünschen?»
(Diese Bemerkung nach vollständiger Prüfung von oben bis unten, von unten bis oben, begleitet von einem verächtlichen Zug, gemischt mit professioneller Freundlichkeit.)
«Nichts. Ich möchte mich nur ein wenig umsehen.»
«Bitte schön.»
Gib's doch zu, dachte Persana, daß auch du aggressiv bist, eiskalt und schneidend. Was hast du gegen diese Frau? Es ist immerhin kein Mann. Bloß, die Dinge lagen viel komplizierter. Die Männer, verachtungswürdige Geschöpfe selbstverständlich. Doch Frauen, die sich wie diese hier als potentielle Rivalinnen fühlten, als mögliche Kandidaten

also für die männlichen Ehrbezeugungen, gibt es etwas Grotesqueres? Die Männer waren falsch, eingebildet, feige, häßlich. Sehr gut. Doch immerhin suchten sie nicht die Liebe ihres eigenen Geschlechts. Was soll man von einem Geschöpf halten, das sich zum Beispiel die Lippen auffallend rot anmalt, um mehr Chancen zu haben, daß ein männlicher Kiefer sich in seiner provozierenden Vulgarität darauf preßt? Jedoch, wir wollen präzisieren: Es gibt schöne Männer, und vielleicht retten sie letztlich ihr Geschlecht, indem sie bis zum Hals in den Problemen stecken, die Schönheit in der Regel den Frauen aufgibt. Doch das ist eine sehr verwirrende Angelegenheit.
«Ich würde Ihnen zu dem hier raten, das müßte Ihnen ausgezeichnet stehen, wo Sie doch so schlank sind.»
Diese Stimme und dieser Blick lähmten Persana nicht, wie es bei einem Mann der Fall gewesen wäre, sie irritierten sie aus Gründen, deren sie nicht Herr zu werden vermochte.
«Nein, es gefällt mir nicht.»
Vielleicht rührte ihre Verwirrung daher, daß sie diese Orte liebte und sich dagegen wehrte. Orte, wo man doch immerhin die Waffen schliff; der Gebrauch dieser Waffen war bei Persana nicht sehr orthodox, aber sie gebrauchte sie dennoch. Auf einmal ertappte sie sich dabei, wie sie der Verkäuferin ein warmes Lächeln der Verbundenheit schenkte:
«Dieses hier würde mir dafür nicht schlecht gefallen.»
«Das Weiße? Ah ja, ein sehr schönes Kleid. Es stünde Ihnen bestimmt sehr gut. Obwohl, ich an Ihrer Stelle ...»
«Was würden Sie tun?»
«Ich würde etwas Kürzeres nehmen.»
«Warum?»
Die junge Frau hatte ein vertrauliches Lächeln, aus dem der Gedanke an den Mann scheinbar restlos verbannt war.

«Ich weiß nicht, ich will Ihnen nichts aufdrängen. Möchten Sie probieren?»
Tristan tat so, als ob er schliefe.
Ihr weißes Kleid in einem eleganten Päckchen, setzte Persana ihren Spaziergang fort. Sie hatte noch nicht das andere Ende der Via Frattina erreicht, als ein Mann zwischen fünfunddreißig und vierzig, braungebrannt und sportlich, seine Schritte den ihren anpaßte und sie ansprach (auf italienisch natürlich).
«Entschuldigen Sie, Fräulein, aber ich muß unbedingt mit Ihnen sprechen.» «Und warum?»
Sie machte den Fehler, daß sie antwortete, auf italienisch antwortete. Zu spät, das Unglück war geschehen.
«Ich... es ist sehr schwierig, Ihnen das zu erklären. Möchten Sie nicht, für einen Augenblick nur, in ein Café kommen zum Beispiel? Ich könnte Ihr Päckchen tragen.»
«Sehr nett von Ihnen, aber ich habe es eilig.»
Der Mann redete eifrig und verrenkte sich dabei ganz komisch, denn er versuchte, Persanas Blick zu erhaschen, ohne sie zu überholen oder ihr auf die Füße zu treten. Tristan, der das offenbar gewöhnt war, trottete stolz nebenher, als wisse er von nichts. Es muß allerdings hinzugefügt werden, daß Persana lächelte, lächelte auf eine Weise, die Uneingeweihte für auffordernd und schmeichelhaft gehalten hätten.
«Nur ein paar Minuten, es wäre nur für ein paar Minuten, hier auf der Straße –... wir kommen auf den Corso.»
«Ja, wir kommen auf den Corso. Hier trennen sich unsere Wege.»
Persanas Lächeln wurde deutlicher, während sie dem Mann offen das Gesicht zuwandte.
«Sie sprechen sehr gut italienisch», lobte er, während er offenbar bereits von blutiger Notzucht träumte.

«Ich danke Ihnen. Auf Wiedersehen.»
Er machte ein Gesicht wie ein Teppichhändler, der merkt, daß sein Kunde ihm entgleitet. Auch er entging, trotz seiner Hartnäckigkeit, nicht dem lächerlichen Eindruck eines verwöhnten Schlingels, dem man sein Himbeereis verweigert hat.
«Gibt es wirklich keine Chance, daß Sie ja sagen?»
«Wirklich keine», sagte sie, in ihrem reizendsten Lächeln erstrahlend. Mit betrübtem Gesicht und ganz verblüfft von dieser grausamen Freundlichkeit, blieb der andere auf dem Trottoir stehen, während Persana rasch und mit ernstem Gesicht den Corso überquerte (aus Angst vor den Taxis und den Bussen, die auf dieser Hauptverkehrsstraße verkehren durften und noch waghalsiger und unmöglicher fuhren als die Autos).
Persana empfand ehrliche Bewunderung für diese Männer, die sich ins Wasser stürzen, um eine Unbekannte an Land zu ziehen, die ihnen gefällt oder sie rührt. Im Grunde profitierten sie beinahe von einem günstigen Vorurteil. Leider schossen sie oft übers Ziel hinaus, indem sie glaubten, ihre Frechheit entschuldige alle andern Frechheiten. Ich bewundere, daß sie wissen, was sie wollen, aber ich bewundere ganz und gar nicht, was sie wollen. Und steckt schließlich hinter diesem plötzlichen Angriff nicht eine höhere Form von Feigheit? Man versucht auf diese Weise, die Stellungen niederzubrennen, den andern zu überraschen, ohne ihm Zeit zu lassen, einen genauer anzusehen und den unvermeidlichen Fehler zu entdecken. Aber das wäre zu einfach. Dieser Mann war nicht schlecht, sogar sehr gut, doch was erhoffte er sich? Eine solche Art, die Leute zu überfallen, kann doch nur Mißtrauen auslösen, nicht wahr, Tristan?
Das Pantheon. Warum sah man nicht, daß Rom eine männ-

liche Stadt war? Und die Römer haben sich seit der Kaiserzeit nicht verändert: vulgär, grausam, ausschweifend. Mit Schaudern hatte Persana eines Tages das Schauspiel von Fellinis *Satyricon* über sich ergehen lassen. Sie, die nicht an Gott glaubte oder zumindest nicht viel behalten hatte von ihrem Katechismus, außer den klebrigen Blicken ihrer männlichen Kameraden, kam so weit, am Ausgang des Kinos die Religion der Liebe und der Sanftmut zu beschwören. Nicht daß sie weichlich wäre, überhaupt nicht, doch die heidnische Welt von *Satyricon* war von einer so hassenswerten Brutalität, und die Folter, die Grausamkeit schienen ihr von dieser Welt auszugehen wie der Geruch von einem schwitzenden Mann, Ja, das Urchristentum, das den Sklaven die Freiheit brachte, auch den Frauen, welch ein Hort der Menschlichkeit! Und die Mauern des Kaiserreiches, die phallischen Tempel, die schmutzigen Thermen des Caracalla (wo die dicken Römer lachten und sich mit lauwarmem, dreckigem, verpißtem Wasser bespritzten), diese ganze stinkende Herrlichkeit war gefallen, nicht nur unter dem Ansturm der Barbaren, sondern auch unter der christlichen Sanftmut. Bloß, das Christentum hatte der männlichen Tyrannei nicht lange widerstehen können. Die weibliche Kirche, die Kirche der mütterlichen und sanften Jungfrau, hat sich bald von den Römern in Dienst nehmen lassen. Das Abendmahl wurde bald von dem wiedererstandenen Trimalchion gefeiert. *Quod non fecerunt Barbari, fecerunt Barberini.* Die phallischen Kirchen sind über den Tempeln gewachsen. Die Trajanssäule hat nur die Eichel gewechselt, entschuldigen Sie. Alles hat sich wieder aufgerichtet, schlimmer als zuvor, denn heute gibt sich die anmaßende und grausame Gewalttätigkeit den Anschein engelhafter Sanftmut, eine scheinheilige Mischung, die gut zum Bild des Männlichen paßt: die süße

Gewalt, die feige Grausamkeit, die schmierige Gemeinheit. Man macht sich gewöhnlich lustig über die mangelnde Männlichkeit der Priester, man unterstellt ihnen tausenderlei feminine Schwächen: letzte Subtilität der Priester selbst, die unter ihrer besonderen Kutte ihre wirkliche Zugehörigkeit verbergen.

Sinnlos, ins Pantheon zu gehen. Einen Abstecher nach Sankt Ignatius, vielleicht, um sich in seiner traurigen Ansicht zu bestärken, und dann ein Gässchen ausfindig machen, wo Tristan sich erleichtern kann. Die Gegenreformation und ihre Meisterwerke, ach, das ist noch besser; das Innere von Sankt Peter zum Beispiel. Das verteidigt sich auch nicht schlecht. Hat man bedacht, daß ein Bauwerk errichten zunächst heißt, Leere einfassen, ohne daß der solchermaßen begrenzte Raum zu irgend etwas Nützlichem diene. Sankt Ignatius oder die Verherrlichung des Raumes, sagen die geistlosen Führer. Nein, Schrein gewordene Leere, die Eitelkeit, die sich bläht, die Quantität, die sich erhebt, der geistige Biceps. Nicht mehr Unterschied zwischen den Thermen des gewaltigen Caracalla und der Kirche des Heiligen Ignatius als zwischen dem jungen Metzger, der durch seine Pranken zu verführen glaubt, und dem jungen, von seiner Dichtkunst eingenommenen Dichter. Ein für allemal, ich verachte die Männer, aber noch mehr die Frauen, die unfähig sind, das zu sehen. Solange sie nicht begriffen haben, daß die ganze Welt, außer der Natur, sie in ihrem Übermut verneint, daß die ganze Welt eine Beleidigung ist für sie, haben sie nichts geleistet. Solange sie nicht begriffen haben, daß man die Männer mit den Augen einer Mutter sehen muß, die verärgert ist über ihren fünfjährigen Bengel, ohne ihnen dabei den mütterlichen Blick zu gönnen, dessen sie unbedingt bedürfen, um zu überleben und uns schließlich zu vernich-

ten, wird nichts möglich sein. Nein, ich mag diese Stadt nicht. Doch ich bin ganz sicher, daß sie nicht ewig ist, da sie es doch nicht ist.
Die Frauen, denen Persana diesen Vortrag hielt, schauten sie mit großen Augen an und schlossen dann mit einem Ausdruck des Einverständnisses halb die Lider.
«Du warst nie verliebt, deshalb kannst du nicht verstehen.»
Persana antwortete ihnen nicht und überließ sie ihrer Gewißheit. Die andern, die sie wirklich in Freundschaft liebten (sie waren rar), sagten:
«Aber es ist doch nicht die Schuld der Männer, daß du schön bist!»
Wie, nicht die Schuld der Männer? Wer hatte über die Schönheit entschieden? Wer behauptete von sich aus, freiwillig und hartnäckig, daß sie schön sei? Wer hatte diesen Umweg der Begierde über die Bewunderung erfunden? Wer, wenn nicht die gerissensten und verschlagensten unter den Männern, will heißen die Dichter und andere Künstler, unfähig, das Tier in sich anzunehmen, ohne es durch Transzendenz zu tarnen?
Es nützte nichts, ihr weiszumachen, daß selbst diese scheinheiligen Künstler die Schönheit nicht bei jeder Frau entdeckten, daß sie sie sogar so selten entdeckten, daß sie sich, mittels Gedichten oder in weinerlichen Haßausbrüchen, um die auserwählten Geschöpfe stritten – und dies bis ins 20. Jahrhundert –, Persana war von diesem objektiven Einwand nicht im geringsten beeindruckt: Es war nicht die Schönheit einer Frau, die die Mehrheit der Stimmen der männlichen Künstler auf sich vereinigte, es war der Vorgeschmack des Sieges über sie, und zwar eher mittels feinsinniger und komplizierter Ehrbezeugungen als durch den direkten Angriff; es gibt Frauen, die verge-

waltigt man nach einigen Umschweifen, das sind die Frauen für Dichter. Was täten sie, die Armen, ohne die Geduld, die sie ihrer Gier auferlegen?
«Aber siehst du denn nicht», insistierte die echte Freundin, «wie fein und regelmäßig deine Züge sind? Schau dich doch an, schau deinen Mund an, den Schnitt, den er hat! Man muß weit laufen, um einen vergleichbaren zu finden.»
«Ja und? Tristan, schau, hat auch feine und regelmäßige Züge. Sie gönnen ihm auch nicht einen Blick.»
«Das kann man von dir nicht behaupten!» konnte sich die nichtzornige Freundin nicht verkneifen zu sagen.
«Das stimmt!» gab Persana ganz gerührt zu. Und das Gespräch endete mit einer Liebkosung von Tristans Schnauze, der bis in alle Ewigkeit dazu bestimmt war, die Welt zu lieben, ohne sie zu verstehen und ohne es auch zu wollen.
Beim Verlassen von Sankt Ignatius begegnete sie einem elend aussehenden Fünfziger, der sie beinah flehentlich anschaute. Er erinnerte sie an diesen Mann, der eines Tages, als sie mit dem Hund im Wald spazierengegangen war, mit einer entsetzlichen Direktheit auf sie losgegangen war. Es war in der Schweiz gewesen; der Mann hatte einen starken italienischen Akzent: ein Saisonarbeiter vermutlich, der für mindestens sechs Monate ohne seine Frau auskommen mußte, gänzlich unangepaßt, gierig und zweifellos furchtbar unglücklich. Er wollte sie gleich mit zu sich schleppen, wobei er ihr üppige Geschenke versprach. Den verstand sie in einem gewissen Sinne, und sie empfand Mitleid mit ihm: es war wenigstens kein Intelektuellendichter. Wenn sie diese Geschichte erzählte, dann machte man sie darauf aufmerksam, daß sie vielleicht einer großen Gefahr ausgesetzt gewesen sei. Doch sie beharrte darauf, daß der Mann keiner Fliege etwas zuleide getan hätte und daß er zumindest Mitleid verdiente.

Das Unangenehme an der Sache war, daß man immer wieder die gleichen ablehnenden Worte gebrauchen, immer sich verteidigen, immer zurechtweisen mußte. Und seltsamerweise wurde sie ständig mit solchen Angriffen konfrontiert, wie wenn die Männer es nicht ertragen könnten, auch nur zehn Minuten mit ihr zusammen zu sein, ohne von Liebe zu sprechen. Man könnte glauben, sie bedienten sich dieses Systems, um mit größerer Gewißheit abgewiesen zu werden und sich so ihrer bedrückenden Gegenwart entledigen zu können. Und noch etwas: Es kam ihr vor, als ob sich die «durchschnittlichen» Männer nur von weitem für sie interessierten, als ob sie sie sogar erschreckte und nur die frustrierten oder die überlegenen Männer es riskierten, sich mit ihr einzulassen. Sie hatte irgendwo gelesen, vielleicht in einer unseriösen Schrift, daß kleine Mädchen nur von ungelernten Arbeitern oder von großen Philosophen vergewaltigt würden. Doch was sollte das heißen? Schließlich sah sie trotz ihrer zwanzig Jahre nicht aus wie ein kleines Mädchen und zog nicht die sogenannten «Perversen» an. Es gab da ein Geheimnis. Immer nein sagen und oft dieses Nein rechtfertigen, sogar durch Zurechtbiegen der Wahrheit: besser, man sagte «ich liebe jemanden», als sagen zu müssen «ich liebe Sie nicht». Man hatte mit dem Stolz der Männer zu rechnen. Doch es müßte sich eine globale Lösung finden lassen, die ihrer aller Problem regelte, die sie alle abstieß und mich von ihnen allen befreite.

Unter solchen Überlegungen ging Persana zur Piazza Navona. Sie traf Paganini, der sich förmlich verneigte.

«Welche Ehre!»

«Guten Tag», lachte sie beinah glücklich, diesen Mann zu treffen, der ihr in seiner fröhlichen Art und seinen ehrlichen Manieren sehr gefiel.

«Sie gehen zur Piazza Navona? Ich komme von dort.»
«Haben Sie keine Lust, für zwei Minuten noch einmal mitzukommen?»
Denn so war Persana: mißtrauisch den Männern gegenüber, konnte sie manchmal von einer eigenartigen Vertraulichkeit sein, eine Quelle schmerzlicher Irrtümer für ihre Partner. So legte sie gern ihre wunderschöne Hand auf den Arm oder die Schulter eines verliebten Mannes, weil sie glaubte, damit einem Argument mehr Gewicht zu geben oder ihre Sympathie zu zeigen – während sie Feuer und Blut durch diesen Arm oder diese Schulter jagte.
Paganini blinzelte komisch, tänzelte einige Sekunden an Ort, dann:
«Warum eigentlich nicht? Dieser Platz ist so schön. Man kann sich gar nicht entschließen wegzugehen.»
Das Verhalten Persanas rechtfertigte sich insofern, als Paganini bei aller Offenheit nicht in sie verliebt zu sein schien. Er schien eine Idee zu verfolgen, die ihn mitten in einem Satz oder sogar einem Lachen die Stirn runzeln ließ; eine Idee, die ihn beschäftigte, die jedoch mit Persana nichts zu tun hatte. In Wahrheit zeigte er sich sogar glücklich darüber, daß sie gekommen war, ihn abzulenken.
Piazza Navona. Ihnen gegenüber Sant'Agnese *in agona* von Borromini.
«Noch ein Schweizer oder beinahe! Doch zugegeben, es ist herrlich. Sie wissen, abends ist dieses Café voll von den versnobtesten Römern, den ungenießbarsten, könnte ich sagen. Es ist traurig, daran zu denken, daß einer der schönsten Orte der Welt den Blicken dieses Gesindels ausgeliefert ist. Es ist noch widerlicher als die Via Veneto. Doch am Morgen, von solchen Touristen wie wir abgesehen, geht es. Setzen wir uns?»
«Gern. Ich bin müde.»

«Verzeihung, trugen Sie nicht eben noch eine Brosche an Ihrem Kleid?»
«Wie? Ja, aber ...»
Jedermann kapiert: Die Brosche befindet sich in der Tasche Paganinis, der sie lachend vorzeigt.
«Entschuldigen Sie, aber ich kann es nicht lassen, meine kleinen Gesellschaftsspielchen zu betreiben. Eine richtige Manie. Aber ich stehle nie richtig, das schwöre ich Ihnen.»
Persana wäre beinahe rot geworden bei dem Gedanken, daß Männerhände etwas von ihrem Busen genommen hatten. Doch dann lachte sie herzlich, und diese ungehörige Geste minderte ihre Sympathie für Paganini nicht im geringsten.
«Sie sind unglaublich, ich hatte überhaupt nichts gemerkt. Sie sind wirklich gut. Wo haben Sie das gelernt?»
«Oh, ich war von Kind auf begeistert von der Taschenspielerei. Ich habe bei einem sehr guten Meister Stunden genommen, aber ich habe es nie professionell ausgeübt. Und bedenken Sie wohl, mir liegt nichts am Stehlen. Ich liebe es, durch meine Künste zu verführen, das ist ein Unterschied. Ich mag gern geliebt sein, und ich habe diesen Trick gefunden, alles ganz banal. Was trinken Sie? Einen Kaffee?»
«Gerne.»
«Zwei Kaffee, bitte. Sie kennen dieses Problem nicht. Alle Welt muß Sie lieben.»
«Sagen wir, einige Leute behaupten, in mich verliebt zu sein. Das will nicht heißen, daß ich geliebt werde.»
«Sehr richtig. Und ich frage mich, ob Sie wirklich möchten, daß man Sie liebt. Bedenken Sie, daß ich das aufs Geratewohl sage. Ich kenne Sie überhaupt nicht. Auf jeden Fall riskiere ich nicht, mich in Sie zu verlieben! Also stellt sich die Frage nicht.»

«Aha!»
«Mehr kann ich Ihnen nicht sagen. Top secret!»
«Stehlen Sie den Frauen, die Sie lieben, den Schmuck?»
«Eben nicht. Nicht einmal, um ihn ihnen wiederzugeben. Ich möchte, daß sie ihn mir geben, also gebe ich ihn zurück, ohne daß sie es merken, und alle Welt ist glücklich. Das sind die Beweise der Liebe!»
«Da wir uns jetzt ein wenig besser kennen, könnten Sie mir von den Institutsmitgliedern erzählen, die ich noch gar nicht kenne. Es sind Ihre Freunde, glaube ich?»
«Einige, ja. Ich kenne sie nicht alle gut, weit entfernt, doch die Musikwissenschaftler vor allem stehen mir sehr nahe. Ich finde sie rührend, weil sie sich über sich selbst Illusionen machen. Alle träumen von Wissenschaftlichkeit, alle sind auf der Suche nach der Soziologie oder der Mathematik hinter der Musik, und alle erliegen sie im Grunde dem Unerklärlichen oder, mit andern Worten, der Schönheit. Und das bringt sie dauernd in Widerspruch zu sich selbst. Sie werden es eines Tages teuer bezahlen. Ich bin traurig ihretwegen. Schauen Sie, ich wirke fantastisch oder trunken. Aber ich bin viel einfacher als sie alle. Erstens interessiere ich mich für Paganini, der musikalisch nicht zu den Komponisten ersten Ranges gehört. Zweitens verliebe ich mich nicht in die erstbeste Schönheit, die mir begegnet. Und ich werde Ihnen etwas sagen auf die Gefahr hin, Sie zu schockieren: Wer in die Schönheit verliebt ist, liebt in Wirklichkeit nur sich selbst und sucht einen Spiegel, in dem er sich selbst schön sieht. Nehmen Sie sich in acht. Sie werden sich alle in Sie verlieben, wenn sie es nicht bereits getan haben. Aber Sie sind es nicht, die sie lieben.»
«Was muß ich tun, damit man mich liebt, Ihrer Meinung nach? Mich verstellen?»
«Ach, meine Liebe, Sie tragen Ihr Kreuz, das ist klar. Aber

es gibt ein Mittel, das Wagner, der angeblich so modern ist, nie dulden wird. Schauen Sie, ich habe, es ist noch nicht lange her, ein junges Mädchen von atemberaubender Schönheit kennengelernt. Sie mochten ihren Kopf nach allen Seiten drehen, wie beim Friseur, um einen erträglichen Winkel, ich meine einen mittelmäßigen, zu finden. Nichts zu machen. Dennoch fand dieses Kind ein Mittel, nicht aufzufallen. Sie zog weite Pullis an und ausgefranste Jeans, sie schminkte sich nicht, sie vernachlässigte sich fast ein bißchen – ohne schmutzig zu sein, was schon wieder gekünstelt gewesen wäre. Aber sie neutralisierte sich, sie machte sich grau und zeigte dadurch, daß sie nichts von sich wußte. So daß ihre männlichen Kameraden, so schien es mir, sie für eine der ihren hielten und sie andern Mädchen nicht vorzogen. Sie sahen ihre überwältigende Schönheit nicht, die sie unwiederbringlich gezeichnet hätte. Doch Vorsicht: Keine Schamhaftigkeiten, keine Verstellung: das wäre wiederum eine Herausforderung. Einfach nicht wissen, daß man schön ist, wenn ich so sagen darf. Wenn Sie Ruhe haben wollen, das sage ich Ihnen, dann gibt es keinen anderen Ausweg.»
«Ich werde darüber nachdenken!»
«Um so mehr, als meine Musikerkollegen sicherlich Ungeheuer an Eifersucht und seelischer Grausamkeit sind, wie alle Intellektuellen. Sie können entsetzliches Unheil anrichten in diesem Institut, wenn sie nicht aufpassen.»
«Sie sind nicht gerade ermunternd.»
In Wirklichkeit fühlte Persana sich vollkommen beruhigt. Um ein Haar hätte sie diesen Paganini geküßt – auf die Wange.

Gegen ein oder zwei Uhr aß Persana allein in einer Trattoria ganz in der Nähe der Piazza Navona, genauer in dem Engpaß, der diesen Platz mit dem Corso Vittorio Emmanuele verbindet. Sie nahm an einem der wenigen Tische im Freien Platz, wobei sie mehr an Tristans Wohlbefinden als an das eigene dachte: Unzählige männliche Passanten, deren Augen an ihr klebten, deren Kopf sich von ihrem nicht lösen konnte, verfolgten sie mit dem Blick, bis die Drehung ihres Halses die Grenze des Grotesken, ja Gefährlichen erreichte. Diese Halsverdreher wechselten sich mit den Pfeifvirtuosen ab (Tristan, der sich da auskannte, bewegte nicht einmal ein Ohr) und natürlich mit den auf versöhnliche Verachtung spezialisierten Frauen. Der Kellner des Restaurants, ein Typ von landläufiger Schönheit, hatte das Glück, Persana dank der Zurückhaltung seines verführerischen Benehmens zu gefallen. Es wäre falsch zu glauben, Persana sei der männlichen Schönheit gegenüber unempfindlich. Und noch falscher zu glauben, sie sei der Begierde nicht fähig. Doch darauf kommen wir noch zurück – bestimmt im Zusammenhang mit Liszt. Während die mit den Blicken an ihr klebenden Männer über den unebenen Boden stolperten, gab Persana sich mit einer gewissen Heiterkeit einer üppigen *pasta* hin, was nebenbei gesagt, einer Nachbarin Übelkeit bereitete, die aus Sorge, ihren Umfang in anständigen Grenzen zu halten, sich sichtbar und schmerzlich diesen nahrhaften Gang versagt hatte und sich nun vor einem blaß-orangenen Melonenschnitz ärgerte, den der Kellner ihr soeben mit einem verführerischen Lächeln zweiten Grades serviert hatte: Jede, auch die kleinste seiner Gesten gegenüber der jungen Halb-Matrone zeigten mehr als deutlich, daß er sich hier die Parodie einer Verführung erlaubte, und das Übertriebene seiner Gebärden, der verheißungsvollen

Wendungen, der verschwörerischen Blicke, der eleganten Heimlichkeiten unterstrich noch die Künstlichkeit seines Spotts – während er sich Persana gegenüber zurückhielt, sich zusammennahm, versuchte, den eigenen Willen zur Verführung zu dämpfen, ein Wille natürlich, der um so deutlicher hervortrat, je mehr er sich verbarg. Persana hatte sich nach und nach entspannt, insbesondere, weil sie bei dem Kellner eine ehrliche Vertraulichkeit, eine mögliche Verbundenheit spürte: er würde sie nicht frontal angreifen, seine berufliche Stellung hinderte ihn daran. Dafür würde er sie gegen Angriffe von außen verteidigen, er würde sich ihr ergeben, wie ein Hund sich seinem Meister ergibt; er würde sie schützen, solange sie sich in seinem Revier befand. Ja, Persana hatte sich entspannt, und niemand hätte zu erraten vermocht, mit welch unglaublichen Schwierigkeiten sie sich an diesem Ort niedergelassen hatte: Sie hatte beschlossen, zum Mittagessen nicht zu ihren Gastgebern zurückzukehren und die gemeinsame Pastete der Villa Scura zu verschmähen. Sie gedachte am Nachmittag in den Vatikan zu gehen. Nachdem Paganini gegangen war, war sie lange umhergeschlendert, hatte Schaufenster angeschaut, den schaumigen Kaffee von Sant'Eustachio probiert und angefangen, sich nach einem Restaurant umzusehen.
Die Männerblicke hatten die Vorstellung, die Persana sich von ihrem Dasein in der Welt machte, ein wenig verfälscht. Sie neigte dazu zu glauben, daß die ganze Welt sie anschaue, nicht um sie zu betrachten, sondern um sie zu überwachen und beim erstbesten Schritt die Rechtmäßigkeit ihres Aufenthalts in Raum und Zeit in Frage zu stellen. Wenn sie jemanden überholte, dann dachte sie wirklich nicht daran, daß dieser Jemand sich in Herz und Bauch an ihrem Gang freuen könnte, sondern glaubte allen Ernstes,

er registriere mit grausam-kritischem Blick das Funktionieren der verschiedenen Muskeln, die durch ihre Beine in Bewegung gesetzt wurden. Sie hätte geschworen, daß man sie zum Nicht-Sein verdammte, während doch die Mehrzahl ihrer Menschenbrüder im Gegenteil davon träumte, ihr viel beklagtes Nicht-Sein mit ihr zu verschmelzen. Doch die Blicke drangen auch in ihre Animalität ein. Also entledigte sie sich ihrer bis zum Äußersten; so weit, daß ihr Gang an Geschmeidigkeit verlor, zum reinen Mechanismus wurde, der sich seiner bewußt ist bis zur Lähmung. Die Männer, verblüfft von dieser zunehmenden Verkrampfung, diesem Körper, der sich sorgsam verleugnete (mit so wenig offensichtlichen Gründen, sich zu verleugnen), schauten noch eindringlicher: das Schauspiel war zum Mysterium geworden.

Auf der Straße jedoch konnte Persana sich mit Vernunft davon überzeugen, daß sie übertrieb, daß sie sich zu wichtig nahm. Jedermann, die ganze Welt schaute sie dann doch nicht an, also. Doch wenn sie ein Restaurant betreten mußte, dann war kein Zweifel mehr möglich: die Köpfe hoben sich, und das Examen begann. Entsetzlich. Denn das Opfer kannte ganz genau die verschiedenen Phasen, die sich über zwei oder drei jahrhundertedauernde Sekunden erstreckten. Zuerst das ganz automatische Heben der Köpfe. Nehmen wir das Schulbeispiel des kurzsichtigen Fünfzigers, der *Il Tempo* liest. Also, Stirnerunzeln, Ausdruck eines erschreckten Maulwurfs; dann, zweite Phase, die anerkennenswerteste, diejenige, die keine Verzweiflung am Menschengeschlecht aufkommen läßt: Die reine Überraschung, das Schweben über der Zeitung, über dem Alltäglichen, das absolute Erschauern der platonischen Seele, ergriffen durch den Körper und die Schweinsaugen hindurch, die brutale Hoffnung, den *Tempo* zu zerknüllen, um die Ewigkeit zu erleben, das kaum wahrnehmbare Jucken des Kinns unter dem weißen Bart, würdig des Herrscher-Philosophen, den *Die Gesetze* sich erträumen; der bedingungslose Eintritt in die Welt Rimbauds, Baudelaires, Raffaels, Berninis, Liszts; die Vergebung aller Beleidigungen, die Erlösung aus allen ardeatinischen Grüften, die Versöhnung mit allen Gewerkschaftszentralen, die Liebe zu den Tieren und zum Sonnenuntergang über Rom, das nie sterben wird. Kurz, die Gnade, unbewußt, unvermittelt, total, absolut voll des Seins.

Dritte Phase: das theoretische Staunen scheint zu wanken, als ob die Augen selbst sich losrissen. Und da erscheint, breitet sich, wie ein unanständiger Fleck auf einem Leintuch, die Begierde aus. Die Augen haben sich scheinbar nicht verändert, doch vom Himmel landen wir in der Hölle. Denn der Leser des *Tempo,* plötzlich verwandelt in ein Nicht-Sein, das sein will, in ein Nicht-Sein, das zum Sein drängt, träumt nicht mehr von der sozialen Versöhnung und auch nicht mehr von der Anbetung der Sonne, er hat sich in die schlüpfrige Höhle gewälzt, und das Nichts seines körperlich aufgeblasenen Ich träumt davon, die Welt zu verschlingen, wie der Schlund des Teufels die Verdammten verschlingt, träumt davon, das ganze Universum zu sein, bereit, um diesen Preis jede Spur von Licht und Ewiger Stadt zu zerstören.

Diese Phase hat noch eine gewisse Würde: wir befinden uns auf der Ebene Fausts und der Danteschen Verdammten. Die vierte Phase, die das Eindringen des bewußten Gedankens in den Prozeß bedeutet, reduziert das Universum unweigerlich auf die Ebene des Subjekts. Die Idee kosmischer Vergewaltigung macht der Vorstellung der Notzucht Platz und dann, sehr schnell, dem Wunsch, die Geliebte zu wechseln. Hinzu kommen strategische Überlegungen, eheliche Streitereien, die Zweifel über das eigene Aussehen, der Groll und der Abscheu vor sich selbst; Gefühle, die in der Regel zur fünften und letzten Phase führen: Der kurzsichtige Fünfziger verwandelt seine Unzufriedenheit mit sich selbst in Verachtung für die andere (Verachtung, die die Begierde nicht erstickt). Die jedoch genährt wird von verschiedenen Vorurteilen gegenüber der Jugend und zahlreichen Vorurteilen gegenüber den Frauen («alles Flittchen»). Endlich, nach all diesen *Tempi: quasi fermato, poi prestissimo, poi teso, poi allargando,* moralischen *Tempi,* mit denen meist diejenigen des anatomischen Herzens korrespondieren, kann unser Mann zu seiner Zeitung zurückkehren.

Entgegen der landläufigen Meinung sind die Leute, die ganz allein sind, die gefährlichsten: Die andern reagieren ihre Gefühle in Lärm ab; aber sie sind deswegen nicht minder unangenehm, denn sie bieten ein Maximum an Blicken auf. So haßte es Persana also, öffentliche Lokalitäten, vor allem Restaurants zu betreten. Doch an diesem Tag hatte sie beschlossen, sich zu überwinden und den klebrigen Argus, den sie bei ihrem Auftauchen in irgendeiner Trattoria mit Sicherheit heraufbeschwor, mit Verachtung zu strafen. Doch erst physische Müdigkeit vermochte ihren Widerstand zu überwinden: Als ihr die Beine wirklich zu weh taten und der Stuhl des Lokals sie mit der gleichen physischen Gewalt anzog, wie die Blicke der andern sie abstießen, setzte sie sich und schuf sich, so schnell sie konnte, ihre Welt, indem sie zu ihrer Linken das Terrassengeländer des Restaurants als Barriere und zu ihrer Rechten Tristan als Wächter setzte. Dann wühlte sie eiligst in ihrer Handtasche und zündete sich eine Zigarette der Abwehr an. Persana rauchte, um ihren Händen eine allgemein verbindliche Haltung oder Position zu geben, das heißt um zu verhindern, daß sie durch individualisierende Gesten die Aufmerksamkeit auf sich zogen. Doch allem Anschein nach erreichte sie genau das Gegenteil: Die Männer stellten sich einen Vamp vor, der den Winkel Hand–Unterarm aufs genaueste und perverseste berechnet hatte, wenn sie die Zigarette zum Mund führte, um ihn bis hinein in seine Ewigen-Jünglings-Nächte an der Seite einer Gattin mit nützlichen Handgelenken zu quälen. Es ist nur zu wahr, daß wir dem Objekt unserer Begierde stets die Verantwortung für dieselbe in die Schuhe schieben, überzeugt davon, ein anziehender Körper sei zunächst das Werk eines Bewußtseins, das diesen Körper der Begierde als Nährboden zur Verfügung stellt. Der Beweis dafür, Beweis im Absurden oder auf jeden Fall Außergewöhnlichen, wird uns von den «Perversen» geliefert: So regt sich Charlus wunderbar auf über die ungeheuer erotische Ausstrahlung der *Söhne Jethros* von Rosso Fiorentino, während ein Mann, der seine Gelüste nicht teilt, hier nichts als eine muskulöse und übertriebene Fleischauslage sieht. So beklagt sich Humbert Humbert nicht ohne ein lasterhaftes Lächeln über die absichtliche Schamlosigkeit gewisser kleiner Mädchen, die an der Reckstange die «Bauchwelle» üben, während das hochgerutschte Kleid schlicht und einfach den unumstößlichen Gesetzen der Schwerkraft Genüge tut.

Dennoch muß man zugeben, daß der Fall Persanas, wie der Leser bestimmt bemerkt hat, komplizierter liegt. Sie ist seit langem schon zu Bewußtsein gelangt; sie versteht sich als Lustobjekt. Sie weiß, daß es nicht so sehr der Körper selbst ist, der diese auslöst oder erregt, sondern gewisse Regungen des Körpers; sie weiß vor allem, daß die erotische Enthüllung des Körpers eben gerade sehr *relativ* ist; relativ unter anderem im Verhältnis zur ursprünglichen

Verhüllung. Schließlich weiß sie in der Tiefe ihres Wesens, daß die Scham selbst, objektiv und subjektiv, provozierend wirken kann.
Dennoch verlief die Mahlzeit ohne Zwischenfall. Tristan bekam selbstverständlich seinen beträchtlichen Teil vom *secondo piatto,* einer *saltimbocca alla romana.* Die unerhörte Verschwendung entging der Nachbarin, die auf die Linie achtete, nicht und nährte in ihrem Geist die abscheulichsten Vermutungen. Man darf jedoch nicht meinen, Persana habe dem Hund zu fressen gegeben, ohne etwas für sich zu behalten. Sie hielt sich an gewisse Bräuche und war bereit, sich streng oder sogar hart zu zeigen: So durfte Tristan erst fressen, wenn seine Herrin mit Essen fertig war. Die Reste, die er bekam, waren üppig, doch zu Beginn des Essens bettelte er vergebens. «Nachher, Tristan», sagte Persana mit freundlicher, aber fester Stimme. Keine Frage übrigens, daß er den Kopf auf ihre Knie legen durfte, um dort zu sabbern: «Ich habe gesagt: nachher.»
Vor einigen Minuten hatte ein Mann in reiferem Alter auf der Piazza Navona laut und vernehmlich zu seinem Dackel gesagt: *«Vieni qui, adesso basta.»* Persana war nicht verwundert gewesen bei der Vorstellung eines Hundes, der italienisch spricht oder es zumindest versteht. Aber die Lacher sind einfach lächerlich: was zählt, ist die Betonung oder, genauer, die Intensität, die in den Worten liegt. Bei den Menschen ist es das gleiche, sobald es um fundamentale Dinge geht. Wenn jemand auf Estnisch, Serbokroatisch oder Hopi zu Ihnen sagt «ich liebe dich» oder «ich hasse dich», haben Sie jede Chance, es vollkommen zu verstehen, unter der Bedingung, daß derjenige denkt, was er sagt. Die Hunde verstehen nicht die Worte, aber sie verstehen das, was über die Worte hinausgeht. Sie hören das Wesentliche heraus, wo wir uns in Beiwerk und Lüge verlieren. Die

Zunge Äsops ist nur für eins zu gebrauchen, fürs Küssen.
Und das können die Hunde.
Die Mahlzeit verlief also ohne Zwischenfall. Persana leistete sich sogar den Luxus eines langsam geschlürften Kaffees und einer weiteren Zigarette, die weniger prophylaktisch war als die erste. Desgleichen trank sie langsam ihren Halben *Barbera* aus. Sie verschmähte den Alkohol nicht, überhaupt nicht. Doch die Gründe dafür darzulegen, würde zu lange dauern.
Sie überlegte, daß es wirklich nicht schlecht wäre, zum Vatikan zu gehen. Sie fragte nach dem Weg, den sie einschlagen mußte. Der Kellner gab ihr gerne Auskunft und versuchte mit allen Mitteln, die Unterhaltung in die Länge zu ziehen, indem er verschiedene Routen vorschlug, in der Art des Philosophielehrers des Monsieur Jourdain, der die Redensarten aneinanderreihte: «Schöne Baronin, Ihre schönen Augen», usw. ... Doch er konnte den unvermeidlichen und lächelnden Abschied seiner Schülerin nicht verhindern; er fand sich allein mit der andern Frau, die, nachdem das Feld geräumt war, entschlossen war, nicht von ihrer Beute abzulassen.
Doch auch wir müssen diesen *cameriere* verlassen, der kurz und schmerzhaft mit dem Mysterium der Schönheit konfrontiert worden war. Wir sind gezwungen – und das ist zweifellos ungerecht –, unsere Studie über die leidende Männlichkeit mit einigen ausgewählten Exemplaren verfaulter Intellektueller zu beschließen. Wir erleichtern uns damit offensichtlich die Aufgabe, denn wir ersetzen die Analyse durch die Selbstanalyse eines jeden Märtyrers und verhüllen jegliche Empfindung mit dem Geschwätz des Bewußtseins. Wir sind jedoch überzeugt – und Persanas Erfahrung gibt uns recht –, daß die erhabenen Geister nicht die einzigen sind, die zu den erhabenen Realitäten

vordringen. Auch die Primitiven fallen vor der Schönheit auf den Rücken. Nur die Mittelmäßigen fliehen sie. Noch kennen sie sie. So also, was immer die Intellektuellen haben, die Primitiven brauchen sie im wesentlichen nicht zu beneiden. Sie geben ihrer Liebe, nach Tristans Ebenbild, bloß mit tiefen, schweigenden Blicken oder durch entsetzliches Anheulen des Mondes Ausdruck. O Wozzeck!

Es war vermutlich gegen Ende März 1828, als Robert Schumann zum ersten Mal der irdischen Verkörperung der Clara Wieck in Gestalt eines Klavier spielenden Wunderkinds begegnete. Robert war damals 18, Clara neun Jahre alt. Alter und Altersunterschied so romantisch wie nur möglich. Sagen wir jedoch anstandshalber, daß die Biographen bis zum Alter von 13 bzw. 22 Jahren warten, um von keimender Liebe zu sprechen. Und das mit jener Nachsicht, die so junge, so geniale Liebende verdienen. Und man kann lang Schumann heißen, man entgeht den kleinen rührenden und schelmischen Schwächen nach der Art dieses Schlingels Novalis nicht. Man weiß anderseits, daß Claras Vater, der übel verliebt war in seine Tochter, die Hochzeit bis zum 12. September 1840 zu verhindern wußte, was der Nachwelt eine Anzahl Meisterwerke noch verhaltener Leidenschaft einbrachte, darunter die *Kreisleriana*, musikalische Illustration eines Textes des nicht minder schelmischen Hoffmann, der sich gegen 1813 dem Trunk und dem Genie ergab, alles wegen einer gewissen Julia, 14 Jahre alt, die auf diese Weise Clara Wieck, Sophie von Kühn und Beatrice im Paradies der grünen Musen wiederfand. Bloß müssen wir den Leser daran erinnern, daß Clara Wieck im Unterschied zu Sophie von Kühn, die rechtzeitig starb, um Novalis' unpoetischen Umarmungen zu entgehen, zu Julia auch, die sich wie ein kleines Mädchen aus irgendeinem Jahrhundert in den Schmollwinkel zurückzog, zu Beatrice, die sich, wie man weiß, verwandelte, daß Clara also heiratete, viele Kinder hatte und dieses unerlöste Tal der Tränen nicht vor dem 21. Mai 1896 verlassen wollte, vierzig Jahre nach ihrem Gatten, so daß sie sogar noch Zeit fand, im Jahre 1875 *Tristan* zu hören und zu verabscheuen (dies eher aus moralischen denn aus musikalischen Gründen, doch der Leser weiß ja, daß das

eine nicht ohne das andere geht). Und das Schrecklichste war, daß Schumann nach seiner Heirat weiterhin Werke komponierte, die nach herrschender Meinung keineswegs ein für allemal mittelmäßig waren. Wie das verstehen? Aber ganz einfach, indem man sich weigert, dem romantischen Mythos zu erliegen, da doch die Romantiker selbst – man kann auf niemanden mehr zählen – sich ihm nicht immer unterwerfen. Oder, besser noch, indem man den subtilen Moment ergreift, wo Leidenschaft Liebe wird, der Mangel an Schaffenskraft schöpferische Fülle und das Feuer zum häuslichen Herd – dies sei gesagt ohne die geringste Ironie. Verstehen Sie doch endlich, welch ein Einsatz! Es ist nicht nur der Einsatz der Kunst oder einer gewissen Kunst, es ist noch und immer der Einsatz des Absoluten im Leben, des Jenseitigen im Diesseitigen, des Gottes Abrahams, Isaacs und Jakobs in der Kirche mit den schmutzigen Händen, der Revolution im wöchentlichen Ministerrat, der Leiden Christi im Hochamt, der wunderbaren Stunden nach dem Tanz am Samstag abend, unter dem Mond und im Heu, in der Schwangerschaft, die darauf folgt. Man kann sagen, was man will, man muß die Verbindung herstellen, den Übergang finden, auf die Gefahr hin, von nichts etwas zu verstehen.
Robert Schumann, immerhin beeinflußt von Jean Paul, den Kopf voller Engelhaftigkeit, Schumann, der Musiker der reinen Leidenschaft, hat vom ersten Tag seiner Ehe an seine Aufgabe als Erzeuger wahrgenommen und hat sein Wort halten können – das nur gewissen verwirrten Köpfen des 20. Jahrhunderts zynisch vorkommen mag: «Clara weiß, daß ihre wahre Berufung darin liegt, Mutter zu sein.» Merken wir uns auch diesen Zug: Robert Schumann, der Komponist, verliebt sich wahnsinnig in eine Klaviervirtuosin. Wie ein Metzger in eine Metzgerin. Auf den ersten

Blick könnte man darin so etwas wie Banalität und Zufälligkeit sehen. Baudelaire mit seinen Freudenmädchen, Wagner mit seinen Bankiersfrauen scheinen uns viel radikaler. Doch man muß da genauer hinsehen. Gewisse Romantiker jedenfalls – und gewisse Moderne – scheinen jeder Lösung auszuweichen, die eine Kontinuität zwischen Fee und Hausfee zuließe. Schauen wir also, wie es mit Persana weitergeht.
Der genaue Ort der Begegnung ist unwichtig, da Schumann nie nach Rom gekommen ist.
Ja, unser Schumann (sagen wir es deutlich, um den Leser nicht zu verwirren), unser Schumann hatte sich vom ersten Augenblick an leidenschaftlich in Persana-Clara verliebt. Doch verschweigen wir es nicht länger, er träumte jetzt schon mit Gewalt und Genauigkeit davon, mit ihr ein Kind zu haben. Er dachte schon daran, dieses Kind - Frédéric zu taufen, zu Ehren seines Freundes Chopin, oder Clara natürlich, falls es ein Mädchen würde. Er war sich zutiefst der Schönheit dieses künftigen Kindes gewiß. Er schrieb ihm offensichtlich alle Eigenschaften zu, die er in Persana vermutete, ergänzt durch all jene, die er, bescheiden wie er war, nicht zu besitzen glaubte, die jedoch zu seinem Idealbild gehörten. Er sah jetzt schon das Hochzeitsdatum voraus, den Schnitt des Kleides, das seine Gemahlin dann tragen würde, ebenso wie die Schritte, die zu unternehmen wären, um seinen Urlaub vom Militärdienst zu verlängern. In dieser Verfassung unternahm er es, seine Angebetete ein Stück des Weges zum Vatikan zu begleiten (fügen wir hinzu, daß Paganini vorhin das Päckchen mit dem weißen Kleid an sich genommen hatte, da er zum Institut zurückging und Persana es ihm liebend gerne anvertraut hatte).
«Spielen Sie Klavier?»

Sie lachte und schüttelte den Kopf. Sie lachte, weil ihre verschiedenen Gesprächspartner ihr weiß der Himmel was für Talente zuschrieben, die sie nicht besaß. Spielen Sie Harfe? Reiten Sie? Tanzen Sie? Spielen Sie Tennis? Machen Sie Haute Couture? Und jedesmal rechtfertigte man diese Fragen mit einer Bemerkung von der Art: «Aber Sie scheinen wie geschaffen dafür!» In Wahrheit stimmten diese Bemerkungen vielleicht sogar, trotz ihres allegorischen Charakters: Persana besaß jede Art von Möglichkeiten, wie man so sagt, realisierte jedoch keine, was ihr natürlich etwas noch Geheimnisvolleres verlieh, eine Art höherer Intensität, so wie die Farben eines Schmetterlings intensiver sind, solange er seine Flügel noch nicht ausgebreitet hat und die Puppe noch kaum erbrochen ist. Schumann fragte sich, warum zum Teufel sie ihr Klavierspiel verleugnete, da er sie doch vergangene Nacht dabei überrascht hatte, wie sie in einem herrlichen weißen Kleid im großen Salon der Villa Scura am Flügel gesessen und ganz leise, aber wunderbar gespielt hatte. Nur zwei Kerzen hatten ihr Licht gegeben. Schumann hatte sie wirklich nur per Zufall von der Bibliothek aus gehört, gegen drei Uhr früh (die Bibliothek befindet sich im gleichen Stockwerk wie der Salon). Er war ganz verwirrt aufgewacht, mit dem quälenden Gedanken an seine Dissertation, die keine Fortschritte machte, im Kopf. Und um sich zu beruhigen, hatte er beschlossen, hinunterzugehen, um wenigstens einige Kleinigkeiten im Wörterbuch der Musik nachzuschlagen, das das Institut besaß. Es war, als er aus der Bibliothek trat, daß ganz leise Töne an sein Ohr drangen. Die Türe zum Salon halb offen; er sah eine wunderbare Silhouette über den Steinway gebeugt. Es gab ihm einen leichten Stich ins Herz, als er *La Gondole Funèbre* erkannte, eines der letzten Stücke von Franz Liszt. Doch das wollte

nichts heißen, um so weniger, als Franz, dessen Ankunft angekündigt war, der weißen Spielerin noch unbekannt war.
«Seltsam, Sie scheinen doch wie geschaffen dafür. Verstehen Sie, es hätte mich leidenschaftlich interessiert, mit Ihnen über die technischen Probleme zu diskutieren, welche die Struktur der *Kreisleriana* aufgibt und die ich für meine Dissertation zu studieren im Begriffe bin.»
«Die *Kreisleriana?* ... Tristan! Was habe ich gesagt? Das Halsband... Halten Sie ihn... Ah, mir ist ganz schön heiß geworden.»
(Es geht natürlich um das Überqueren einer Straße. Tristan, der vorübergehend freigelassen war, war unbedacht vorgesprungen oder, genauer, hatte sich mit der Schnauze 25 Zentimeter über die Beine seiner Herrin hinausgewagt, daher der Schrecken Persanas. Und da der Hund nicht zwischen den beiden Spaziergängern, sondern zur Linken von Schumann – dieser zur Linken Persanas – ging, wird der Hilferuf vollkommen verständlich. Robert merkte sich kurz, wieviel Mutterinstinkt in seiner Geliebten wach sein mußte, damit sie wegen eines einfachen Hundes solchermaßen reagieren konnte. Zuerst der Sprung aus reinem Entsetzen, dann der Ruf, autoritär zwar, um wirksam zu sein, doch nur schlecht die abgrundtiefe Angst verbergend; schließlich und vor allem ein müdes und erleichtertes Kopfschütteln, dessen ewiger Sinn sich etwa so übersetzen ließ: «Dieses Kind wird mir den Tod bringen, aber es gibt mir das Leben.»)
«Entschuldigen Sie, Sie sprachen von einem Werk, das Sie studieren.»
«Ja, ich sagte, wenn Sie Klavierkenntnisse hätten, so könnte ich von Ihnen wertvolle Hinweise bekommen. Schauen Sie ...»

Er hätte von etwas anderem mit ihr sprechen, den richtigen Ton finden wollen mit ihr. Aber wie ein Idiot hatte er nichts Besseres zu tun, als sich über sein Dissertationsthema auszulassen; wir werden nur ein ganz kurzes Muster dieser Unterhaltung geben, die da mitten im Hupkonzert der Via della Conciliazione gegenüber von Sankt-Peter geführt wurde, dessen Kuppel immer tiefer sank, je näher sie kamen. Das lateinische Kreuz hat, Sie brauchen nur den fiebrigen Archäologen des Instituts zu fragen, mit seinem viel zu langen Schiff die Ansicht zerstört, die Michelangelo hatte erreichen wollen. Die Kuppel ist in ihrer ganzen Pracht nur aus großer Distanz zu sehen. Sobald man näher kommt, das unweigerliche Untertauchen eines riesigen toten Gestirns hinter der Fassade, Stil Schweizer Bank.
«Sie wissen, die *Kreisleriana* ...»
Erste, typisch akademische, idiotische Formulierung, denn in neun von zehn Fällen führt sie mit falscher Höflichkeit eine Information ein, die dem Zuhörer fehlt. Doch hier ist es anders: Denn Schumann unterstellt seiner Gesprächspartnerin wirklich ein ebenso angeborenes wie exaktes Wissen.
«... basieren auf einem Wechsel von Spannung–Entspannung, äußerster Geschwindigkeit–äußerster Langsamkeit, forte–piano usw. ... Was sich leicht erklären läßt, denn, entstanden unter dem Eindruck unterbundener Leidenschaft, vermögen sie kaum dem imaginären Ausbruch des Verfassers zu folgen. Doch das ist anekdotisch. Mein Ziel ist es, eine formale und strukturelle Analyse vorzunehmen, die die kompositionelle und schließlich rationelle Logik dieses Werks darlegen soll. Ich gedenke auch in einem zweiten Teil die Stellung aufzuzeigen, die die *Kreisleriana* innerhalb der Entwicklung der Romantik als musikalisches und soziales Phänomen einnehmen.

Wenn Sie einverstanden sind, könnten wir mit der Interpretation des ersten Stücks beginnen, dessen Bezeichnung, Sie haben es auf der Partitur gelesen, ‹äußerst bewegt› lautet und das grosso modo drei Abschnitte umfaßt: Der erste beschreibt eine Art aufsteigende Bewegung, der zweite bewahrt eine Art von Ruhe, der dritte nimmt den ersten wieder auf, jedoch anders, denn inzwischen ist etwas geschehen. Wenn Sie gestatten ...»
«Bitte.»
Ich werde beginnen ... Oh, ich fühle, es kommt, es fängt an, ich fühle es ... verzeih mir. Da. Da. Schumann ist ein Opfer seiner Begierde. Was er sagen will, sagt er in langen, atemlos aufsteigenden Sätzen. Wunderbarerweise kommt er dabei zur Ruhe, wie wenn die Schönheit sich ohne Begierde betrachten ließe, wie wenn der Schrei Gesang werden könnte. Oder ist es nur die rein physische Atmung, das Aufpumpen der Lungen für einen neuen Schrei? Auf jeden Fall errät er sie jetzt, da er sie sitzend im Profil sieht, ganz, er weiß nicht, ob die Liebe in ihm größer ist als die Begierde oder ob diese Worte in der Leidenschaft überhaupt noch einen Sinn haben. Ich liebe dich, weiß ich, was das bedeutet? Dass nichts an dir ist, was mich mir nicht entreißt, nichts, was nicht auch mein reinstes und unerreichbarstes Ich wäre. Wozu diese elenden Ausdünstungen des Blutes, die dir meine gestillte Begierde bieten könnte? Wozu dich liebkosen? Um deine Anwesenheit zu überprüfen, die schon mächtiger ist als der Ekel, den ich mir selbst verursache? Um deine Anwesenheit zu zerstören, damit ich sie besser annehmen kann? Ja, vielleicht kommt der Tag, da ich dich ohne meine Hilfe erkennen werde, um dich dann vergessen zu können? Doch jetzt tue ich nichts anderes als leiden darunter, daß ich dich kenne, ohne dich zu sein, und in meiner Sehnsucht nach deinem Mund und

deinem Speichel träume ich höhnisch von deinem Mark und deinen zerriebenen Knochen. Doch diese entsetzliche Distanz läßt in mir plötzlich den Wunsch nach gemeinsamer Zärtlichkeit aufkommen, dahin muß man gelangen, bis zum Ekel, ja, gemeinsam und bekannt bis zum Ekel durch die Erinnerung der Menschheit, doch unweigerlich müssen vor meinen Augen und meinen Händen diese Rundungen auftauchen, die nur durch mich existieren, die nur ohne mich existieren, die wie nachgezeichnet wirken durch die immer härter und deutlicher werdenden Schatten meiner schöpferischen Lust und die schon erschauern unter meinen abstrakten und sehenden Liebkosungen, es muß sein, denn das Leben selbst, ich weiß, steigt in mich, ich weiß es.

Das Leben ruft mir durch dich hindurch zu, daß es weiterzugehen gilt, daß die Schönheit jenseits ihrer selbst auf uns wartet, doch ist es möglich, daß es ein Glück gibt in dem Raum, der uns trennt, durchzogen von den blutigen Lianen einer Liebe, die nicht zur Liebe gelangt, und daß ich angesichts eines Sterbenden, der in einem Aufbäumen der Intensität die mittelmäßigen Freuden seines Daseins noch einmal zusammenfaßt, murmeln könnte, alles ist gut? Oder bin ich wirklich dahin gelangt, wo die Menschen nicht hingelangen, in die seltsam engelhaften Sphären der Begierde ohne Eifersucht, der Leidenschaft ohne Objekt und ohne Schmerz, des Lächelns einsichtiger Glückseligkeit vor dem, was man bewundert, ohne darauf zu hoffen? Oh, ich glaube nicht, denn durch einen Fehler meines Paradieses hat sich der Strom meiner Menschlichkeit noch in den Abgrund ergossen, und von da an werden meine Lippen sich zu nichts mehr öffnen denn zum Schrei, dessen Ursprung nur du allein kennst, und es ist deine Hand, ich will sie wie das Leben, die ihn entreißen wird, bevor ich mich deines Wesens versichere, mein Schrei wird kein anderes Ziel mehr kennen als dich, ich schwöre es. Dann, *sehr innig und nicht zu rasch;* natürlich, mein einsamer Spaziergang, begleitet von deinem Schatten, in den Gärten des Palatins, unter Rosen und Orangenbäumen, was vermag ich an diesem Morgen, so klar und durchzogen von einem höheren Leben, das nicht weniger wahr ist als vorhin. Das ist der Augenblick, da ich dir Kränze flechte ohne Dornen, da ich mit glücklicher Beflissenheit im friedlichen Labyrinth unserer Zukunft weiterkomme. Ich wiederhole meine ersten Schritte und stelle fest, daß nicht eine Rose zertreten, nicht eine geknickt wurde unter meinen Schritten und daß es das Identische nicht gibt in der Liebe, wie wenn die Zeit, die den Anfang vom Wiederbeginn trennt, die immer noch gleich leichte Atmosphäre blauer färbte, wie wenn, entzückt von der Entdeckung einer Gestalt zwischen den Blütenstielen, die mich an deine Wange im Dreiviertelprofil erinnert, meine Wiederholung nichts anderes wäre als die gerührte Liebkosung meiner eigenen Schöpfung. Schließlich, wie wenn dieses unaussprechliche Zurückweichen auf den Anfang der Kurve den endgültigen Aufschwung ermöglichte, die Betrachtung deiner bewegenden Schönheit von einem andern Punkt in Raum und Zeit aus. Gewiß, von dieser Betrachtung sind Melancholie und sogar Trauer nicht ausgenommen. Gefühle, die man der Geliebten zuschreibt, will heißen den Engeln, doch zu Unrecht. Es ist das Nachgeben der Schönheit unter der Last ihrer Blüte, daher die Biegung, die diese Schönheit noch vollkommener macht. Und sogar dieses Mühsame an meinem Fortkommen, täuschen Sie sich nicht, ist eine Art und Weise, so gut ich kann, das Wesentliche zu umschreiben, durch beinah tückisches Reizen des Gedächtnisses die einfache Melodie des Anfangs zu ver-

künden, wie ein weißes Kleid, an irgendeinen Kleiderbügel in einer Boutique gehängt, in das unsere Phantasie bereits den Körper unserer Träume sich schmiegen läßt – das heißt eine Seele – und das man auf einem Fleisch wiederfindet, das diese Träume von neuem entzündet.
Auf einmal glaube ich dich zu sehen wie ein Kind, das durch die Allee hüpft und springt. Neun Jahre, heiliges Alter. Um sich ihm zu nähern darf man selbst nicht mehr als zwölf sein oder dann hundert und die ganze Weisheit und Heiligkeit dieser Welt, die, unsere Augen erleuchtend, ihnen eine entfernte Ähnlichkeit mit den deinen verleiht, du, die du alles weißt, ohne zu wissen, daß du weißt, ein wenig wie die Augen der Hunde, die leiden können ohne dieses undurchsichtige Mitleid, das aus dem Bewußtsein kommt. Neun Jahre und natürlich unempfindlich für die Dornen deiner Krone. Wenn ich dich jetzt heiratete, bedürfte es eines Heiligen aus der Wüste, um unsere Ehe zu segnen, und zehn Tage Fasten, damit ich wagte, die Hand auf dich zu legen, dir zu geben, was du für eine flüchtige Freude hieltest und was doch der erste Schauder des Todes wäre. Doch schon erreichst du das Alter, in dem die Menschlichen dich für erreichbarer halten, und du unterstreichst inständig die Kurve deines Lebens mit einer ewigen Gebärde, nicht weil sie sich wiederholt, sondern gerade weil sie sich nie völlig identisch zu wiederholen vermag. Es sieht aus, als wollte ich meine Leidenschaft aufgeben, um mich präraffaelitischen Betrachtungen hinzugeben. Nein, es ist nicht die Rede davon, und das Aufpumpen von vorhin, ich finde es wieder, aber so heftig, daß ich es nicht mehr fleischlich nennen kann. Ob ich es Geschmack, Geruch, Verlangen, Aufschwung, Spannung nenne, ich empfinde das Unvermögen meiner Worte, und ich begreife gerade, daß dieses Aufpumpen mich den

vollkommensten Worten entreißt, mich mit Scham erfüllt, daß ich mich nicht selbst erschaffe, wie ich dich erschaffe, daß ich nicht die ganze Welt erschaffe und den Sinn dieser Welt. Diese Leidenschaft, die aufsteigt, sich bricht, sich über sich selber beugt, sich aufpeitscht und wieder aufsteigt, das ist die irre Suche nach einem Punkt, der dich wiederfindet, das ist der Wahnsinn, sich zu ducken unter dem Blick, den du auf die Erfüllung meiner Liebe wirfst. Wie mehr darüber sagen, ohne auf die Musik auszuweichen? Es heißt darum zurückkehren zu neuen, noch dämmrigeren Gängen zwischen den Rosen, deren Farbe noch leuchtender geworden ist, zurück zur ersten Aussage, der beständigen, ewigen. Ich fürchte, dich zu langweilen, schon lächelst du ohne Überzeugung, und zu sagen, daß ich so auch über die Werke meines Freundes Chopin hätte reden können, dem ich übrigens dieses hier gewidmet habe.

Doch, vergewissere dich, der Rhythmus wechselt, *sehr aufgeregt,* und ich will von der Poesie zum Roman übergehen. Unter diesen Umständen, und auch wenn es kindisch ist, laß mich dir sagen, daß wir, nachts selbstverständlich, durch das mondbeschienene Rund des Zirkus des Maxentius reiten oder über die dunklen Felder entlang der Via Appia, umgeben von Hunden, die sich in hoher Geschwindigkeit verfolgen, unseren Galopp kreuzen, keuchen, ohne zu bellen, uns streifen, ohne sich mehr für uns zu interessieren, als wir den Würmern Beachtung schenken, die sich im feuchten Gras unter den Hufen der Pferde krümmen. Ritt, der der entscheidendsten philosophischen Bestätigungen würdig ist, berechnet dafür, meine Bestimmung ebenso zur Geltung zu bringen wie dein Haar. Gemacht auch für den plötzlichen Halt, dann den langsamen Gang dem Waldrand entlang, währenddessen wir neue

Kräfte für uns und unsere symbolischen Reittiere sammeln zu einem neuen, blitzenden und noch überwältigenderen Start als dem ersten, der uns in schwindelnde Tiefe führt, wo wir unseren endgültigen Ruhm finden. Wie gut es tut, die Übertragung meiner Energien auf diesen edlen Ersatz zu fühlen und den düstersten, abstraktesten Schwung zu vereinfachen, um daraus ein Pferd zu machen!
Was soll's: *sehr langsam,* das ist der Augenblick, die Pferde zu entlassen und, wenn möglich, auch den Hund, denn die Meditation führt uns, ohne Beiwerk, zum Menschlichen. Die wahren Melodien, die wahren Leidenschaften sind die, die sich selber suchen, die sich über ihr eigenes Herz beugen, es besser zu erkennen und besser sich zu erschaffen. Die wahren Melodien und die wahren Leidenschaften sind die reinen Improvisationen, geleitet von Hoffnung und Gewißheit. Sie sind die unzweifelhafte Notwendigkeit, geboren aus dem Nichts, beruhend auf schrecklich einfachen Gesetzen und Gegebenheiten: Unverrückbar und unvergeßlich zeichnet ihre Kurve all unsere Abwehrversuche gegen das Glück nach, und wenn wir recht behalten wollen, müssen wir sie zerstören oder den Ort ihrer Entfaltung. Doch wir denken nicht daran, meine Liebe, auf diesem nächtlichen Feld, wo unser Ritt uns hinversetzt hat, denn wir sind uns begegnet, indem wir eine Möglichkeit realisierten, ähnlich derjenigen, welche die Noten der Tonleiter haben, um sich zu einem Ganzen zu fügen, das das Herz zerreißt und erfüllt. Unsere Hände sind verschlungen, Finger für Finger, als ob wir beide, du und ich, getrennt, von zweien nur immer eine Note gehabt hätten und sie sich nun endlich ineinandergefügt hätten, einen Akkord erzeugend und in unserem Innern einen so identischen Grad der Empfindung schaffend, daß jegliche Gefahr der Polyrhythmie ausgeschaltet ist: wir sind nicht,

und werden es auch nie sein, im Jahrhundert Strawinskys. Man soll nicht glauben, daß ich mit meinen ernsten Weisen unfähig sei zu spielen, zu lachen oder fröhlich zu sein. Schau doch ein wenig: *sehr lebhaft*. Warum interpretieren wir diese bewegten Rhythmen, diese leichten Sprünge und diese raschen und flüchtigen Zeichen nicht als Sublimierung unserer Liebesspiele, da auf jeden Fall die Sprache die Wahrheit der Musik nur vergröbern kann, von der ich ungefähr so spreche, wie ein gefühlloser Mensch von Gefühlen spricht: mittels Beschreibung der allersichtbarsten Auswirkungen. Ich verwandle die Zeit in Raum, wie ich versuche, deine Schönheit zu zähmen, indem ich ihr Dauer verleihe. Vielleicht könnte ich dann von unserer Freude sprechen; vielleicht könnte ich vorbringen, daß die flüchtigen Liebkosungen, das lachende Entschlüpfen, die Verfolgungsjagden zwischen den Bäumen oder sogar mein affenhaftes Schaukeln, Biegen und Hängen das zweite Zeichen der Regungen meiner *Seele* selbst sind, die mit Inbrunst den Zugriff des Endgültigen flieht und wieder sucht. Denn dahin müssen wir kommen; meine innere Musik, koste es, was es wolle, der Zeit unseres Mensch-Seins einzufügen.

Hand in Hand für eine *sehr langsame* Melodie schauen wir beide in die gleiche Richtung, die noch nichts ist als der schwarze Himmel, und wir wissen, daß diese Besinnung, die uns verbindet, uns oft auch trennen wird in Zukunft, und daß dir deine Schönheit nicht behilflicher sein wird als mir. Genießen wir es, sie wiederzufinden in dieser Zeit der Verlöbnisse; das verzweifelte Wiegen der Melodie, ein beinahe taumelnder Marsch ohne andern Fortschritt als das Bewußtsein seiner selbst, wir wissen es nun mit Sicherheit, es ist das Zögern unserer ausgebreiteten Ewigkeit vor dem Wiedereintritt in die reglose Zeit.

Doch was sage ich; habe ich vergessen, daß du noch nicht meine Frau bist und daß das anfängliche Verlangen, zusammen mit der Liebe und dem Haß auf das Hindernis und dem verzweifelten Lauf durch die Natur, daß das alles zusammenwirkt, um mich *sehr rasch* zu dieser wahnsinnigen Besessenheit, dieser flehentlichen Freude zu führen, die mich nie wieder verlassen wird, noch nicht einmal dann, als ich im Besitz deiner irdischen Gegenwart war? Ich versuche, den Wirbel von Angst und Zweifel anzuhalten, doch meine Fuge dreht sich um sich selbst und macht mich noch schwindliger als meine ungeordneten Sprünge und Stöße. Schneller, schneller, um aus meiner wütenden Niedergeschlagenheit eine schlichte, schluchzende Wut zu machen, eine Bestätigung meiner Rechte auf den Tod.
Der Dichter Heine hat mich jedoch das Lächeln und die ironische Rückkehr zur Realität gelehrt. Ich spiele also den Liebenswürdigen, den Anmutigen mit mir selbst, ich lächle zu meinen Exzessen. Und *sehr schnell und spielend* zeige ich meine Kraft durch eine leichte Meditation, eine Tiefe ohne Abgründe, durch sphynxisches Lächeln hindurch. Ich schaue mit dem Blick eines Shakespeareschen Zauberers auf mein Geschick, ich schenke dem Universum das ergreifende Lächeln, das ich dir schenke, meine Clara von neun Jahren, und das ich bald schon unseren Kindern schenken werde. Ich weiß alles über das Schicksal, und bald werde ich erlöschen, wie das Bewußtsein des Schmerzes erlöscht in einem Gehirn, das dennoch wunderbar klar bleibt. Nettes Gepränge, beinahe würdig eines Hochzeitsmarsches, lieber, verehrter Felix, und ich komme langsam zu dieser Nachsicht mir selbst gegenüber zurück, ich verzichte, ich segne den Tod meines seherischen Schmerzes, es ist im Schweigen, daß sich meine Arme endlich deinen Armen öffnen, in einem deutlichen, aber so schwa-

chen Murmeln werde ich ja sagen, auf dein Ja warten und jenes Lächeln vorbereiten, das die Zeit der Menschlichen verdient, jenes Lächeln, auf das unsere künftigen Kinder ein Anrecht haben, die ich jetzt schon ganz ohne Lärm durch die Rosengärten des Palatins trotten sehe, hinuntersteigen zum Forum, brav in den grünlichen, überfüllten Bus einsteigen, an der Via della Conciliazione halten und jedem von uns eine Hand geben, uns trennend, um uns besser zu vereinigen, während die graue Sonne von der Kuppel von Sankt-Peter endgültig untergeht, schweigend auch sie.
«Wenn Sie gestatten, werde ich Ihnen ein andermal weitererzählen. Ich sehe, wir haben unser Ziel erreicht.»
«Tatsächlich. Kommen Sie mit hinein?»
«Gerne.»
Da, keine Chance: wenige Minuten später stießen sie auf Nietzsche. Schumann, diskret, wie er war, insistierte nicht und begnügte sich damit, eine pedantische Bemerkung über das Barocke Berninis zu machen. Es muß gesagt sein, daß Nietzsche ihn provoziert hatte, indem er vorgeschlagen hatte, die Pietà von Michelangelo auf den Thron von Sankt-Peter zu setzen. Robert bewunderte dieses Werk, doch er begriff nicht, warum dieser erwachsene und tote Christus in den mütterlichen Armen der Jungfrau lag, anstelle des ewigen Kindes, dem alles offensteht; denn alle Kinder sind bei ihrer Geburt Christkinder; da sie nichts sind und von keiner Vergangenheit belastet werden, wie könnten sie sich dann für die Zukunft begrenzt oder auch nur bestimmt sehen? Gegenwärtig, absolut, also ewig. Ja, ich hoffe und ich will, daß mein Kind, unser Kind ein Erlöser sei. Es kann es, wenn die einzige Vergangenheit, die seine Mutter ihm gibt, eine Vergangenheit der Liebe ist, ein Gewölbe der Liebe unter seinem Kopf, wie der

Bauch Liebe war. Schumann machte kein Hehl aus seiner Vorliebe für die Jungfrauen mit Kind der della Robbia, die viele gekünstelt fanden. Doch die Blicke dieser Mütter und dieser Söhne lassen die gebrannte Erde vergessen, das zu himmlische Blau, die allzu molligen Wangen, das zu süßliche Lächeln (wie meine Musik zu den Gedichten Chamissos diese vor ihrer reaktionären Banalität bewahrt). Damit ein Kind ganz Liebe sei, bis in den Tod, müßte man es da nicht nur mit Musik ernähren? Es kennte die Lüge nicht, weil es das Wort nicht kennte. Wie Ihr Hund.

«Sehen Sie», sagte er zwei Tage später zu Persana, «ich verstehe, daß Schumann nie nach Rom gegangen ist. Es gelingt mir einfach nicht ganz, hier eine Heimat für seine Musik zu finden. Rom ist die Stadt der Architektur und des Worts. Caracalla, Cicero. Ich weiß nicht, wie ich Ihnen das erklären soll, aber man könnte sagen, die römischen Bauwerke, inklusive die Konzertsäle, seien so gebaut, daß die Musik darin gleichmäßig trocken, fasrig und trüb klingt. Die barocken Mäander sind Fallen, in denen die Töne sich verlieren. Und selbst die Neunte von Beethoven, eine Oper von Wagner würden hier schrumpfen. Vielleicht gibt es auch zu viel Sonne. Und jede Musik ist nächtlich. Um sich ergießen zu können, darf sie nicht von grellem Licht erschlagen und aufgebrochen werden. Um ihre unsichtbaren Formen entfalten zu können, bedarf sie der weniger handgreiflichen, weniger deutlich begrenzten Formen. Sie werden mir entgegenhalten, ich verwechsle die Möglichkeit der Musik mit ihrer Existenz oder, nein, mit der musikalischen Tradition. Aber nein, ich bin sicher, daß das nicht stimmt. So paradox das auch scheinen mag, ich empfinde die Musik als eine schweigende Architektur, während die römische Architektur laut ist. Das ist es. Rom, das ist Lärm. Ich rede nicht von den hupenden Autos, ich rede von einer Art Tohuwabohu wie vor der Erschaffung der Welt, von einer ungeordneten und schmerzlichen Verhärtung, wie sie sich ereignet, wenn man geschmolzenes Blei in kaltes Wasser wirft. Eine Zurschaustellung, eine Zerstreuung, eine Ansammlung egoistischer, prostituierter Schönheiten, ein Harem, der seekrank geworden ist. Ah ja, so ist es; Rom selbst, Rom als Ganzes ist nicht musikalisch, es ergibt keinen Akkord, nicht einmal einen dissonanten, einen aus Viertelstönen, die sich beißen wie diese kanariengelben Taxis mit diesen schwefelgelben, wie diese grünen Busse mit diesen grünlichen. Denn die Musik einer Stadt kann nur der Gesang ihrer Einheit sein, die stimmige Antwort eines Geläuts an einen Turm, eines Palastes an einen Tempel, einer Ruine an eine Zypresse. Sie werden mir jetzt von Einheit in der Vielfalt sprechen. Aber nein doch, keine Macht dieser Welt kann das Denkmal Vittorio-Emmanueles mit dem Tempel der Vestia vereinigen, nicht einmal nach den aleatorischsten Gesetzen der anarchischsten Musik. Vielleicht wenn der Mond scheint über all dem ... Doch damit, sehen Sie, sind wir bei der Nacht, die durch Verwischen der schreienden Formen der Musik, das heißt der Stille erlaubt, ihre mondenen Tücher versöhnend über Forum und Vittoriano zu breiten. Ja, die Musik ist immer eine Hymne an die Nacht. Sie allein hat die Fähigkeit, über ihre eigene Vielfalt diesen Schleier zu breiten, den der nächtliche Himmel übers Meer legt. Sie allein, trotz ihren verschiedenen Höhen, Intensitätsgraden, Längen und Massen ... Musik, ich liebe dich wie die Schwarze Jungfrau. Unfaßbar, ja, denn das Licht selbst schafft Formen nur um den Preis dessen, daß es sich an das klammert, was Hände berühren, Füße durchwühlen, Schädel anstoßen können. Während der Ton sich nur der Luft bedient, man könnte auch sagen Ariels. Musik, du allein, mit der Schönheit Persanas, du bist das Ganze, das ich betrachte, ohne es zu zerlegen, und dessen Elemente mir entgehen; die nächtliche und vielleicht kreisförmige Brücke, die mich von der gierigen Stille in die glückliche Stille führt. Durch deine Anwesenheit ebnest du alle Auswüchse der Welt ein, und dennoch erhebst und blähst du die Welt auf, wie deine Brüste, Persana, deinem schwarzen Kleid seine stillste Form geben. Ja, du trägst heute ein schwarzes Kleid, und heute werde ich mit dir sprechen, gestern habe ich es so schlecht gemacht; wenn doch nur

meine Worte, wenn es sie schon geben muß, meine innere Musik nicht mehr verunstalteten als die Perlen deiner Kette die Nacht deines Kleides verderben: Sterne über den Hügeln.
Zu jungfräulich vielleicht deine Schönheit, als daß ich mir die Frucht erhoffen dürfte, von der ich träume, den Erlöser. Doch nur so könnte ich Rom akzeptieren, es zur Musik zwingen. Schau, meine einzige wirkliche Verbindung zu dieser Stadt ist Goethe, der sie so sehr liebte, aus Gründen, die ich abgeschmackt finde und die mich wenig kümmern. Doch es ist im zweiten Teil des *Faust,* wo ich die Erfüllung meiner Liebe zur jungfräulichen Mutter, die du sein kannst, gefunden habe. Und es ist hier, in dieser Reinheit von Santa Sabina auf dem Aventin, wo ich die Akkorde meiner *Szenen aus dem Faust* hören möchte, die zu den Worten erklingen ‹Jungfrau, rein im schönsten Sinn, Mutter, Ehren würdig, auserwählte Königin, Göttern ebenbürtig›. Romantische Mythen, wird man nicht müde zu wiederholen: Mythos der Kindheit, Mythos der Jungfrau-Mutter, Mythos der Reinheit. Als ob diese Mythen nicht im 20. Jahrhundert zur Besessenheit geworden wären, das sie zur Wissenschaft erhebt und sich so der Aufgabe enthoben fühlt, Kunst daraus zu machen. Doch genug davon. Nun sind wir in den Gärten. Viele Kinder natürlich. Keines ist schön genug für uns.»
«Sie sind lustig, nicht wahr?»
«Wer?»
«Die Kinder.»
«Ach so.»
«Es ist vielleicht wirklich ein Klischee, aber die italienischen Mütter zeigen ihren Kindern gegenüber eine viel innigere Liebe als die Mütter bei uns. Und das Resultat ist, daß sie sich besser entfalten können. Schauen Sie dieses

hier. In Italien ist das Kind, wie man so sagt, König. In Spanien noch mehr, heißt es.»
«Ja, man erlaubt ihnen so ziemlich alles.»
«Wären Sie strenger?»
«Oh, ich habe mir da noch keine Gedanken gemacht. Ich habe im Moment andere Probleme.»
«Natürlich. Sie hätten bestimmt recht, wenn Sie strenger wären, schauen Sie, es tut seinem Spielkameraden weh. Und die Mutter läßt es gewähren. Ich frage mich, von welchem Moment an ein Kind böse wird.»
«Welch eine Frage. Es ist es vom Tag seiner Geburt an.»
«Vielleicht, aber das Entsetzliche daran ist, daß man es verhindern könnte.»
«Dazu müßte man selbst vollkommen sein.»
«Ja. Oder beinahe.»
«Schauen Sie den da.»
«Wen denn? Ach, Ihren Hund.»
«Ich glaube, er ist durch und durch rein.»
«Ja. Weil er kein Bewußtsein besitzt.»
«Ich weiß nicht.»
«Übrigens, lassen Sie ihn nicht frei laufen? Er scheint sich sehr für die Hunde dort drüben zu interessieren.»
«Ich bin den fremden gegenüber ein wenig mißtrauisch. Dieser Belgische Schäfer ist schrecklich groß. Ich habe Angst für Tristan. Aber ich werde mit der Dame reden.»
«Ja, eine gute Idee. Ich warte hier auf Sie.»
   Das Ewig-Weibliche
   Zieht uns hinan.
Robert Schumann hat vor diesem göttlichen Satz, weit davon entfernt, sich in der Hochachtung vollkommener, langsamer und getragener Akkorde niederzuknien, mit einem ausführlichen, fast ganz der ersten Eingebung folgenden Stück reagiert, vergleichbar dem Schluß der

Kreisleriana: Geschichte, die zeigen soll, daß wir mit der Ewigkeit auf gleichem Fuß stehen, mit dieser anmutigen Ewigkeit, gleich dem Spiel der Kinder, seiner Kinder, die er in den zehn Jahren, in denen er an den *Szenen aus dem Faust* arbeitete, heranwachsen sah.
«Sie hat mir gesagt, er beiße nicht. Also habe ich sie zusammen spielen lassen.»
«Gehen wir bis zur Mauer, das heißt bis zur Schranke? Man hat einen wunderbaren Blick auf den Tiber.»
«Sie haben recht, es ist schön.»
«Um auf die Kinder zurückzukommen...»
«Sieht man das Schweizer Institut von hier aus?»
«Sicher. Das ist wie mit dem Vittoriano, man sieht es von überall her. Warten Sie...»
«Ach, da ist ja Tristan schon wieder. Bist du fertig mit Spielen? Aber du bist ja ganz schmutzig. Zeig deine Schnauze. Entschuldigen Sie, aber haben Sie nicht ein Taschentuch für mich? Wenn Sie gestatten, daß ich es dafür benutze.»
«Aber ich bitte Sie.»
«Sei still. Danke. Da, die Schnauze. Und die Ohren auch. Dreh dich. So, ich hoffe... aber was ist denn das?»
Das ist es, was ich für dich hergeben würde, mit seligem Schmerz, wenn du willst. Und dein eigenes Blut, unter meiner Liebe vergossen, wird das meine sein. Denn es gibt nichts an dir, was nicht auch das meine wäre, und sich in Schmerz verwandelt, weil es nicht das meine ist! Und wenn wir unser Blut vergießen, dann dafür, daß die Rosen der Legende daraus sprießen, unsere Kinder. Niemand auf der Welt kann bewirken, daß das Blut uns trennt. Das Blut eint uns und wird nie erstarren auf dem verlogenen Weiß der Laken, genausowenig wie unsere Tränen aufgefangen werden von den höhnischen Stoffen der Menschen.

«Aber das ist ja Blut! Er hat dich gebissen! Das geht zu weit. Mein Gott, Tristan, tut's weh? Zeig nochmal. Wo ist diese Frau?»
«Sie ist weggegangen, ich glaube, sie hat die Promenade verlassen.»
«Schnell. Komm, Tristan.»
Wie herrlich du bist in deinem zornigen Lauf; deine Blässe, die Tränen in deinen Augen ...
«Also, so beißt Ihr Hund nicht? Und das hier, was ist das?»
«Aber ich verstehe nicht, ich versichere Ihnen, es ist das erste Mal, und ich habe nichts bemerkt, sie spielten friedlich miteinander. Übrigens ist es nur am Ohr, das macht nichts.»
«Nichts!»
«Wenn Sie darauf bestehen, ich will der Verantwortung nicht ausweichen, obwohl ich Ihnen sage, daß ... also ich gebe Ihnen gerne meine Adresse.»
«Ich bestehe darauf!»
«Eine italienische Mutter hätte ihr Kind nicht besser verteidigen können!» bemerkte Schumann ein wenig später.
«Nein, aber denken Sie doch, so das Vertrauen der Leute zu mißbrauchen und vor allem sein Vertrauen. Ich habe alles getan, damit er zutraulich wird, und man macht mir all meine Anstrengungen zunichte, mit einem Schlag.»
«Auch da ist es wie bei einem Kind. Eines Tages muß es den Schmerz kennenlernen. So spät wie möglich vielleicht. Und doch, man weiß nicht, was besser ist. Sie werden eine wunderbare Mutter werden, auf jeden Fall.»
«Ich?» «Das ist ganz klar.»
«Verstehen Sie, ich will, daß er offen ist, ich will nicht, daß er das Vertrauen zu den andern verliert. Kürzlich hat so ein Spaßvogel ein Stück Holz genommen und so getan, als wollte er es werfen. Tristan raste bei jedem vorgetäuschten

Wurf los und kam, nachdem er nichts gefunden hatte, ganz kleinlaut zurück. Dieser Idiot lachte. Beim vierten Mal habe ich zu ihm gesagt: Das ist gemein, was Sie da machen. Sie machen ihn mißtrauisch.»
«Sie sagen jedenfalls, was Sie denken.»
«Ich würde mich genieren! Es gibt unglaubliche Leute. Jetzt sollten wir so schnell wie möglich nach Hause gehen, um das zu desinfizieren.»
«Glauben Sie nicht, daß man einfach in eine Apotheke gehen könnte? Er macht übrigens nicht den Eindruck, als ob er leiden müßte, die Ohren haben nur wenig Nerven.»
«Eine Apotheke? Nein, ich habe kein Vertrauen.»
«Hat man Ihnen auch das Vertrauen zu den andern zerstört?»
«Mir? Ich frage mich, ob ich es je gehabt habe.»
«Ich glaube, ich verstehe Sie. Deshalb flüchte ich mich in die Musik. Sie auch?»
«Überhaupt nicht. Ich habe Ihnen gesagt, ich verstehe nicht allzuviel davon. Ich hoffe, ich schockiere Sie nicht mit meiner Sorge um Tristan. Aber bei Ihnen habe ich nicht das Gefühl, daß ich eine Rolle spielen muß. Ich bin so, und ich weiß, man kann mich verurteilen. Doch Sie, das weiß ich, verurteilen mich nicht.»
«Sie haben recht. Sie sind voll und ganz entschuldigt.»
«Aber ich will nicht entschuldigt sein! Ich bin nur, wie ich bin.»
«Ja, natürlich, ich habe mich falsch ausgedrückt. Aber um auf die Apotheke zurückzukommen...»
«Nein, ich möchte auf jeden Fall nach Hause gehen. Doch ich möchte Ihren Spaziergang nicht unterbrechen. Ich werde den Bus nehmen.»
«Kommt nicht in Frage. Ich fahre Sie hin. Ich wollte auch nicht zu spät zurück sein.»

«Sie sind zu liebenswürdig. Das habe ich nicht verdient.»
«Warum nicht?»
«Ich muß auf Sie den Eindruck machen, als hörte ich Ihnen nicht aufmerksam genug zu.»
«Das ist doch verständlich, wenn ich schon der zwanzigste bin, der mit Ihnen über Musik oder Philosophie reden will.»
«Oh nein, so ist es dann doch nicht.»
«Und wenn all diese Leute auch noch von Liebe reden...»
«Wie?»
«Nietzsche, zum Beispiel, hat nie mit Ihnen...»
«Hören Sie, was gibt Ihnen das Recht, so zu reden?»
«Sie haben recht, ich bin zu indiskret, aber ich hatte den Eindruck, daß vorgestern in Sankt-Peter... und ganz allgemein, daß die Bewohner des Instituts um Sie herum sind wie die Perlen dieser Kette um Ihren Hals. Nicht, daß sie alle Perlen wären, weit davon entfernt, ich will nur sagen, sie sind von Ihnen abhängig, sie kreisen um Sie, versuchen Sie aufzuwerten, wie man sagt, und doch sind sie es, die sich durch Sie aufwerten. Ganz wie die Kette, die nichts wäre ohne die, die sie trägt.»
«Was für Komplimente. Sie wollen sich also in die Liste eintragen?»
«Es gibt also eine Liste?»
«Nein, ich sprach von der, die Sie sich vorstellen. Sagen Sie, Sie fahren aber sehr forsch.»
«Ich habe mich romanisiert. Ich mag die Art, wie sie fahren. In der Schweiz fährt man allein mit dem Wissen um seine Rechte und Pflichten. Ich bin im Recht, ich fahre. Daher bestimmt die vielen Unfälle, wenn unglücklicherweise der ohne Vorfahrtsrecht zerstreut ist. Ihre Frau ist gestorben, Sie verenden in einem Blechhaufen, die Kinder werden Waisen, aber Sie haben das Recht auf Ihrer Seite.

Die Schweiz funktioniert gut, vermutlich, weil sie das einzige Land auf der Welt ist, das seine Polizei verinnerlicht hat. Der Beweis ist, daß der Schweizer Polizist im allgemeinen nett ist. Er braucht nicht böse zu sein, da jeder Bürger sich mit ihm in das Wissen um seine Legitimität teilt.»
«Gut, ich werde Sie noch einmal enttäuschen, aber ich habe ein solches Sicherheitsbedürfnis, daß ich mich hier bedroht fühle, während dort ... Ich bin mir vollkommen bewußt, daß ich unrecht habe, aber ich kann mich gegen dieses Gefühl nicht wehren. Dieser Kreisverkehr rund ums Kolosseum, da läuft es mir kalt den Rücken hinunter, wenn ich da zu Fuß durchmuß, vor allem mit dem da... der übrigens nicht aufhören will zu bluten.»
«Wir sind gleich da. Ich fahre über den *traforo*, das ist kürzer.»
«Ich vertraue Ihnen.»
«Das tut mir wohl. Aber Sie hatten einen erstaunten Ton in der Stimme, als Sie sagten, ich fahre forsch.»
«Ich? Nein. Ich wollte vielleicht nur sagen, daß Sie sanft wirken. Also erwartet man nicht diesen Fahrstil...»
«Wie ich Ihnen versprochen habe, wir sind schon fast da.»
«Auf jeden Fall danke ich Ihnen vielmals.»
«Wegen der Kette wollte ich Ihnen sagen, daß ich wirklich mitmache.»
«Wie das?»
«Ja, ich hätte beinah vergessen, genauer zu sagen, daß ich ... also, was ich für Sie empfinde ...»
«Vergessen Sie bitte das Weitere, ich bitte Sie. Ich bin wirklich nicht in der Lage, Ihnen zu antworten.»
«Aber ich bin in der Kette, ich kann nichts dafür!»
«Wenn Sie scherzen, ist es schon viel besser. Doch mich müssen Sie nicht ernst nehmen. Es ist nicht der Mühe wert.

Und diese Kette, es ist seltsam, daß Sie davon sprechen, denn ich betrachte sie als eine Art Talisman. Solange ich sie trage, kann mir nichts passieren. Ich bin gut geschützt von einer Barriere von Perlen. Ich weiß nicht, ob Sie mich verstehen.»

«Ich glaube, ich verstehe Sie.»

Aber dieses Blut eben, dieses Blut, das einer Krankheit vorausgeht, das war dennoch unseres. Erinnere dich, wie fest sie das Halsband des Hundes in die Hand nahm, wie sie ihre eigene Kette berührte, zuvor, als wir auf den Tiber hinunterschauten. Dieses Blut, woher kam es? O ja, ich verstehe dich, und ich liebe dich.

Sie gingen durch das Tor des Instituts. Persana warf Schumann einen kurzen Gruß zu und eilte auf ihr Zimmer, außer sich vor Erregung: nicht nur verletzte man ihren Hund, sondern ein neuer Verehrer zeigte sich mit nur schlecht verhüllten Worten. Ihr war beinah schlecht, sie hätte am liebsten geweint. Was war denn mit ihnen allen los, welche Wut trieb sie auf sie zu wie eine Meute von hungrigen, beutelosen Hunden? Was hatte sie ihnen getan? Hatten denn diese schmollenden Kinder, diese masochistischen und unglücklichen Intellektuellen alle in diesem Gebäude gewartet, geduldig, während Monaten, ohne aus ihrem Loch hervorzukommen, und hatten sie sich alle auf ein Wort hin entschlossen, ihre alberne Einsamkeit habe lange genug gedauert? Waren sie denn nicht alt genug, um allein zu leben und ihre trübseligen und verstaubten Probleme nicht dem erstbesten Mädchen vor die Füße zu legen? Nur Paganini schien gesund, normal und ausgeglichen. Und der Direktor war zum Glück verheiratet. Aber schließlich, war es an ihr, Persana, eine solche Last zu tragen, wo sie doch ihre eigenen Sorgen hatte und ihr Leben nicht erst beim Eintritt in dieses Irrenhaus begonnen hatte. Weil sie von außen kam, hielten sie sie für ein Wesen ohne Vergangenheit und bewiesen damit nur, daß ihre Welt sich auf diesen monströsen Palast beschränkte, wo ihr Körper dahinsiechte und ihr Herz sich erschöpfte. Zum Glück gab es noch Paare, bei denen es die Männer nicht für nötig hielten, ausgerechnet bei dieser Gelegenheit ihre Frauen zu betrügen.

Es war nicht nur beleidigend und egoistisch, so auf sie loszugehen. Es war fast etwas, das sie krank machte oder sie für krank erklärte, aussätzig gleichsam: Ja, sich ihr so in die Arme zu werfen, das hieß, ihr anders begegnen, als man sonst den Menschen begegnete; es hieß, sie abseits stellen, mit dem anzüglichen Finger ihrer angeblichen Liebe auf sie zeigen. Genau, wie man unbeschreibliche Manieren annimmt, wenn man einen Krüppel oder einen Idioten begrüßt, warfen sie die Regeln über den Haufen, wenn es um sie ging. Sie hoffte, Bekanntschaften zu machen, und erhielt Kundgebungen der Befremdung, wurde hinter die Gitterstäbe eines Käfigs der Erhabenheit verbannt, wo verwirrte und flehende Männerblicke ihr entgegenstarrten. Würde ihre Kette sie noch beschützen können? Das wurde allmählich zweifelhaft, auch wenn sie sich ihrer mit aller Entschiedenheit bediente. Doch für den Moment fühlte sie sich unfähig, irgend etwas zu tun, und im Badezimmerspiegel schaute sie sich verwundert an und fragte sich, was an diesen Zügen sie denn so den Blicken preisgab und sie in diesen klebrigen, schwirrenden und weinerlichen Käfig einsperrte. Zum ersten Mal hatte sie wirklich Lust, sich langsam und eingehend mit den Nägeln das Gesicht zu zerkratzen, was wenigstens den einen Vorteil gehabt hätte, sie Tristan näherzubringen, dessen Wunde sie desinfiziert hatte, ohne daß er sich beklagt hätte. Sie würde sich auch nicht beklagen unter ihren Krallen, im

Gegenteil, sie wäre sehr glücklich. Was hielt sie zurück? Ganz einfach und einmal mehr die Angst aufzufallen, eine schreckliche Fürsorge, nicht endenwollende Fragen, besorgte Pflege heraufzubeschwören. Und dann auch das ahnungsvolle Gefühl, daß ein schönes zerkratztes Gesicht noch nicht unbedingt ein banales Gesicht ist. Furchtbar vielleicht, aber es wäre noch immer eine Art, die Blicke auf sich zu ziehen. Sie wußte es, weil sie es schon festgestellt hatte: Die Blicke, die man auf ein entstelltes Wesen wirft, sind erschrocken, entsetzt, aber zuerst fasziniert, unfähig, sich abzuwenden, sie bleiben wollüstig an dem schrecklichen Schauspiel hängen. Man würde sie nicht anders anschauen. Banal sein, weder schön noch häßlich! Sie fühlte sich bereit, den einen zu lieben, der sie nicht wie ein Monstrum anschauen würde.

Am Abend des 9. Juni, also rund 24 Stunden nachdem unsere Erzählung eingesetzt hat, sind in der bereits erwähnten Laube versammelt: Schumann, Chopin (von dem noch nicht im einzelnen die Rede war, doch der Leser hat das Wesentliche verstanden), Wagner. Rachmaninow hält sich beim Direktor auf, Nietzsche und Paganini sind tot, Liszt und Persana schlafen vermutlich noch. Der Direktor und seine Frau haben ihr Appartement seit Stunden nicht verlassen. Sie telephonieren bis zur Erschöpfung, in der Absicht, die Schweiz über ihren eigenen Wahnsinn zu informieren.
«Gut», sagte Wagner. «Offizielle Version: Nietzsche hat Paganini umgebracht und wurde dann seinerseits entweder getötet oder beging Selbstmord auf mehr oder weniger unmögliche Art und Weise. Motive unbekannt. Was die Version betrifft, die wir von unserer Seite beisteuern können: Nietzsche hat Paganini umgebracht, weil er glaubte, dieser habe die Kette in seinem Besitz; als er sah, daß das nicht der Fall war, brachte er sich um. Übrigens, Liszt, der von nichts weiß, hat mir gesagt, daß Paganini kurz vor seinem Tod keinen sehr glücklichen Eindruck machte. Bleiben die übrigen. Das heißt wir, plus Rachmaninow, der mir aus offensichtlichen Gründen nichts mit der Sache zu tun zu haben scheint. Also, wiederholen wir den Schwur der drei Eidgenossen. Ich schwöre, daß ich nicht im Besitz der Kette bin. Jetzt zu Ihnen, meine Herren.»
«Ich schwöre es, natürlich.»
«Natürlich.»
«Gut. Dennoch muß die Kette irgendwo sein. Ich sehe nur eine Lösung, leider ...»
«Ich protestiere», fuhr Schumann auf. «Als Persana den Verlust der Kette bekanntgab, saß Liszt schon lange am Klavier.»

«Ohne Zweifel, doch wer sagt Ihnen, daß die Übergabe nicht schon *vorher* stattfand? Wir waren alle so sehr durch den armen Paganini abgelenkt, daß uns so etwas ohne weiteres entgehen konnte. Zum Beispiel auf dem Weg von der Laube zum Salon.»
«Liszt?» murmelte Chopin. «Das ist unmöglich.»
«Sie sind einfach erstaunlich, meine Herren Pianisten! Hat Persana nicht das Recht, in Liszt verliebt zu sein und ihm die unselige Kette zu geben. Wir haben sie aufgefordert zu wählen. Es ist stark anzunehmen, daß ihre Wahl, um sich unser zu entledigen, auf den fünften Spitzbuben gefallen ist, der übrigens sehr gut aussieht.»
«Das ist nicht das Problem. Ich, Chopin, erkläre es für unmöglich, daß er uns eine solche Komödie vorgespielt hat. Daß sie diese dramatische und grausame Art gewählt hat, um einen gegen den andern auszuspielen, ohne etwas deutlich zu sagen und ohne daß wir etwas sagen könnten, halte ich noch für denkbar. Alles in allem haben wir sie ziemlich provoziert. Aber er, er würde sich nie zu einem solchen Spiel hergeben.»
«Solange wir keine bessere Erklärung finden, entscheide ich, Wagner, daß Liszt im Augenblick die Kette in seinem Besitz hat.»
«Das ist unmöglich, das behaupte ich, Schumann. Und ich kann nicht glauben, daß Persana das inszeniert haben soll. Ich kann nicht an diese Grausamkeit glauben.»
«Wir haben seit gestern abend schon zwanzig Mal darüber gesprochen. Glaubst du nicht, das reicht? Wir haben sie moralisch vergewaltigt, es ist uns gelungen, sie außer sich zu bringen. Sie hat sich gerächt. Sagen wir einfach, das Resultat hat ihre Erwartungen übertroffen.»
«Wir hätten uns vorsehen müssen. Paganini war nicht bei uns, als wir dieses Ultimatum stellten. Wir dachten, Persa-

na habe ihn informiert wie uns. Doch nichts berechtigte uns, dies zu glauben.»
«Ja, er hat uns nie ein deutliches Geständnis gemacht. Wir sind von der Vorstellung ausgegangen, daß er Persana liebte. Halten Sie fest, daß ich das nach wie vor glaube. Bloß, er hat nicht mehr Glück gehabt als wir. Eher weniger. Selbst wir drei haben einige Zeit gebraucht, bis wir uns gegenseitig ins Vertrauen gezogen hatten. Ach, da kommt ja der Direktor. Er sieht noch entsetzter aus als gestern abend.»
«Meine Herren, ich grüße Sie. Was würden Sie von einer neuen sehr ernsten Nachricht halten? Man hat in der Tasche des Philosophen einen Zettel gefunden.»
«Wie, die Polizei hat ihn letzte Nacht nicht gesehen?»
«Doch, meine Herren, oder doch heute früh beim Entkleiden der Leiche, aber man wollte es Ihnen nicht gleich sagen.»
«Ich verstehe nicht. Was ist mit diesem Zettel?»
«Ganz einfach. In der Innentasche. Handgeschrieben und authentisch.»
«Aber was sagt er denn?»
«Er sagt ungefähr: ‹Ich bringe mich um, denn ich weiß jetzt, daß Ariadne mich nicht auserkoren hat. Ich habe nichts mit dem Tod Paganinis zu tun.› Und noch andere ergreifende Dinge, vor allem Grüße an Sie.»
Wagner wurde innerhalb von zwei Sekunden purpurrot: «Was? Nichts mit dem Tod... Welche Niedertracht! Mich ... mich so zu übertölpeln *post mortem!* Das hatte ich von ihm dann doch nicht erwartet. Das Aas. Jedenfalls ist es vollkommen idiotisch. Die Wahrheit ist zu offensichtlich.»
«Hör zu, Wagner», sagte Chopin (der, wie die andern beiden, aufgestanden war, nicht beim Auftauchen des Direktors, sondern beim Verlesen des Zettels), «ich denke

nicht wie du. Ich bin sicher, er ist aufrichtig, und im übrigen halte ich ihn eines Verbrechens nicht für fähig. Wir hätten schon früher sehen sollen, daß das absurd ist. Übrigens, welchen Grund sollte er haben zu lügen, wo er doch sterben wollte?»
«Es ist alles möglich.»
«Da ist nur etwas, was ich nicht verstehe», brummte der Direktor. «Das ist ‹Ariadne›.»
«Offensichtlich eine idiotische Anspielung auf Dionysos. Er hat sich für Nietzsche gehalten.»
«Ach ja, natürlich.»
«Aber das ist ja noch viel schlimmer als alles andere», überlegte Schumann ganz blaß. «Wer ...»
«Rachmaninow!» pfiff Chopin, der diesen Epigonen nicht allzusehr schätzte.
«Man verhört ihn in diesem Augenblick, meine Herren. Auch Sie müssen noch vom Inspektor angehört werden. Auf jeden Fall muß dieser saubere Selbstmord geklärt werden, da es nun einmal ein Selbstmord ist.»
«Ach, das», kläffte Wagner, «das übernehme ich. Das ist ganz einfach. Doch wenn ich es gewußt hätte, dann hätte ich ihn nicht so schön auf dieses Bett gelegt.»
«Ich verstehe Sie nicht.»
«Ganz einfach, sage ich Ihnen. Das Problem liegt anderswo. Es ist die Schande desjenigen, der wußte, daß er uns in der Tinte sitzen lassen würde.»
«Gehen wir in mein Büro, ja?»
«Mein lieber Direktor, Sie verdächtigen uns doch nicht?»
«Mein lieber Wagner, Sie glauben doch nicht, daß der Philosoph auf seinem Totenbett gelogen haben könnte?»
«Ich weiß nicht, ich verstehe nichts, und ich werde verrückt. Aber warum haben Sie uns nichts gesagt, als Sie den Zettel fanden?»

«Wir wollten Sie überwachen, Sie beobachten, doch außer Rachmaninow benahm sich niemand verdächtig.»
«Glück gehabt. Aber Rachmaninow! Sie scherzen. Er war nicht dabei im Zirkus des Maxentius. Er würde nicht einmal eine Fliege töten, die in seine Haarbürste geraten ist. Wenn der hinginge und sich anklagte, um sich aufzuspielen, das wäre die Höhe.»
«Die Höhe, die uns vielleicht retten könnte. Denn um uns ist es schlecht bestellt, selbst wenn wir, was Nietzsche anbelangt, unseren Schwur erneuern können. Oder dann müssen wir einen x-beliebigen Spitzbuben finden. Das dürfte schwierig sein. Ah, der oder die, die das alles zuwege gebracht hat, vor dem ziehe ich meinen Hut.»
«Meine Herren, gehen wir.»
«Ja, aber reden Sie nicht wie ein... Zeremonienmeister mit uns. Ich komme mir vor wie in einem französischen Gefängnis, am frühen Morgen.»
«Aber Richard, du tust, als ob du uns einreden wolltest, ein teuflisches Paar spiele sein Spiel mit uns und bringe uns in die schlimmsten Situationen. Ich wiederhole, daß das unmöglich ist und daß ich nicht daran glauben kann.»
«Dann glaub nicht daran, aber finde eine andere Lösung.»
Als sie den Salon des Direktors erreicht hatten, schrie Wagner plötzlich laut auf, als wolle er das Echo in einem Schloßsaal testen:
«Wenn wir schon verdächtige Kriminelle sind, warum verhört man uns dann nicht auf einem Kommissariat wie alle andern Leute?»
«Das kann noch kommen, aber vorläufig ist es besser, wenn niemand das Haus verläßt. Und dank der Intervention des Botschafters spielt sich alles diskret ab, nicht wahr. Abgesehen davon, den Italienern ist es egal, da alle Opfer Schweizer sind...» «Aha.»

In diesem Augenblick Eintritt des Inspektors:
«Der Herr hat soeben gestanden.»
«Wer?» (Wagner flüsterte plötzlich.) «Rachmaninow? Grotesk, sage ich Ihnen, und ich werde es Ihnen eins, zwei, drei beweisen. Sergej!» (kläffte er in einer Art spontaner und wilder Freude, so daß der Inspektor vor lauter Bestürzung nichts dagegen tun konnte und der rasierte Kopf Rachmaninows auftauchte, gefolgt von seinem Körper. Er wirkte erschöpft und hatte tiefe Ringe unter den Augen).
«Sergej, so hast du also Paganini getötet.»
Jetzt war Wagner ernst und feierlich.
«Ja, Richard.»
«Aber wie hast du es getan?»
«Ich ... ich habe einen Dolch genommen und ...»
«Keinen Dolch, einen Stichel, wolltest du sagen.»
«Einen Stichel, natürlich.»
«Und dann?»
Alle standen wie erstarrt da.
«Wie? Wie ‹und dann› Richard?»
«Von dem Stoß in die Kehle, warum sprichst du davon nicht?»
«Ah, ja.»
«Hast du das auch mit dem Stichel gemacht?»
«Ja, natürlich. Natürlich», wiederholte Rachmaninow mit einer Art meckerndem, senilem Lachen.
«Vor oder nach dem Stoß in den Rücken?»
«Vorher, Richard.»
Wagner ging auf Sergej zu, schüttelte ihm leutselig die Hand:
«Bravo, mein Alter. Gut geantwortet. Jetzt bist du endgültig aus der Sache raus. Herr Inspektor, es tut mir leid für Sie, aber Sie werden uns verhören müssen, um einen anderen Schuldigen zu finden. Der hier haut nicht hin.»

Gerede und Staunen rundum. Rachmaninow zeigte sanft auf den Inspektor:
«Er hat mir doch geglaubt, Richard. Warum willst du mir nicht glauben? Sie hat mir auch geglaubt?»
«Sie?»
«Laß. Es ist nichts... keine Bedeutung. Aber warum hätte ich es nicht getan haben können? Sag mir das?»
«Reg dich nicht auf. Schau, Sergej, zum Töten braucht es eine bestimmte Statur, die du... die wir nicht haben. Das sieht man gleich. Wir haben nicht die breiten Schultern von Mördern.»
«Einer unter uns muß sie aber haben, diese Schultern», bemerkte Schumann mit Nachdruck.
Und Chopin, mit halb geöffneten Lippen:
«Glaubst du, es braucht breite Schultern, um ein Verbrechen zu begehen? Glaubst du, es braucht sogar moralische Kraft? Es braucht Leidenschaft und Schwäche, das ist alles. Ich habe deutlich gesagt: Schwäche.»
Wagner lachte schallend:
«Dann sagen wir, Sergej ist zu stark, um Paganini zu töten.»
«Meine Herren, es scheint mir überflüssig zu streiten», unterbrach der Inspektor die Unterhaltung, immer noch genauso präzis und bucklig. «Ich hatte selbst meine Zweifel an dem Geständnis, und der Gegenbeweis, den Sie soeben in Szene gesetzt haben, scheint mir absolut überzeugend. In Psychologie machen wir ein andermal; jetzt wäre ich glücklich, Sie Ihrerseits anzuhören, Herr Regisseur.»
«Aber gern.»
«Obwohl», fügte der Inspektor mit einer Miene des Einverständnisses hinzu, die sogar den Direktor überraschte, «wir glauben, den Schuldigen gefunden zu haben. Was

Nietzsche betrifft, so zweifle ich nach diesem Zettel nicht im geringsten mehr an seinem Selbstmord. Bloß, irgend jemand hat ihn nach Auffinden der Leiche ‹retouchiert›.»
«Gut gefolgert. Das bin ich, ich werde Ihnen das erklären.»
«Schau an, der Herr Regisseur. Ich erwartete nicht weniger von Ihnen.»
«Ehrlich gesagt, ich gebe zwar Ratschläge für Operninszenierungen, aber ich ziehe es vor, sie zu komponieren.»
«Sehr interessant. Ist das eine metaphorische Art, mir kundzutun, daß Sie der Schuldige sind?»
«Nein, nein, bestimmt nicht. Aber nein, ich mache so etwas nicht; nach Ihnen, ich bitte Sie.»
Der Inspektor seufzte. Sie verschwanden beide im Direktionszimmer.
Rachmaninow sagte sich, daß ihm das alles egal sei: er hatte Franca überzeugt. Mehr noch, er hatte sie überzeugt, ohne noch mehr bezahlen zu müssen. Und dann hatte die Wiederholung stattgefunden. Bekanntlich ist die Wiederholung nie identisch mit der Exposition des Themas, da sich inzwischen etwas ereignet hat, das unser Klang- und Zeitgefühl verändert. Und das seltsame, zweideutige Wunder hatte stattgefunden: Die Worte Sergejs veränderten ihr Wesen, und dieses Wesen verlieh den grau-grünen Augen Francas diese Nuance von bewundernder Angst, die ihn glücklich machte. Dieser Blick verteilte sich in seinem Männerblut, und sein Männerkörper akzeptierte die Wahrheit des Imaginären; was sind die Worte anderes als Tonmodulationen, und lassen wir uns nicht zutiefst rühren von Melodien, die nichts Wirkliches sind, die objektiv betrachtet kein Gefühl und keine Wahrheit enthalten? Es heißt, der Künstler schaffe aus seinen Freuden und seinen Schmerzen heraus. Aber nein, er erschafft sich, um die Freuden und Schmerzen dessen zu vergessen, was man

gemeinhin die Realität nennt, Trugbilder der Freuden und Schmerzen, er zeigt sie sich selbst und den andern. Rachmaninow ist das beste Beispiel dafür, er, der inmitten der politischen und musikalischen Revolution, im Wissen, was um ihn her geschah, die Musik der Vergangenheit bereits aus der Perspektive der Zeitgenossen sehend, aus Distanz wie sie, er, der zu ihr zurückkehrte, um aus ihr die melodischen und harmonischen Schemata der Schmerz-Freude zu schöpfen, er hat seine wirklichen Wunden verborgen hinter einem Schutzwall von katalogisierten und repertoirisierten Wunden. Doch schließlich hat es ihn doch erwischt, er hat erkannt, daß auch die abgedroschenste Einbildung ihm die Realität ersetzen konnte. Er hat sein Herz und seinen Körper aufgerichtet, um unter dem erstbesten verminderten Septakkord zu leiden; doch mit dem Alter, das heißt nachdem die Jugend vorbei war, begann seine klangliche Sensibilität sich bereits abzustumpfen. Er brauchte immer mehr harmonische Liebkosungen, immer melodischere Bogen, immer sophistischere, bis hin zu gewissen Entartungen der Tonalität. Weit davon entfernt, die Musik der Wirklichkeit zu hören, vergrub er sich immer tiefer in seinem imaginären Reich und errichtete sich mittels Anleihen ein Trugbild musikalischer Persönlichkeit. Nein, ich bin verrückt, so war er nicht. Aber ich, sein Epigone, ich muß den Mörder spielen, um mich meiner zu versichern, ich brauche, um dem Zweifel aus dem Weg zu gehen, um zu verhindern, daß die Wirklichkeit durch die Ritzen meiner miesen kleinen Einbildungskraft in mich eindringt, ein Mädchen, dessen Beruf es ist, ja zu sagen.
«Franca, ich habe dich belogen, ich habe nicht getötet.»
Vielleicht hätte sie gelacht, vielleicht hätte sie aber auch gesagt, sie verstehe ihn, vielleicht hätte sie auch geschwie-

gen. Ich werde noch einmal zu ihr gehen, ich werde ihr die Wahrheit sagen, ich werde alles ertragen, doch ich habe Vertrauen.
«Persana, ich habe nicht getötet.»
Doch wozu? Du bist nicht meine Schwester, nicht einmal meine Cousine. Du bist hart, und wenn ich etwas Weiches an dir finden sollte, dann wäre es dein Haar, das noch lebendig wäre, wenn ich dich getötet hätte. Als Prostituierte hättest du keine Freier, das sage ich dir. Und wenn ich dich umbrächte? Auf diese Weise holte ich die Wahrheit ein, die Franca von mir in ihrem Gedächtnis trägt und die mir unerträglich ist. Solange diese Wahrheit in ihren Augen funkelt, wird alles, was von mir bleibt, Lüge sein. Gehen wir, ich will sehen, ob es möglich ist.
Der Direktor hatte das Zimmer verlassen zusammen mit Sergej, dem er brüderlich den Arm um die Schultern gelegt hatte (Sergej zwang bei seiner Größe den Direktor zu einer weit ausholenden Geste, die den nassen Fleck unter den Achseln auf seinem Hemd zum Vorschein brachte). Schumann und Chopin blieben allein im Salon zurück.
«Im Grunde hast du mir nie sagen wollen, wie du dich zum erstenmal erklärt hast.»
«Mein lieber Robert, verzeih, aber du weißt, wie ich bin.»
«Ja, aber jetzt, wo für uns jedenfalls alles vorbei ist – außer du wärst im Besitz der Kette –, scheinen die Dinge etwas anders zu liegen.»
«Ja und nein. Ich verstehe, daß du es jetzt um jeden Preis wissen willst. Aber was privat war, bleibt privat.»
«Du bist wirklich stark, Frédéric. Selbst wenn du dich einem anvertraust, merkt man früher oder später, daß du über dich rein gar nichts gesagt hast. Dafür bringst du uns so weit, daß wir unser Intimstes vor dir ausbreiten; vielleicht weil wir uns in dir wiedererkennen.»

«Du hast mich immer zu sehr bewundert und hast zu weit gesucht. Ich bin ein wenig verschlossen, das ist alles. Aber auf jeden Fall versuche ich nicht, den andern Vertraulichkeiten zu entlocken.»
«Ich sage nicht, daß du es versuchst. Aber mit Sicherheit gelingt es dir. Du erinnerst mich manchmal an diese Maler, deren Bilder unsere Einbildungskraft in Gang setzen. Wir sehen darin eine Fülle von Formen, die mit unseren Phantasmen korrespondieren: wir könnten schwören, sie seien gegenständlich, doch wenn wir genauer hinsehen, stellen wir fest, daß sie abstrakt sind. Selbst wenn ich es wollte, könnte ich das nie.»
«Das ist auch deine Stärke. Du bist, der du bist, du schämst dich deiner Gefühle nicht. Als du mir sagtest, du hättest dich Persana erklärt, na, da fühlte ich mich trotz all den Gründen, die du kennst, nicht allzu unbehaglich, denn es klang echt. Selbst als du mir von den Wunden erzähltest, die du dir zugefügt hattest, oder von den Vorstellungen, die du dir machtest, mit allen Folgen, die das hat, oder sogar die Geschichte vom Kartenmischen oder die von deinem gewaltigen Spaziergang ...»
«Oder als ich dir von meinen Kniefällen erzählte. Nein, wirklich, ich bewundere dich, denn im Grunde, objektiv gesehen, bin ich lächerlich. Es ist beschämend abergläubisch, weinerlich und alles, was du willst.»
«Aber ich sage dir doch, das macht mir nichts aus, wenn du es bist, der es sagt. Nicht daß die Aufrichtigkeit alles entschuldigen würde, aber sagen wir, ich kann verstehen, in welchem Kontext die Dinge sich zutragen. Sie haben nicht die gleiche Haltung, die gleiche Tonlage, wie wenn irgend jemand mir die gleichen Geständnisse machte. Nein, das leicht Penible an der Sache war das Echo, das sie in mir aufgrund meiner eigenen Gefühle auslöste. Ich habe dich

manchmal beneidet, das sage ich dir, während du nichts Fühlbares abbekommen hattest, übrigens. Aber beneidet um deinen Mut, in der Liebe du selbst zu sein, oder um die Bilder, die du fandest, um eine bestimmte Schönheit zu beschreiben. An dem Tag, an dem du mir von diesen Hügeln unter den Sternen sprachst, da habe ich mir gesagt, ich persönlich hätte mich nicht so ausgedrückt, aber immerhin ...»
«Reden wir von meinen Beschreibungen! Ich bin grob und nichtsnutzig, ich komme mit meinen groben Stiefeln daher, mit meinem oberflächlichen Lyrismus, meinem Mangel an wirklichen Nuancen. Du, du bist genau das Gegenteil. Ich blase verzweifelt meine beschränkten Möglichkeiten auf. Du setzt freiwillig deinen immensen Möglichkeiten Grenzen. Und das Ergebnis ist, daß du mit einem Wort mehr sagst als ich mit zwanzig Sätzen.»
«Du bewunderst mich viel zu sehr, ich sage es noch einmal.»
«Und glaub mir, wenn du willst, ich beneide dich nicht. Ich stelle fest, das ist alles, und ich freue mich, daß ich nicht der einzige bin, der die Schönheit liebt, ich freue mich vor allem, daß es andere gibt, die es besser können als ich.»
«Ehrlich, glaubst du nicht, daß wir uns mit Komplimenten überschütten, weil jede direkte Konfrontation jetzt ausgeschlossen ist? Noch vor ein paar Stunden hätten wir nicht so gesprochen. Wir sind nicht mehr achtzehn.»
«Ich weiß nicht. Ich glaube, daß ich dich vielleicht umgebracht hätte, doch ohne mich entschließen zu können, dich zu hassen. Und dann, gib zu, daß diese Liebe uns verbunden hat, mehr als sie uns trennte, denn sie hat gar nicht daran gedacht, einen von uns zu wählen.»
«Ja, das schafft eigenartige Beziehungen. Vor zehn Jahren ...»

«Doch, um auf meine erste Frage zurückzukommen, erzählst du mir eines Tages von deiner Begegnung, ich meine, von deiner Liebeserklärung?»
«Ich weiß nicht, Robert. Übrigens habe ich gar keine Liebeserklärung gemacht.»
«Du willst doch nicht behaupten, du habest sie in die Arme genommen, ohne ein Wort zu sagen?»
«Natürlich nicht. Ich glaube eher, ich habe Spaß gemacht. Oder ich habe geschwiegen.»
«Du hast dich zweifellos mit Musik ausgedrückt. In der Tat, glaubst du, daß sie Klavier spielt?»
«Sie? Überhaupt nicht. Sie hat sich noch nie auch nur dem Schatten eines Klaviers genähert.»

«Mit diesen Händen, die Sie haben, müssen Sie wunderbar spielen können.»
«Täuschen Sie sich nicht. Man spricht von ‹Pianistenhänden›, um die Feinheit und Länge der Finger anzudeuten. Aber manche wirklichen Pianisten, und nicht die unsensibelsten, haben Hände wie Fleischer. Wenn auch die Hände Chopins tatsächlich eher zerbrechlich waren.»
«Ich verhehle Ihnen nicht, daß ich für Hände sehr empfänglich bin. Manche stoßen mich so sehr ab, daß mich schaudert, wenn ich sie drücken muß, und ich für ihren Besitzer absolut keine Freundschaft empfinden kann. Und dies bei Frauen wie bei Männern. Und dann will ich Ihnen etwas sagen. Ich verabscheue zweifellos die grobschlächtigen Hände oder die fetten oder die mit Krallen, aber ich fühle mich auch nicht wohl mit den allzu ausgewogenen; die einfach hübschen Frauenhände, die nichts als die natürliche Verlängerung des Körpers sind und von denen man allzu gut auf den Rest der Persönlichkeit schließen kann, lassen mich kalt. Finden Sie, daß ich mich selbst lobe?»
«Ja, aber zu Recht.»
Persana ging zum zweiten Mal mit Chopin aus. Sie empfand für ihn nicht die gleiche schlichte und warme Freundschaft wie für Paganini. Aber sie fühlte sich in seiner Gesellschaft auch nicht unbehaglich, da sie zugleich seine Liebe erraten hatte und die Tatsache, daß er um keinen Preis darüber reden würde. So blieb eine volle und umfassende Freiheit möglich, da kein fatales Wort die Protagonisten in überkommene Rollen drängte: Persana konnte guten Glaubens neben einem nicht-verliebten Chopin hergehen, da die Gesten und Blicke von Mann zu Frau, selbst die ausdrucksvollen, keine protokollarische Forderung nach einer Antwort enthielten. Der Blick eines Mannes kann flehentlich sein, doch eine Frau hat das Recht,

seine Bedeutung nicht zu beachten. Dennoch, wird man sagen, ist ein Satz oft zweideutig, während gewisse Blicke keine Zweifel aufkommen lassen. Ja, aber eine Frau hat das Recht, blind zu sein; so läßt sie für den hoffnungsvollen Geliebten sogar einen kostbaren und unendlichen Zweifel im Raum hängen. Jedoch kann sie nicht taub sein. Sagen wir genauer: Die Blicke und Gesten geben, auch wenn sie im Grunde keinen Zweifel zulassen, noch immer die Freiheit unterschiedlicher Interpretation und begrenzen die Gefühle nicht, wie dies die Sprache tut.

Der Mann profitiert übrigens auch davon, wenn er – wie so oft – damit beginnt, ein Fräulein ins Kino einzuladen, ohne ihr damit etwas anderes mitzuteilen, als daß er Lust hat, sich an einem Samstagabend mit einem stets verfügbaren Louis de Funès die Langeweile zu vertreiben. Beim zweiten Mal nimmt man sich zum Beispiel vor, die Hand der Dame zu berühren (die nicht den geringsten Vorwand gehabt hat, die Einladung auszuschlagen, denn es ist von nichts als von Kameradschaft die Rede). In diesem Stadium gibt es zwei Lösungen. Die erste und häufigste: Die Hand nehmen lassen, denn im Grunde hat das keine Konsequenzen. Und so weiter, die Steigerungen sind relativ bekannt.

Zweite Lösung: Das Mädchen zieht seine Hand zurück. Nur, einer *Geste* kann nicht mit einem *Wort* entgegengewirkt, sie kann nicht mit einem Wort aufgewogen werden (denn der Junge, weit davon entfernt, seine Liebe zwischen zwei Gags zu gestehen, lacht weiter zu den Späßen von Louis de Funès und schaut geradeaus, sogar wenn er die Stellung verändern mußte, um nicht so unbequem zu sitzen). Das Mädchen zieht also seine Hand zurück. Bloß, die Bewegung kann sehr gut auch bedeuten: nicht jetzt, nicht hier, noch nicht, Idiot usw.... Sie kann völlig legitim

auf tausenderlei Arten interpretiert werden, um so mehr als das Fräulein, um den jungen Mann nicht zu beleidigen, sich mit beiden Händen das Haar glättet oder lockert, so als ob das Zurückziehen nur eine vorbereitende Bewegung für die kokette «Wiederherrichtung» gewesen sei. Und unfehlbar während eines besonders zwerchfellerschütternden Gags von Louis de Funès, frisch wie am ersten Tag, wiederholt der Junge seinen Versuch. Das Mädchen bedarf dann einer ungewöhnlichen Grausamkeit, einer seltenen moralischen Unanständigkeit, einer seltenen Mißachtung der Gepflogenheiten, um trotzdem «nein» zu sagen: nein wozu? Wo doch gar nichts verlangt wurde; vor dem Kino wird sie stottern: «Hör zu, das nicht, ich will nicht, deine Kameradin sein, gut, aber ...» Dann er: «Was denn ‹das›? Wovon redest du? Ah, aber das war doch so, schau ...» Und das Fräulein, das im Grunde genommen den eindeutigen Kniefall, das zitternd und deutlich ausgesprochene «ich liebe dich» vorgezogen hätte, findet keinen Vorwand mehr, offen heraus den nächsten Funès zu verweigern. Diejenigen, die dieser Behandlung mit dem Nicht-Gesagten widerstehen, sind sehr selten und sehr schlecht angesehen. Ah, reden Sie mir von diesen jungen Verrückten, die sich Ihnen nach drei Sekunden vor die Füße werfen! Da kann ich nein sagen, spätestens von der vierten Sekunde an und es gleichzeitig bedauern, denn sie haben mir nicht die Zeit gelassen, sie kennenzulernen.
Leider ist die Sache mit diesen jungen Leuten des Schweizer Instituts viel zäher, da sie weder verzichten noch die Waffen strecken. Doch im Falle Chopins liegen die Dinge bewundernswert gut: er wird nicht reden, aber er wird auch keine gewagten Gesten riskieren. Er ist nicht der Typ, der im Kino Ihre Hand nimmt. Da er darüber hinaus angenehm, intelligent, feinfühlig, poetisch ist und sich in

seinem Körper nicht wohl fühlt, ist man mit ihm in sehr guter Gesellschaft. Und ich kann nicht glauben, daß solche Spaziergänge ihn quälen. Ich glaube sogar, daß er mir dankbar ist für meine Haltung. Sicher, das alles ist widersprüchlich: Ich vertrage es nicht, wenn man mich anschaut, aber ich liebe es, auf eine bestimmte Art und Weise angeschaut zu werden. Ich will nicht, daß man mich liebt, aber es gefällt mir, geliebt zu werden.

Chopin war nicht von der schlechtesten Sorte: er weigerte sich, im Opfer eine Aufwertung zu sehen. Als sie sich bei einbrechender Dämmerung völlig allein in der Stille des wunderbaren Klosters zu den «Vier heiligen Kronen» befanden, spielte sich etwas zumindest Eigenartiges ab: diese nicht weit von dem höllischen Kolosseum gelegene romanische Kirche, vor allem ihr Kreuzgang, atmete eine Geistigkeit, die zuerst aus Stille gemacht und aus Stille gewonnen war. Mit einemmal erlangte das Plätschern des kleinen Brunnens in der Mitte des Kreuzganges eine heilige Bedeutung. Frédéric hätte es selbst bei Persana kaum geduldet, daß sie hingegangen wäre, um daraus zu trinken: das leise Geräusch des fallenden Wassers hätte auf einmal aufgehört, und das wäre dann wirklich die absolute, nicht bewegte, unmenschliche Stille gewesen. Man hätte die Mitte zwischen Zeit und Ewigkeit, zwischen der Stille der Erde und der Stille des unendlichen Raumes verloren. Doch war nicht Persana gerade diejenige, die die Vermittlungen unterbrach, die Euch, trotz menschlicher Züge, mit Gewalt das Absolute offenbarte. Ja, Persana, du gehst weniger sanft mit den Menschen um als die Religion.

Eine seltsame Angelegenheit also: Die geliebte Frau hatte sich, nachdem sie mit nachdenklicher und entzückter Miene durch den Kreuzgang gegangen war, zuerst zwischen zwei Säulchen gesetzt, dann hatte sie sich auf dem

Rasen neben dem Brunnen niedergelassen; er plätscherte mindestens hundertmal, während sie, ohne ein Wort zu sagen, ohne einen Blick für ihren Begleiter, die Augen zum Himmel erhob. Chopin wußte, daß das keine Einladung war. Doch er wandte sich, so ungezwungen wie möglich, von diesem Säulenbett ab, um in die angrenzende Kirche zurückzukehren.

«Ich glaube an nichts», flüsterte sie, als sie wieder mit ihm zusammentraf, «aber wenn ich so etwas sehe, dann sage ich ‹danke, mein Gott›. Blöd, was?»

«Sie glauben, daß irgendwer irgendwo im Universum für die Schönheit verantwortlich ist?»

«Eben, ich glaube an nichts. Und doch benehme ich mich, als ob ich glaubte.»

Chopin lächelte:

«Für mich ist es ganz einfach, ich glaube, daß nichts einen Sinn hat und daß es keine Schönheit gibt.»

Sie lachte und legte ihm fröhlich die Hand auf die Schulter. Er erbleichte gebührend.

«Übrigens, ich wollte Sie um Rat fragen. Sie kennen doch Ihren Kollegen Robert gut, nicht wahr?»

«Schumann? Er ist ein ausgezeichneter Freund.»

«Auf jeden Fall spricht er mir gegenüber von Ihnen in den höchsten Tönen.» «Ach.»

«Er hat mir sogar gesagt, er wolle Ihnen seine Arbeit über die ... ich weiß den Namen nicht mehr, widmen.»

«Die *Kreisleriana?* Ja, weil der wirkliche Schumann das Werk seinem Freund Chopin gewidmet hatte. Wir geben uns gerne diesen Spielchen hin.»

«Oh, bei ihm ist das kein Spiel. Ich glaube wirklich, er hätte gern im letzten Jahrhundert gelebt. Doch ich möchte Sie seinetwegen etwas fragen. Sie müssen mir versprechen, daß Sie es für sich behalten.»

«Aber wer bin ich denn, daß Sie mir Geheimnisse anvertrauen?»
«Ganz einfach, ich habe Vertrauen zu Ihnen. Ich weiß, daß Sie nicht plaudern werden. Doch verlassen wir diese Kirche, wenn Sie einverstanden sind.»
«Ja, wir könnten einen Blick in San Clemente werfen; es ist nur zwei Schritte von hier. Wunderbare Mosaiken, die das Paradies auf sehr irdische und verständliche Weise darstellen. Der Gang lohnt sich. In dem Kreuzgang eben war es nicht übel, aber wenn man die Ohren spitzte, konnte man noch immer den Lärm der Stadt hören. In dem Mosaik ist die absolute Stille, und man kann darin wohnen.»
«Also gehen wir. Was Schumann betrifft, ich habe den Eindruck ...»
«Passen Sie auf die Autos auf. Ihr Hund ist nicht da, um auf uns aufzupassen.»
«Oh, er ist kein Blindenhund. Viel eher muß ich ihn zurückhalten. Aber ich glaube, bei Ihrem Direktor ist er in guten Händen. Wußten Sie, daß ich vorhin, als ich im Gras lag, an ihn dachte? Für gewöhnlich, wenn ich ins Bett gehe, kommt er zu mir, und dann ist er mein Herr. Die genaue Umkehr der Dinge. Aber er nützt es nicht aus, er wird nicht hochmütig.»
«Genau das ist das Paradies. Die Gleichheit alles Lebendigen. Sie werden das Mosaik sehen.»
«Im Grunde sind nur wir es, die Menschen, die ein Leben lang versuchen, diese Gleichheit zu zerstören. Bei Ihrem Freund Schumann zum Beispiel habe ich den Eindruck, daß er einen Unterschied machen will zwischen den Menschen und, zum Beispiel, den Hunden.»
«So?»
«Lachen Sie mich nicht aus.»
«Hier ist es; Verzeihung, ich gehe vor. Haben Sie das

gesehen? Es scheinen irische Mönche zu sein. Das Weiß steht ihnen nicht schlecht.» «Sicher besser als mir.» «Was sagen Sie dazu? Schauen Sie diesen Pfau, halb imaginär, oder diesen Fasan mit seinem rosa und blauen Gefieder. Ein Fasan, das ist ungewöhnlich im christlichen Paradies. Dieses Tier, das im Grunde nur ein Huhn ist, erinnert mich stets an den romantischen Künstler, und ich bin glücklich, ihn im Paradies wiederzufinden. Und schauen Sie diese beiden symmetrischen Rehe, die friedlich aus dem Quell des Lebens trinken. Und diese riesigen Blumen. Pfauen, Orchideen, Basilisken; es fehlen nur noch die Mädchen. Haben Sie bemerkt, daß all diese Blätterspiralen und -girlanden voller Vögel genau das Gefieder eines einzigen riesigen Pfaus darstellen, dessen Rad den Umriß formt. Und schauen Sie dieses aus Tauben gebildete Kreuz und diese Dornenkronen, die in die Arabesken des heidnischen Akanthus übergehen. Ich bin kein enragierter Pantheist von der Art Wagners, aber ich bewundere, wie sehr die irdischen und konkreten Elemente dazu dienen können, ein geistiges und ganz und gar abstraktes Mysterium zu verherrlichen. Welche Eleganz immerhin, welche Beschränkung im Reichtum. Jedesmal wenn ich hierher komme, ziehe ich daraus die gleiche Lehre: Es gibt Mittel, das größte Geheimnis sichtbar zu machen, ohne ihm den Charakter des Geheimnisvollen zu nehmen. Im Gegenteil: Man erhöht das Geheimnis, indem man es darstellt. Dieses Paradies voller kleiner Tiere kann kindlich oder sentimental wirken. Und dennoch, diese Pfauen haben teil an der reinen Form, sie schaffen sie in ihrer Abstraktion, und die Abstraktion entfaltet sich wie ein vergeistigter Pfau.»
«Frédéric, ich glaube, Schumann ist verliebt in mich. Das langweilt mich sehr. Doch ich höre, was Sie mir sagen, es ist sehr schön.»

«Schauen Sie, ich habe mich bei Chopin oft gefragt, woher dieses einmalige Mißverständnis, da doch Chopin nur soweit ein Romantiker ist, wie dies jeder Künstler ist. Das 19. Jahrhundert, sagt man, das war der Mythos vom Genie, der Mythos von der Inspiration, der Mythos vom leidenden und einsamen Künstler. Ohne Zweifel, doch es ist auch die Realität des Genies, und wenn es in unserem Jahrhundert nichts mehr gibt, das den Streichquartetten von Beethoven entspricht, dann ist das nicht der Fehler eines Mythos.»
«Ich verstehe nicht, worauf Sie hinauswollen, Frédéric.»
«Auf Chopin natürlich: Verstehen Sie mich richtig, ich bitte Sie, es ist wichtig. Der Mythos von seiner sentimentalen und schmerzlichen Musik, der Volksmund hat ihn geschaffen, weil er die Vorstellung keuschen Leidens nicht erträgt, sie vermittelte ihm ein zu hohes Bild vom Menschen. Ich erzähle Ihnen das alles, weil ...»
«Ich sprach von Schumann.»
«Ja. Ich bin ein schlechter Ratgeber. Gehen wir zurück?»
Warum quälte Persana Chopin? Nicht eigentlich aus Grausamkeit. Aber für ein paar Minuten hatte sie die Liebe, die ihr galt, vergessen. Und Frédéric war ihr wirklich sympathisch. Sie hätte ihn gern zum Freund gehabt, zum Vertrauten. Doch sie fühlte genau, daß das unmöglich war wegen dieser immerwährenden Liebe, die die Beziehungen zerstört und verfälscht. Wahrhaftig, auch aus ihm mußte ein Feind werden.

«Aber Frédéric, ich habe sie neulich abends am Flügel überrascht, sie spielte Liszt. Die *Gondole funèbre*. Ich schwöre es dir, auch wenn sie es abstreitet. Ihre Hände auf den Tasten, du kannst das nicht wissen. Das stimmt genau mit meinem gefühlsmäßigen und geistigen Traum überein: diese streichelnden Hände, die Musik hervorbringen.»
«Mein alter Schumann, begreifst du denn nicht, daß du jetzt eben aufhören mußt zu träumen und daß ich aufhören werde, dich Schumann zu nennen? Wagner hatte doch ein Beispiel gegeben, vor diesem armen Nietzsche. Persana ist nicht deine geliebte Clara, sie wird es nie sein.»
«Willst du damit sagen, daß ich visuelle und auditive Halluzinationen habe?»
«Auditive bestimmt. Hast du nicht kurz vor Ausbruch des Wahnsinns, im Jahre 1854, Themen gehört, die von Geistern diktiert wurden, und unerträgliche Noten?» Robert lächelte traurig und legte seinem Begleiter die Hand auf die Schulter:
«Komm, wir können uns dem nicht entziehen. Du hast mir nie gesagt, ob es sich für dich um Constance Gladowska oder um Marie Wodzinska handelt? Auf jeden Fall nicht um George Sand!»
«Laß das. Ich frage mich, was der Inspektor wohl mit Wagner macht.»
«Frédéric! Wer hat die Kette, wer denn? Ich schwöre beim Blute Schumanns, daß ich es nicht bin. Ich weiß, daß du es nicht bist. Also Richard? Doch er hat soeben die Angelegenheit verkompliziert, indem er Sergej entlastet hat. Hätte er das getan, wenn er der Schuldige wäre? Nein, das glaube ich nicht. Was Franz angeht, da weigere ich mich einfach, die Vorstellung ins Auge zu fassen, daß ... Nein, das ist ganz einfach unmöglich.»
«Man wird doch wohl nicht den Direktor beschuldigen

wollen? Also ist es Franz oder Richard. Einer von beiden spielt Theater. Aber du weißt, ich verzeihe ihm im voraus: Was hätten wir an ihrer Stelle getan?»
«Ja, aber du vergißt ein Detail, das mir seit einer Weile zu schaffen macht. Sie hatte zu uns gesagt: ‹Welches Mittel er auch anwende› oder so etwas Ähnliches. Es ist folglich nicht auszuschließen, daß Paganini sie doch insgeheim an sich genommen hat; denk an ihren verlorenen, entsetzten Gesichtsausdruck, als sie das Verschwinden bemerkte. Nimm einen Augenblick lang an, dieses Entsetzen sei echt gewesen. Paganini nimmt die Kette, er wird von Richard oder Franz umgebracht, dem Persana sich jetzt beugen muß, ohne ihn zu lieben. Hast du daran schon gedacht? Hast du daran gedacht, daß Nietzsche sich nicht umgebracht hat wegen eines Paganini-der-die-Kette-nicht-hatte-und-den-er-umsonst-getötet-hätte: Er hat Paganini nicht getötet, also hat er ihn im verhängnisvollen Augenblick auch nicht gesehen: dieser hatte die Kette vielleicht wirklich, die sich zur Stunde in der Tasche von X oder Y befinden muß.»
«Von Wagner oder Liszt. Aber es gibt noch andere Lösungen, genauso plausible: Persana gibt Liszt die Kette, und dieser arme Wagner, überzeugt davon, daß Paganini sie genommen hat, tötet ihn umsonst. Oder umgekehrt. Also hat das Verbrechen stattgefunden, weil Paganini die Kette genommen hatte oder weil man glaubte, er habe sie genommen. Im ersten Fall hat sie jetzt der Mörder. Im zweiten Fall sind Dieb und Mörder zwei verschiedene Personen.»
«Mir zerspringt der Kopf.»
«Ich suche den genauen Wortlaut des Satzes, mit dem sie auf unser Ultimatum geantwortet hatte. Sie hat nicht gesagt ‹mit welcher Methode auch immer›. Mir scheint,

man konnte ihn nicht wirklich in dem Sinn verstehen: ‹Wenn Paganini sie mir entwendet, dann gehöre ich ihm.›»
«Aber im Gegenteil, ich bin sicher, daß wir es so verstehen sollten und nicht anders.»
«Gut, offensichtlich haben wir angefangen, Paganini zu überwachen, weil Persana ihm deutliche Zeichen ihres Interesses zu geben schien und wir sie immer zusammen sahen. Aber ich frage mich, ob wir nicht nach und nach zwei Dinge durcheinandergebracht haben: die Taschenspielerei und Niccolòs Fähigkeit, sich liebenswert zu machen. Wenn ich denke, daß wir uns in unserer Panik und Eifersucht im Grunde noch nicht einmal gefragt haben, ob er sie tatsächlich liebte.»
«Auf jeden Fall schwöre ich dir, daß der Satz zumindest zweideutig war. Paganinis Mörder schließlich hat ihn so verstanden, wie ich sage. Denk an ihre Heftigkeit und ihren Stolz, als sie uns ihre Antwort gab. Sie schien zu allem bereit, selbst zu absurden Lösungen, wenn wir sie bloß in Ruhe ließen.»
«Nein, für mich ist die Sache klar. Sie war in Paganini verliebt; sie hat sich vielleicht insgeheim gesagt, daß, wenn sie die Sache als Diebstahl hinstellte, was bei den Fähigkeiten Niccolòs plausibel erscheinen mußte, wir weniger unter dem Gedanken leiden würden, daß ihre Wahl nicht durch das Gefühl bestimmt war, sondern durch die Notwendigkeit. Oder eher ...»
«Dann hätte er die Kette mit ihrem Einverständnis gestohlen?»
«Warum denn nicht? Und jetzt fällt es auf sie zurück, denn sie ist ihrem Schwur ausgeliefert, das heißt Liszt oder Wagner.»
«Aber nein, das ist abwegig, sie ist niemandem ausgeliefert. In meinen Augen fühlt sie sich von uns allen angezo-

gen. Deshalb ihre Wahl nach einem rein zufälligen und absurden Kriterium. Sonst hätte sie sich nicht in ein solches Wespennest gesetzt. Übrigens, Liszt war über den Handel, wenn ich so sagen darf, nicht auf dem laufenden. Also, was ihn angeht, ist es ausgeschlossen, daß ...»
«Liszt kann ihr seine Liebeserklärung später gemacht haben. Anderseits, du sagst Wespennest, sie konnte den Mord an Paganini nicht voraussehen.»
«Vielleicht nicht, aber glaubte sie allen Ernstes, daß wir die Hände in den Schoß legen würden, wenn die Wahl getroffen war?»
«Aber ja, da sie doch vorhatte, gleich danach abzureisen.»
«Ich will sagen: Wenn sie sich von keinem von uns angezogen gefühlt hätte, dann hätte sie bloß mit einem globalen ‹Nein› zu antworten brauchen, und alles wäre längst zu Ende. Irgend etwas muß sie hier zurückhalten.»
«Ja, Paganini hielt sie zurück. Ich sage dir, sie hat sich dieses Theater ausgedacht, um uns weniger zu quälen. Oder eher um uns noch mehr zu quälen: So werden wir nie wissen, ob sie ihn aus Liebe gewählt oder ob sie sich nur gefügt hat.»
«Aber wie lautete ihr Satz, das ist es, was ich unbedingt herausfinden möchte.»
«Schumann bevorzugte das Tische-Rücken, und Chopin ging zu den Somnambulen, um verlorenes Geld wiederzufinden. Vereinigen wir unsere Kräfte, um das Vergangene wiederzufinden. Tun wir uns zusammen.»

Es begann am 6. Juni mit dem, was man einen tollen Streich zu nennen pflegt; sie hatten in einer ausgezeichneten Trattoria in der Via degli Avignonesi, nicht weit von der Piazza Barberini, gegessen. Schumann hatte seinen Wagen genommen, obwohl sie ganz in der Nähe des Instituts waren: Sie hatten vor, ihren Nachtisch auf der Piazza delle Muse in den schönen Vierteln einzunehmen; es handelte sich um eine Terrasse, die hoch oben über den Schleifen des Tibers lag; dort traf sich die neofaschistische Jugend beiderlei Geschlechts, um sich selbst ihre eitle Eleganz und ihren entmutigenden Wohlstand vorzuführen. Die Kehrseite der Welt unserer Musikologen. Doch die Anwesenheit Persanas an einem solchen Ort böte, so dachte Schumann, eine gute Gelegenheit, die Eleganz mit der Gediegenheit, den neureichen Wohlstand mit dem Adel des Geblüts zu vergleichen, zu sehen auch, ob die sinnliche und laszive Geschmeidigkeit der jungen reichen Römerinnen ihn von seiner Verehrung für Clara abbringen könnte. Doch dieser Plan mit der Piazza delle Muse ließ sich nicht realisieren. Im Verlaufe des Essens kam die Rede auf das Grab der Caecilia Metella und den Zirkus des Maxentius; Persana fragte, ob man diese Ruinen auch abends besuchen könne. Wagner schlug, angeregt durch einige Gläser Barolo, vor, auf der Stelle hinzufahren: man fände schon eine Möglichkeit, über die Gitter zu klettern, falls es welche geben sollte. Da jedermann bei ausgezeichneter Laune war, wurde die Sache beschlossen. Persana hätte an sich lieber nein gesagt. Doch sie dachte, daß sich ihre verschiedenen Begleiter gegenseitig neutralisierten. Sie würde also Schumann gegen Chopin, Wagner gegen Nietzsche ausspielen müssen. (Rachmaninow wurde erst später ins Bild gesetzt, nachdem er Wagner eines Nachts ein Geständnis gemacht hatte in jenem höllischen zweiten

Stock des Instituts, wo sie sich zufällig begegnet waren und sich gegenseitig erschreckt hatten. Wagner hatte ihm daraufhin die von Persana aufgestellten Bedingungen grausam mitgeteilt. Rachmaninow hatte ihn angeschaut, scheinbar ohne etwas zu begreifen. Mit Paganini war es anders. Da er ihn immer in Begleitung Persanas sah, war Wagner am hellichten Tag auf ihn losgegangen, um ihm den Befehl zu geben, bei Todesstrafe keine andern denn ehrbare Mittel anzuwenden. Niccolò schien noch überraschter als Sergej.)
Im Auto saß Schumann am Steuer, Persana zu seiner Rechten. Auf dem Rücksitz Nietzsche, Chopin, Wagner. Richard und Friedrich hatten nichts dagegen, durch einen Körper und eine künstlerische Welt getrennt zu sein, die der eine liebte, der andere, so gut es ging, ignorierte, die jedoch nicht von Grund auf feindselig war.
Piazza Venezia. Der Vittoriano, blendend und überzukkert. Die Via dei Fori Imperiali, die einen großartigen Ausblick auf das Kolosseum freigab und Wagner zu einigen Bemerkungen von zweifelhaftem politischem Inhalt verführte. Die Thermen des Caracalla, unter denen sich fellinische Prostituierte ergingen. Wagner hatte einen Kommentar zu diesem Thema auf der Zunge, doch er hielt sich zurück. Schließlich die Via Appia antica, gesäumt von äußerst mysteriösen Anwesen, die man sich von Okkultisten oder steinreichen, stark geschminkten Emigrantinnen bewohnt vorstellen konnte. Auf jeden Fall schien Tristan den Verdacht zu haben, daß sie von Molochen bewacht wurden, die des Hunds von Baskerville würdig gewesen wären: auf Persanas Knien liegend, hörte er nicht auf zu knurren und zu heulen. Schumann fuhr in eine Querstraße. «Ich glaube, von dieser Seite kommen wir eher hinein.»
Stopp in einer seltsamen, baumbestandenen Allee.

«Dort drüben, das ist der Tempel des göttlichen Amors.»
«Schauen wir uns das an», brummte Wagner im Aussteigen.
Der Mond, die laue Luft, das Windchen, das weiße Kleid,
das gute Essen, das Übermaß an Mut, das die Nacht verleiht. Das alles konnte nicht ohne Folgen bleiben. Stacheldraht versperrte den Eingang zum Zirkus. Man überwand ihn ohne große Mühe, wobei schrecklich anmutige
Schatten unter geschürztem Weiß zum Vorschein kamen.
Tristan, außer sich durch fernes Bellen, erreichte, daß man
ihn von der Leine ließ. Er stürzte sich ins Nichts, durchlief
in großer Geschwindigkeit die ganze Fläche des Zirkus.
Die Menschen stiegen vorsichtiger hinab. Persana gab
acht, daß sie sich von jedem ein paar Sekunden lang helfen
ließ, und jeder konnte seinen Wahnsinn auffrischen, wenn
er eine Hand berührte, die vielleicht (aber nur vielleicht)
die seine etwas mehr preßte, als es die Schwierigkeiten des
Terrains erfordert hätten. Bald würden sie reif sein.
Zuerst gingen sie in einer Reihe und stellten fest, daß diese
geisterhaften Ruinen unter dem Mond aussahen wie ein
Mondzirkus; ein Mond, den der Hund der Sternbilder von
Ferne anheulte. Tristan, der auf eine Jagd verzichtete, die
ihn zu weit von seiner Herrin entfernt hätte, begnügte sich
mit wilden Sprüngen, die er jäh unterbrach, um seine Pfote
auf einen wunderlich geformten Stein zu heben und immer
wieder prüfend zurückzukehren.
Bald wurde die Reihe der Menschen durchbrochen. Nietzsche, der zu empfänglich war für die ewige Präsenz des
kreisenden Mondes in diesem in sich geschlossenen Ort
und beinahe verrückt wurde bei dem Gedanken, sich
plötzlich auf einem Gestirn weit draußen im Kosmos zu
befinden, gelangte durch das metaphysische Entsetzen zu
einer paradoxen Heiterkeit hinsichtlich der menschlichen,
mit einemmal relativ gewordenen Angelegenheiten und

auch zu einer plötzlichen Mißachtung dessen, was man Konventionen nennt. Ein solcher Augenblick, ein Augenblick der offensichtlichsten ewigen Wiederkehr, käme nie wieder in ihrem irdischen Leben. Das war der Augenblick, um alles zu wagen. Ihr kreisender Spaziergang in dem weißen Licht gleich dem Lauf der Gestirne. Was hat ein Stern zu befürchten? Dieser Stern ist tot, doch wir schaffen im Augenblick seine Vergangenheit und seine Zukunft; der Atem des Hundes sagt mir, daß alles erlaubt ist, was Leben ausdrückt.
Es gelang ihm, Persana schneller gehen zu lassen und sie hinter einen Vorsprung der Ruine zu führen, und das war der Beginn einer überaus peinlichen Szene, von der wir nur das Wesentlichste festhalten wollen: ein krampfhaft sich wiederholender Heiratsantrag, begleitet von Gesten an der Grenze zu gebieterischer Gewalt:
«Laß mich deine Perlen anfassen, es sind die Perlen des Mondes, es gibt nur den Mond hier, verstehst du, niemand vermag etwas gegen die Ewigkeit, die wir erschaffen...»
Sie hatte ihn verhältnismäßig nachsichtig zurückgestoßen, was nicht schwer war, denn er war ein wenig betrunken und taumelte. Er tat ihr leid. Sie sagte zu ihm (und wer weiß, ob das eine spontane Reaktion oder die Frucht langer Überlegung war?):
«Beruhigen Sie sich doch. Ich kann mich nicht so schnell entscheiden. Doch wenn ich mich für Sie entscheiden sollte, dann dürfen Sie die Kette berühren. Ich werde sie Ihnen geben, schauen Sie. Es wird das Zeichen meines Ja sein. Ihre Geschichte mit Lou bringt mich auf Ideen, wie Sie sehen.»
Der mondsüchtige Nietzsche entfloh, denn er hörte die Schritte der andern.
Eines andern: Wagner.

«Was hat Ihnen dieser junge Idiot gesagt? Aber Sie sind ja entsetzlich schön.»
«Haben Sie Ihre Theorien und den Ruf Ihrer Sinne noch immer nicht in Einklang gebracht?»
«Wie hart Sie sind. Aber das macht nichts.»
Gleiche Szene, einen Grad aggressiver, weniger flehend.
«Lassen Sie mich. Was habt Ihr denn alle?»
«Was heißt alle?»
«Ich kann nicht, ich will mich nicht entscheiden, hören Sie? Und noch weniger mich der Gewalt beugen. Wenn Sie mich jetzt nicht loslassen, werden Sie mich nie wieder sehen. Fassen Sie diese Kette nicht an. Was ich Ihrem Kollegen gesagt habe, gilt auch für Sie.»
«Weil er vorgibt, Sie zu lieben.»
«Das ist sein gutes Recht.»
«Es ist auch meins.»
«Ja, gut, ich bitte Sie, auch an meine Rechte zu denken. Gehen Sie jetzt.»
«Und was haben Sie zu meinem Kollegen gesagt?»
«Wenn ich ihm die Kette gebe ... Sie müssen nur verstehen. Fragen Sie Nietzsche, woher ich diese Idee habe.»
Wagner zuckte die Schultern und wandte sich ab. Hinter ihm Schumann und Chopin, die Miene ernst, schrecklich und entschlossen.
«Bemühen Sie sich nicht, meine Herren, das Fräulein sagt mir soeben, der Auserwählte werde der Besitzer der Kette sein. Aber ... es wird also auf jeden Fall einen Auserwählten geben?»
«Sie können das allen meinen Verehrern mitteilen, wenn es noch weitere gibt.»
«Präzisieren wir noch», sagte Wagner drohend. «Könnte der Auserwählte der sein, der Ihnen die Kette entreißt? Oder der, der sie Ihnen stiehlt?»

Schumann und Chopin schwiegen verwirrt. Persana mußte also mit einer Art hoheitsvoller und trauriger Verachtung folgende unglaubliche Worte sprechen:
«Ich beglückwünsche Sie zu dem Niveau, das Sie spontan den Dingen verleihen. Sie wissen, wenn man da schon durch muß, auf die eine oder andere Weise, es ist mir im Grunde egal. Ich verabscheue diese Liebe. Aber was soll's, ich bin eine Frau wie alle andern. Ich will auch leben, nein? Also, Sie stellen mir ein Ultimatum, ich antworte Ihnen. Es ist an Ihnen zu wissen, welche Art von Liebe Sie wollen. Und jetzt lassen Sie mich. Lassen Sie mich und tun Sie, was Ihnen gut scheint. Ich gehe zu Fuß zurück.»
«Zu Fuß? Aber das ist viel zu weit. Und viel zu gefährlich.»
«Gefährlich? Und dann Sie? Tristan, hier. Du läßt mich einfach allein. Komm jetzt, wir gehen nach Hause.»
Man hatte alle Mühe, sie dazu zu bewegen, ins Auto zurückzukehren. Die Rückfahrt verlief düster und völlig schweigsam, außer einem – je nachdem, wer es sprach – unbestimmten, trockenen, flehentlichen, schrecklichen oder verzweifelten Gute Nacht am Tor des Instituts.
In ihrem Zimmer konnte sich Persana, obwohl sie gesprochen hatte, wie sie es vorgehabt hatte, nicht mehr zurückhalten und weinte lange, gegen einen sehr beunruhigten Tristan geschmiegt. Einen Augenblick lang wünschte sie beinahe, daß einer von ihnen hereinkomme und ihr alles entreiße, damit es ein Ende habe. Man würde sehen, wie weit diese Männer sinken konnten, wie weit sie ihre lächerliche Eifersüchtelei treiben würden.

Der Inspektor glaubte, den Schuldigen gefunden zu haben, und war glücklich, daß Wagner die Situation nicht etwa komplizierte, sondern klärte. Da Richard sich als sehr kooperativ erwies, stellte er ihm sogar einige sehr allgemeine Fragen über die Atmosphäre des Hauses; es fehlte ihm, um die Verrücktheit des Ortes zu verstehen, ein Glied in der Kette, das der Direktor ihm nicht hatte liefern können.

«Sie verstehen, wir haben nach und nach die Grundlagen geschaffen, unsere Mittel verfeinert. Das ist nicht von selbst gekommen. Wir kennen uns seit zehn Jahren, und erst hier in Rom haben wir wirklich zu einem Einverständnis gefunden, wie ein Quartett, das lange Jahre in der gleichen Formation arbeitet. Ein Septett, genauer. Über die gemeinsamen Vorlieben hinaus, leidlich idealisiert zu Anfang, war das ein fast gemeinsames Leben, schon in der Schweiz, und das Memorieren, das Auswendiglernen einer gewissen Anzahl von Schlüsselsätzen. Ich spreche frei darüber, denn ich habe vielleicht besser als die andern eine gewisse Distanz zu halten vermocht. Franz fast genauso gut wie ich, übrigens. Franz sollte im Grunde einen vorübergehenden Blitz darstellen, ähnlich wie ein Regisseur, der seine Truppe nicht auf Schritt und Tritt begleiten kann, der jedoch regelmäßig kommt und Korrekturen vornimmt. Wir brauchten gewisse Lichtquellen, schauen Sie, den Mond wenn möglich und dann auch die Laube, manchmal Kerzen. Und sehr oft ging alles daneben, das heißt, wir spielten verzweifelt und geduldig unsere Tonleitern, wir suchten die blaue Note, wie Chopin sagt, und wir fanden sie nicht. Wir hielten uns an Stereotypen wie sehr schlechte Schauspieler. Ich sagte meine Vorwürfe gegenüber Nietzsche auf, Schumann seine Lobreden auf Chopin, usw. ... doch niemand glaubte daran. Es war wie das

Tische-Rücken und all das, das funktioniert nicht immer.
Man muß daran glauben. Gut, der Glaube ist gekommen,
das ist alles, was ich sagen kann.»

«Meine Herren, an diesem historischen Abend lösen wir
uns endgültig von den Zufälligkeiten, die uns zur Welt
brachten. Ich gebe das Wort dem ersten Referenten.»
«Meine Herren, in Anbetracht ...»
«Das genügt, um uns zu überzeugen. Ich erkläre von
heute, dem 29. Mai, an die Unabhängigkeit der Schweizer
in Rom.»
«Ja, aber immerhin, in Anbetracht dessen, daß die Stiefmutter Helvetia ...»
«Mein lieber Sergej, ich habe viel wichtigere Neuigkeiten
als die Früchte nächtlicher Arbeit, die hier jeder seit langem kennt. Im übrigen, was haben wir mit Helvetia zu
schaffen? Sind Sie Helvetier, meine Herren?»
«Meine Güte, nein.»
«Aber warum dann von der Unabhängigkeit der Schweizer in Rom sprechen?»
«Genau. Von jetzt an sind wir nur noch wir selbst.»
«Endlich, meine Herren, wir müssen uns rechtfertigen. Ich
habe drei Wochen an diesem Text gearbeitet. Also, in
Anbetracht der ungünstigen und losen sozio-oekonomisch-metaphysischen Bedingungen ...»
«Meine Herren, erinnern Sie sich, was uns allen vor zehn
Jahren zugestoßen ist? Erinnern Sie sich, was uns damals
in künstlerischer, transzendenter und schöpferischer Glut
einte?»
«Maria?»
«Genau ...»
«Maria wäre ...»
«Erinnert ihr euch an unsere gemeinsamen und einsamen

Exstasen, an unsere vergeblichen Verfolgungen, unsere Beschwörungen, an den Austausch entwendeter Photos, an unsere sich verdoppelnde Bruderschaft?»
«In Anbetracht der kulturellen Absage des geographischen Mittelpunktes Europas ...»
«Erinnert ihr euch an die *Neue Novelette in C-Dur* von Schumann, an das *Petite Prélude in cis-moll* von Chopin, an die *Rêverie languide* von Rachmaninow, an den *Triumph Tristans* für großes Orchester von Wagner, an das *Caprice sérieux* von Paganini, euerm Diener, und an die *Unzeitgemäßen Betrachtungen* Nietzsches, lauter Werke, die angeregt wurden durch die reine Flamme unserer Schüchternheit? Liszt, der leider nicht dabei war, hatte nichts Besonderes hervorgebracht.»
«Klar, weil seine reine Flamme nicht schüchtern war.»
«Was wissen wir schon? Das Geheimnis bleibt bewahrt.»
«Ich für mich würde dafür die Hand ins Feuer legen.»
«Gut. Das ist übrigens heute nicht besonders wichtig. Was mir von viel vitalerem Interesse zu sein scheint, ist dies: Wir haben die Gelegenheit, ihr habt die Gelegenheit, an der Schöpfung anzuknüpfen.»
«Warum du nicht, Niccolò?»
«Oh, ich, bescheiden, wie ich bin, stelle mich abseits.»
«Aber was willst du sagen mit ‹anknüpfen› ...»
«Meine Herren, der alte Autor des *Triumph Tristans* wird uns aufklären, wenn du gestattest, Paganini. Da. Der Direktor zeigt die nächste Reinkarnation unserer Maria an, in diesen Mauern, unter dieser Laube. Unser sind die Flügel der Inspiration.»
«Der Gedanke an deine Frau scheint dich nicht zu stören.»
«Bringen wir nicht alles durcheinander, bitte. Stellt euch den Direktor vor, wie er von einer Frau sagt, sie sei schön. Für gewöhnlich ist das ein komisches Schauspiel, wenn

man den Ausdruck steter und naiver Naschsucht des guten Mannes bedenkt. Dennoch, diesmal fühlte man sich wie in einem Linguisten-Kolloquium, so groß war sein Ernst. Nicht wahr, Niccolò?»
«Genau.»
«Meine Herren, gebt zu, ein Schauer läuft euch über den Rücken. Denn ihr seid, wie alle Künstler, verliebt in die Schönheit, in die Idee der Schönheit sogar, und es kümmert euch wenig, in welcher menschlichen Form diese Schönheit daherkommt, um eure Herzen zu erschüttern und eure Bäuche zu peinigen ...»
«Das ist alles gut und schön. Aber ich sehe da ein Problem.»
«Was für eins, Schumann?»
«In Anbetracht der Unfähigkeit Helvetiens, Schönheit, auch menschliche, hervorzubringen ...»
«Sei still, Sergej! Das Wort gehört dem problematischen Schumann.»
«Ja. Als wir achtzehn waren, konnten wir uns an einem fernen Bild berauschen, dessen Auswirkungen nur unsere Einbildungskraft anregen und unsere Freundschaft festigen konnten. Die Angst vor dem Unmöglichen brachte uns einander näher. Doch heute, zehn Jahre sind seither vergangen. Wir sind konkreter geworden, wenn ich so sagen darf. Und ich wünsche persönlich, der Direktor möge ein sehr schlechtes Urteil gehabt haben.»
«Eine interessante und verwirrende Bemerkung. Was hält die Versammlung davon? Die Versammlung möge sich nicht hinter einem genierten Schweigen verschanzen!»
«Darf man wissen, Niccolò, woher deine Lust kommt, uns Vorwürfe zu machen und den Dirigenten zu spielen?»
«Sagen wir es so, ich verliebe mich nicht so rasch in eine Idee. Gut, Rachmaninow, es ist an dir. Hör doch auf, die

Hand zu heben wie in der Schule. Chopin, könntest du mir den Krug herüberreichen? Danke. Los Sergej, aber keine ‹in Anbetracht›, bitte.»
«Ich verzichte also auf meine ‹in Anbetracht›, da ihr es so wollt. Ich hatte lange daran gearbeitet. Doch ich glaube, es ist unnötig, sich im voraus Gedanken oder Sorgen zu machen.»
«Nein, ich bin auch der Ansicht Schumanns. Es wird Zeit, daß wir uns bewußt werden, daß wir keine kleinen Jungen mehr sind und daß die Zeit der Spiele vorbei ist.»
«Unsere Sonaten und Préludes, waren das Spiele?»
«Offensichtlich. Der weitere Verlauf hat es bewiesen.»
«Bravo für diesen Realismus. Aber ich wundere mich, Sergej, über deine Sicherheit und deine Gelassenheit.»
«Das ist ganz einfach, Richard. Ich kann mir nicht einmal vorstellen, mich in eine Unbekannte zu verlieben, da, ich habe es euch vielleicht bis jetzt verheimlicht, ich mich entschlossen habe, meine Cousine zu heiraten. Es wird schwer sein, doch ich werde es schaffen.»
«Deine Cousine?» japste Niccolò.
«Still», flüsterte Wagner, «siehst du nicht, daß der Mond aufgegangen ist?»
Und deutlicher:
«Gewiß, ich verstehe dich vollkommen, Sergej. Aber persönlich bin ich in der Klemme. Meine Frau gibt mir nicht die Liebe, die ich erwarte, sie ist gehässig, possessiv und larmoyant, sie versteht mich nicht und wird mich nie verstehen. Und die Existenz einer andern Frau, auch wenn sie verheiratet wäre – wir sind uns darüber ja noch nicht im klaren –, wäre zu diesem Zeitpunkt meines Lebens von außerordentlicher Bedeutung für mich. Um so mehr, als ich mit den Entwürfen zu *Tristan* angefangen habe.»
«Dich drängt vielleicht künstlerische Notwendigkeit, und

wir kennen dich gut genug, um im Namen deines schöpferischen Egoismus alle Hindernisse aus dem Weg zu räumen. Ich werde dich abgesehen davon nicht kritisieren (ich habe den Kult des Übermenschen gepredigt, das Geschenk des allzu großen Egoismus). Aber ich mache dich darauf aufmerksam, daß du den Frauen gegenüber nicht diese Angst hast, von der ich mich persönlich nur mit Hilfe misogyner Aphorismen habe befreien können. Einem Mädchen begegnen – denn wir sind uns noch nicht im klaren darüber –, das meine Nervosität, meine gefühlsmäßige Schroffheit akzeptieren, meine Schwäche ertragen, mein Lebensgefühl erhöhen könnte, das könnte meinem Werk vielleicht die entscheidende Wende geben.»
«Ja, Friedrich, ich sehe den Augenblick kommen, wo wir aufeinander losgehen werden. Doch ich kann mir nicht vorstellen, daß es wegen Frauen sein wird. Du weißt genau, daß das Problem zwischen uns metaphysischer Natur ist.»
«Ja, aber nicht ausschließlich. Was sich in uns gegenübersteht, das sind auch zwei Temperamente, und du weißt, keine Philosophie, keine Musik ist unabhängig von den Temperamenten und dem Blut.»
«Ja. Du siehst nachdenklich aus, Schumann. Was sagst du dazu?»
«Ich bedaure, was ich als eine Art von Immoralität bezeichnen würde. Die Gesetze der Moral regieren die Kunst. Und unter Moral verstehe ich hier die Liebe und den Respekt vor einem menschlichen Wesen um seiner selbst willen, nicht wegen, sondern trotz seiner Schönheit. Versteht mich: wie jeder Künstler bin ich verliebt in die Schönheit. Aber man kann sich fragen, ob deine Musik, Wagner, und dein Denken, Nietzsche, nicht am Menschen vorbeigehen (auch wenn es ein Darüber-hinaus ist), da sie

von ihm nichts als die transzendente Dimension erfassen wollen und sich in seine Transzendenz vernarrt haben. Wie denkst du darüber, Frédéric?»
«Ich glaube, man muß schaffen und schweigen, vor allem als Musiker. Ich habe das Geschwätz um das Werk nie gemocht. Und was mich erstaunt, ist, daß Richard noch mehr philosophiert als Nietzsche.»
«Ich habe gut philosophieren, mein musikalisches Oeuvre ist immerhin viel umfangreicher als das deine.»
«Umfangreicher...»
«Ich frage mich, was Franz dazu sagen würde.»
«Er? Trotz allem, sein Christentum verbirgt ihm selbst, was er ist. Sonst würde er voll und ganz mit mir übereinstimmen.»
«Meine Herren, ich glaube, ihr schweift ab. Wir sprachen von einer Frau, die in unsere Mauern eindringen wird. Redet von euch, ich bitte euch.»
«Dreifacher Dummkopf, du störst uns unser Stück. Tölpel. Als ob du nicht wüßtest, daß wir spielen. Du hättest besser getan, deinen Part zu übernehmen, du Geigenspieler, du! Jetzt ist alles kaputt, außer Schumann, der noch immer ins Blaue hinausschaut. Du Nichtskönner! Spielverderber!»
«Ich habe euch unterbrochen, um auf das Hauptthema zurückzukommen, und das ist, ich wiederhole, die Ankunft...»
«Ja und?»
«Also, was haltet ihr davon?»
«Wir hatten noch nicht aufgehört, darüber nachzudenken, und du unterbrichst uns, als ob wir von etwas anderem gesprochen hätten. Ich nehme an, die Situation ist klar. Stimmt's, Schumann?»
«Ziemlich klar. Ich möchte nur noch einmal daran erin-

nern, daß wir nicht mehr achtzehn sind und daß es besser wäre, zuerst zu denken und dann zu handeln.»
«Was meinst du damit?»
«Zweifellos meint er: Zerstören wir nicht unsere Freundschaft für eine Frau. Aber warum solltet ihr sie zerstören, da es nicht eine Frau ist, die ihr lieben werdet, sondern das von ihr verwandelte Rom? Da es nicht ein Körper sein wird, den ihr liebkost, sondern euern Traum vom Genie?»
«Man kann dir nichts verbergen, Paganini. Aber sei doch anständig und hör auf, dich abseits zu stellen.»
«Ich, ganz Wagner, der ich bin, ich verwahre mich gegen diese Eingeständnisse. Ich habe keinen Traum vom Genie, keinen Wunsch nach Verwandlung. Der größte Mythenfabrikant ist auch der größte Entmystifizierer. Ich liebe die Frauen, das ist alles.»
«Immer ein Schlaukopf», murmelte Nietzsche. «Ich habe Musik geschrieben. Eines meiner Stücke heißt *Hymne an die Freundschaft*. Ihr könnt euch denken, daß ich nichts verraten werde.»
«Ich würde was weiß ich was alles verraten.»

Persana erschien am Morgen des 31. Mai. Am Abend fand eine neue Mondscheinrunde unseres Sextetts statt.
«Ihr Eindruck, meine Herren?»
Paganini setzte eine geheimnisvolle und spöttische Miene auf und nahm erneut eine Präsidentenallüre an. Er machte einen erregten Eindruck wie nach einem großen Sieg.
«Ich will euch etwas sagen: Nietzsche ist auf jeden Fall bereits verliebt.»
«Bist du verrückt, Richard?»
«Du bist schon in der ersten Sekunde vor ihr erblaßt, und jetzt wirst du rot.»
«Dein Blick ist scharf, vor allem bei dem Licht hier. Das ist ja lächerlich. Und du, hast du sie nicht von oben bis unten angeschaut mit gierigem Blick?»
«Mein Lieber, weißt du, worauf sie mir Lust macht? Lust, heute abend eine kleine dunkelhäutige Prostituierte zu finden, geschmeidig wie eine Liane, die jedesmal, wenn ich sie anschaue, auf meiner Zunge und im ganzen Mund jenen Geschmack erzeugt, den man empfindet, wenn man die beiden Pole einer 4,5-Volt-Batterie ableckt.»
«Ich verstehe nicht», sagte Schumann trocken.
«Aber ja, seht ihr denn nicht, daß sie vergeistigt ist vom Scheitel bis zur Sohle? Und ihr wollt sie über das Fleisch erreichen? Ihr werdet eure Haut lassen.»
«Und du, Sergej?»
«Meine Cousine kommt in vierzehn Tagen.»
«Meine Herren, wir wollen nicht übertreiben. Bloß, weil hier die Frauen fehlen, wenigstens die hübschen, könnten wir, wie Nietzsche, dazu neigen, diese hier einmalig zu finden. Doch alles ist relativ. Und dann mag ich ihren Hund nicht. Und ihren distanzierten und verkniffenen Ausdruck auch nicht. Nein, wirklich, vielen Dank.»
«Gut, Richard, du hast deine Nummer gehabt. Du behaup-

test, du zögest dich zurück. Aber darf man wissen, warum du dann Hund und Herrin gegenüber dein einladendes Lächeln aufgesetzt hast?»
«Gut, mein lieber Schumann, meinen Glückwunsch. Die Liebe macht hellsichtig. Ich tat es aus purer Gewohnheit.»
«Meine Herren», unterbrach Chopin, «hören wir auf zu streiten. Alles, was ich weiß, ist, daß es nichts Groteskeres und Elenderes gibt als zwei oder mehrere Männer, die sich um die gleiche Frau streiten. Bringen wir uns gegenseitig um, wenn's sein muß. Unsere Freundschaft zumindest wird rein bleiben bis zum Schluß. Doch fangen wir nicht an, uns hinterlistig nachzuspionieren.»
Schumann stimmte ihm zu.
«Übrigens», brummte Nietzsche, «er ist nicht verkniffen; sie ist zurückhaltend, das ist etwas anderes.»
«Zurückhaltend? Nach dem Kaffee hat sie mir ganz vertraulich die Hand auf den Arm gelegt, um mir die große Palme mit ihrem lächerlichen Wedel zu zeigen, die dort unten.»
«Ach, Niccolò, du willst doch nicht wieder anfangen. Nein, in meinen Augen nimmt sie sich ständig und gewaltsam zusammen, um nicht aufzufallen. Denn sie hat Angst, daß man ihre Ausstrahlung mit ihrer Schönheit verwechseln könnte.»
«Du wirst ja lyrisch, Robert. Ich weise dich jedoch darauf hin, daß sie weit davon entfernt ist, ihre Weiblichkeit zu vernachlässigen, trotz ihrem Mangel an Geschmeidigkeit, die mich dazu führt, ihr meine kleine Prostituierte vorzuziehen.»
«Ja, aber es ist eine Weiblichkeit, die die Perfektion in sich selbst trägt. Das heißt, es wäre besser, ihr deine Frau vorzuziehen.»
«Immer moralisch.»

«Mein lieber Robert», unterbrach noch einmal Paganini, «worüber beklagst du dich? Ihr alle seid unbefriedigte Mannsbilder. Wir alle, wenn du lieber willst, sind unbefriedigte Mannsbilder, die eine Entschuldigung suchen für ihren Mangel an Genie, in der Hoffnung, die Liebe werde Abhilfe schaffen. Mannsbilder mit offenem Maul, die nur darauf warten, zuschnappen zu können, wie der Hund über seinem Knochen. Wir sind weder altruistisch noch großzügig. Wir glauben, eine andere nötig zu haben, und wünschen uns nichts anderes, als Körper und Geist zu streicheln mit den Händen einer andern.»
«Welche Weisheit. Doch dieser Hund, wißt ihr, wie sie ihn nennt? Oder habe ich mich verhört?»
«Du hast dich nicht verhört, und es ist sehr lustig. Du, der du so gern entmystifizierst.»
«Das stimmt. Ich habe hinten im Garten einen kleinen Gefährten gefunden. Ich habe ihn Zarathustra getauft.»
«Das reicht.»
Chopin überraschte jedermann durch die Schärfe seines Einspruchs: er hatte beinahe geschrien.
«Meine Herren», schlug Schumann langsam vor, «wir könnten unseren Freundschaftsschwur erneuern.»
«Warum erneuern?»
«Das sind doch Kindereien.»
«Sagt, habt ihr ihre Hände gesehen?»
Ihre Hände. Ganz die Hände von Intellektuellen, doch nicht ohne tausend Nuancen, die mit unfehlbarer Präzision das Gesicht als einfältige Verlängerung erscheinen lassen. Denn es sind die Hände, die das Gesicht erklären, das heißt, die es entfalten, und nicht umgekehrt. Diese reinen Geister, die sich alle Mühe gaben, vor mir mit ihrem Wissen über Zwölftonmusik zu glänzen, wußten sie, daß ich sie nur anschaute, um sie zu beobachten, und daß ihre

Lippen mich mehr interessierten als das, was herauskam. Es ist meine Haut, die sie beurteilte und die ihre Hände beurteilte: würde ich ihre Berührung ertragen, eines Tages, eines Nachts? Ein anderer als ich würde meinem Körper die Grenzen abstecken, würde glauben, mich meiner Existenz zu versichern, indes er nur sich selbst zu versichern sucht, wie ein Idiot, der im Dunkeln eine Tür abtastet, um den Griff zu finden? Einer von diesen armseligen Intellektuellen, die in ihrem Körper nicht zuhause sind, würde den meinen bewohnen mit der nervösen Gewalt der Schwachen? Aber warum sind sie allein? Doch wohl, weil sie sich dem Leben verweigern? Dann witterten sie in mir eine Beute: In einem gewissen Sinne gleiche ich ihnen. Aber ich bin eine Vestalin, während sie Gefangene sind. Mir fehlt nichts. Sie machen groteskerweise mit all dem Zuviel, das sie charakterisiert, stets den Eindruck, als ob ihnen etwas fehlte. Bestimmt gibt es genug Mädchen auf dieser Welt, die sich von diesem Manko durchdringen lassen; mit mir sollten sie nicht rechnen.

Der mit dem Schnurrbart machte auf dem Tisch eine Faust, doch mit dem Daumen nach innen. Die Hände von diesem Glattrasierten sind eigenartig: richtige Schlegel und dennoch elegant, raffiniert, nicht offensiv. Er hat sein ganzes Glas Wasser über seine weiße Serviette geleert, hat die nasse Serviette zusammengefaltet und sie mit ängstlicher Miene in die Tasche gesteckt. Der Schwätzer, der Tristan ärgerte, seine Hände waren nie ruhig, genausowenig wie seine Zunge. Wie Spinnen, deren Gang sowohl in Rhythmus wie Richtung völlig unberechenbar ist. Einen Augenblick glaubte ich diese Hände auf meinen Brüsten zu spüren, und ich erschauerte natürlich. Er hat eine zu ausgeprägte Nase, eine zu hohe Stirn, ein zu unentwegt verführerisches Lächeln. Der andere Schwätzer mit

der Adlernase, den sie Paganini nennen, gefällt mir besser; er schaut mich mit einer Art unzweideutiger Vertraulichkeit an. Seine Hände gleichen jenen Spinnen, die man «Zimmermann» nennt: die mit den riesigen Beinen rund um ein Pfefferkorn, die, die harmlos sind. Ich glaube, wenn es mir gelänge, eine von diesen widerlichen schwarzen Spinnen mit den kurzen Beinen, dem beharten Leib, voller Läuse vermutlich, über meinen Körper krabbeln zu lassen, dann ertrüge ich auch die Liebkosung von Männern. Da ist dieser andere Intellektuelle mit dem sanften, aber furchtbar unsteten Blick, mit den beinah warmen Händen, der mich anschaute, als ob ich die Jungfrau Maria sei und er mir im Beisammensein bei *Canneloni alla ricotta* ein göttliches Kind machen wolle. Doch seine Gesichtszüge sind gar nicht regelmäßig, und sein Gesicht hat etwas leicht Aufgedunsenes, jedenfalls unter bestimmten Gesichtswinkeln, was ich eigenartig finde. Wenn es nicht seine Backenknochen sind. Übrigens, wie alle außer dem ersten Schwätzer, versteht er sich nicht anzuziehen. Vier Saisons im Rückstand und diese traurigen, ausgeleierten Pullover, die an den Ellbogen schon durchscheinend sind. Sie rechnen vielleicht mit mir, daß ich ihnen neue stricke. Und ihre Hosen, vor allem die des Glattrasierten, könnten das Aufbügeln gebrauchen, von Reinigung ganz zu schweigen.
Nein, einer ist ziemlich elegant trotz seinen ungeschickten Bewegungen. Der, der immer die Lippen spitzt, wenig redet, diskret hustet, aber in seine Serviette, die ihm die Mikroben wieder zuführt, wenn er sich den Mund abwischt, und er tut es oft, vielleicht, um sich Haltung zu verleihen. Außergewöhnliche Hände hat er, von weiblicher Zartheit und doch fest, die Fingerspitzen leicht abgeplattet, jedoch nicht gespreizt wie Palmen, ganz und gar

nicht, ein wirklich sehr beeindruckender Daumen, ich hatte Lust, mit meinen Nägeln über die Zwischenräume zu fahren, aber dann wäre er bestimmt noch blasser geworden, als er ohnehin schon war.
Was tut's, wenn sie erfahren, daß mir gewisse Hände von verwitterten Männern besser gefallen als die ihren. Nicht daß ich mich absichern müßte durch irgendwelche Stärke, aber ich meine, daß ihre Hände zu unfaßbar, zu beweglich oder zu leichenhaft sind, zu trocken oder zu verschwitzt, sie sehen alle aus, als hörten sie nicht auf und könnten sich mit sich selbst nicht zufrieden geben. Sie nähmen, nicht um zu besitzen, sondern um sich noch zu verlängern. Ich liebe jedoch die feinen Hände, aber mehr noch liebe ich die ausgeglichenen. Die Hände eines Bauern verstehen es besser, einen Vogel zu halten, ohne daß er erstickt. Diese hier sind zu unsicher, zu nervös, zu sehr den falschen Bewegungen ausgesetzt; im Grunde sind es nicht wirklich ihre Hände: sie lenken ihren Körper und ihr Herz, sie sind es, die befehlen und die Initiative ergreifen, mit eben dieser blinden Gier, die ich bei ihnen vermute.
Der Glattrasierte leerte sein Glas über die Serviette, aber der Bleiche mit den weiblichen Händen knetete seins auf den Knien; und der Verehrer der fruchtbaren Jungfrau legte, die Ellbogen auf den Tisch gestützt, seine Hände ständig ans Kinn, wobei er seine verschränkten Finger hin und her wiegte wie eine Art Hängematte, in der sein Kopf ruhte. Die Götter wissen, ob er nicht döste. Und der Schwätzer mit den ununterbrochen sich bewegenden Händen konnte nicht aufhören, mit dem Nagel seines rechten Daumens Brotkrümel zu zerteilen, bis dem Direktor ein Stückchen Brotkruste beinahe ins Auge spickte, was dieser übrigens nicht übelnahm, denn er ist stets bereit, alles zurechtzubiegen, alles von der positiven Seite zu

sehen. Reden wir nicht von Paganini, der sich ununterbrochen in seinen viel zu langen und schlecht gepflegten Haaren kratzte. Man trägt sie übrigens heutzutage nicht mehr so lang. Vielleicht hängt es mit seiner Kopfform zusammen, das würde mich nicht wundern.
Was sie Normales an sich haben, das ist vom Normalen das Schlimmste: den Stolz auf ihr Geschlecht, und ich sehe sie über mir, wie sie weniger meinen Körper bewundern als das, was sie den Glanz des ihren nennen, und dazu noch, über die normalen Leute hinaus, dieses stolze Staunen darüber, daß sie außer ihrem Gehirn – und zweifellos trotz ihm – einen Körper haben, der funktioniert. Mit dieser armseligen Gewißheit, daß ihr Körper, weil er ergriffen ist, es auch wert ist, gesehen zu werden. Wenn nicht einige von ihnen dennoch in dieser Hinsicht Probleme haben und sich einer Frau nur zu nähern imstande sind, wenn diese nicht da ist. Doch dem Schwätzer fehlt es vermutlich trotz seiner Aufgeregtheit, seiner Zerstreutheit nicht an jener Kraft, die er mit Stärke verwechselt. Er wurde nicht müde, mich zu fragen, warum ich meinen Hund Tristan nenne. Das würde ich der ganzen Welt eher sagen als ihm. Um so mehr als mein schöner Trottel ihm entfernt ähnlich sah. Im Grunde wissen sie überhaupt nicht, was es heißt, verliebt zu sein. Sie glauben, es genüge, leicht zu erbleichen, unbequem dazusitzen und mit zitternder Stimme über Zwölftonmusik zu reden. Doch welcher von ihnen wäre fähig, wirklich von Sinnen zu sein und sich total aufzugeben, mit Lust an dieser Preisgabe? Welcher von ihnen vermöchte, naiv und total, von einer so herzzerreißenden Vereinigung zu träumen, daß man die Angst vor diesem klaffenden Abgrund verlöre, auf den sie so stolz sind? Verglichen mit ihren verwöhnten Kinderwünschen bin ich eine alte, lebenserfahrene Frau.

Mein Körper verlangt nicht nach der Berührung ihrer Hände: das würde mich zwingen, in ihnen aufzusteigen bis zu ihrem Gehirn, das mich langweilt. Wenn sie mich schon unbedingt von Angesicht kennen müssen, dann werde ich es einzurichten wissen, daß dieses Kennen nicht gegenseitig ist. Ich kann ihre Realität mit meiner inneren Kurzsichtigkeit überlisten. Doch ein Kontakt durch die Hand oder Schlimmeres ist von Natur aus gegenseitig. Wenn der Strom mich ergriffen hätte, wäre ich gezwungen, sie meinerseits mitzureißen, sie aufzufangen, zu erkunden, sie zu kennen, und diese Aussicht widert mich zutiefst an oder langweilt mich ganz einfach. Ich bin am selben Punkt angelangt wie sie, bloß weiß ich, was ich will, und habe die Lektionen des Lebens oder des mangelnden Lebens begriffen. Ich bin trocken, aber sie sind feucht, was nicht besser ist. Der Verehrer der Jungfrau glaubt, das fühle ich genau, er sei rein; er warf mir Blicke zu, von denen er hoffte, sie seien rein. Doch welch ein Irrtum, kein Gefühl ist rein, und diese Leute kommen über das Stadium der Gefühle nicht hinaus. Sie empfinden etwas, sie sind nicht dieses Etwas. Sie schauen sich an und tun sich leid. Wenn ich sie liebte, dann wechselten sie in ihren eigenen Augen vom Mitleid zur Hochachtung vor ihrer neu gewonnenen Erhabenheit. Wenn sie begriffen haben, daß ich genauso hart bin wie die Perlen oder der Kristall, womit der Schwätzer mich verglich, dann ist es zu spät. Denn ich weine weder über mich noch über die andern. Wenn ich weinte, dann wäre ich eine Perle, die zerrinnt. Ohne es zu wissen, nehmen sie an, daß ich keine Tränen habe, indem sie in mir den Edelstein bewundern.

In der Nacht des 6. Juni ging Persana nach den Ereignissen im Zirkus des Maxentius in ihr Zimmer hinauf. Die Männer, die sich nicht mehr anzuschauen wagten aus Angst, ihren eigenen Haß in den Augen der andern widergespiegelt zu finden, vermochten nicht auseinanderzugehen, unfähig, den banalen Satz auszusprechen, der einen vom andern befreit hätte. So folgten sie schweigend der aufsteigenden Spirale, die das Institut umgab, und fanden sich unter einem sehr verführerischen Nachtgestirn unweit der Laube wieder. Dennoch gingen sie weiter bis zu dem Brunnen in der Mitte des Gartens. Der Mond folgte ihnen: Der Rest täte desgleichen. Die vier stellten sich an den vier Ecken des Brunnens auf, unschlüssig, ob sie die Hände auf den Rücken legen sollten wie Militärs oder alte Männer oder auf den Bauch wie in der Kirche oder ob sie sie in die Hosentasche stecken sollten, was jedoch nicht zu den Umständen paßte. Der Schwätzer war für die erste Möglichkeit mit leicht militärischem Einschlag. Der mit dem Schnurrbart ebenfalls, jedoch mit einer greisenhaften Note. Der Verehrer der Jungfrau erinnerte an einen Mann im Gebet, während der raffinierte Blasse das Problem umging, indem er sich umständlich auf die Suche nach seinem großen weißen Taschentuch machte.
«Meine Herren», hob der Schwätzer an, «ich habe Ihnen nur eins zu sagen, aber das ist wichtig: Ich heiße nicht mehr Richard Wagner. Ich bin kein Sachse, und mein Schweizer Domizil befindet sich nicht in Triebschen. Ich bin weder Zeitgenosse des sogenannten Fr. Nietzsche (1844–1900) noch des sogenannten R. Schumann (1810–1856) noch des sogenannten Fr. Chopin (1810–1849). All diese Leute sind tot, richtig tot. Sie mögen in Frieden ruhen. Aber vor allem, ich habe nicht den ersten Takt auch nur einer Oper komponiert. Ich bin ein schweizerischer Kunstliebhaber,

intelligent und ehrgeizig auf meinem Gebiet. Ich will eine Frau, die Persana heißt; nicht Cosima, nicht Mathilde. Sie wird mir keine Gedichte schreiben, die ich in erhabene Noten setzen werde. Sie ist nicht die Tochter des sogenannten Liszt (1811–1886). Ich weiß nicht einmal, wer ihr Vater ist. Und das interessiert mich auch nicht im geringsten. Ihr seht, der Mond kann uns lange auffordern, die Verrückten zu spielen, ich bin vollkommen klar. Von jetzt an jeder für sich. Ich glaube, es gibt nichts hinzuzufügen. Meine Herren, gute Nacht.»
Doch der mit dem Schnurrbart schien furchtbar aufgeregt.
«Hör doch, warte einen Augenblick! Und wenn wir verzichteten? Auf alle Fälle liebt sie keinen von uns, das ist doch klar, oder? Also, opfern wir ...»
Grinsen des Schwätzers:
«Mein Alter, sprich du für dich.»
Einspruch des Jungfrau-Verehrers:
«Sei nicht unnötig hart. Aber ich glaube, du hast recht, es ist besser, den Tatsachen ins Auge zu schauen.»
«Wie», schrie der mit dem Schnurrbart in einem Anfall von immenser und doch schwächlicher Wut, «was? Wegen einer dreckigen kleinen Göre, einer Schlampe, einer Herumtreiberin, wegen dieses Mädchens soll ich nicht in Sils gewesen sein, hätte ich dich nie gesehen in Italien, in Venedig, in Sorrent, hätte ich nie eine *Manfred-Meditation* komponiert, um dir einen Streich zu spielen, Schumann, hätte ich nie wegen der Liebe zu Lou gelitten, wäre ich euch nicht mehr begegnet an meinem Grab, nachdem ich Kränze auf das deine gelegt hatte, Robert, in Bonn, als ich dort studierte? Wie? Für eine ... eine, die unfähig ist, ja unfähig, sich zu mir zu erheben, sollte ich anfangen, etwas zu spielen, was ich nicht bin? Seid ihr verrückt? Verliert ihr den Sinn dafür, was hier wichtig ist? Wollt ihr behaupten, ihr

könntet euch von dem losreißen, was ihr seid, mich von dem losreißen, was ich bin? Glaubt ihr nicht, daß es mich Jahre des Schweigens und Opferns gekostet hat, um es zu fühlen und zu verdienen? Beweist mir, daß ich nichts empfunden habe, letzten Sommer in Sils! Beweist mir, daß ich unwürdig bin! Niemals.»
(Er war zu dem Schwätzer gegangen und packte ihn am Arm):
«Erinnere dich an meine jünglingshafte Bewunderung für *Tristan,* an unsere erste Begegnung am 5. November 1868, an unsere Abende in Triebschen, an mein Mißtrauen zum Schluß, das noch immer eine Form von Liebe war. Schaut doch, schaut! Wir werden vielleicht ein Gewitter bekommen, heute abend. Ich liebe es, bei Gewitter zu improvisieren, ihr braucht bloß meine Schwester zu fragen oder meinen Freund Gast.»
Der Schwätzer begnügte sich damit, sein Gesicht zurückzuziehen, um keinen Speichel abzubekommen. Der Verehrer der Jungfrau schüttelte mit betrübter Miene den Kopf, während der raffinierte Bleiche sich schneuzte, jedoch mit einer solchen Diskretion, daß es ihm um nichts in der Welt gelang, nicht einmal für seine eigenen Ohren, die Stimme des Schnurrbärtigen zu übertönen, der jetzt auf ihn zukam und ihn zum Zeugen nahm:
«Chopin, ich bitte dich, du, der du gerecht bist, sensibel, tiefsinnig, du weißt, daß ich nicht lüge, daß der Wahnsinn nicht vor Weihnachten 1888 über mich gekommen ist und daß ich auch dann noch empfänglich blieb für die Musik, so daß ich Gast durch meine Improvisationen und Interpretationen von Beethoven zu beeindrucken vermochte. Sag ihm, daß man nicht auf diese Weise Jahre der Freundschaft zerstören kann. Du erinnerst dich, sag, daß du dich erinnerst an unsere Reise nach Venedig vor zwei Jahren,

zu Ehren der *Barcarola,* die ich so sehr liebe? Wir gingen nachts an den Fenstern des Palazzo Vendramin vorbei, ein Mann hatte sich über den Kanal gebeugt, gut sichtbar, nicht wahr, vor dem weißen Marmor der herrlichen Fassade, er hat uns ein Zeichen gegeben, du kannst es nicht leugnen, er hatte sogar seine legendäre Baskenmütze vom Kopf gezogen. Lieber Wagner. Siehst du, ich verzeihe dir, sogar jetzt noch, weil du dich irrst. Aber ich lasse dir alle Chancen, du brauchst sie nur zu ergreifen. Ach, Frédéric, das ist nicht alles. In Sils warst du mit mir zusammen, das letzte Mal, du hast genau gesehen, wie blaß ich war, blaß auch damals mit achtzehn, glaube ich, als Richard mir seine Partitur des *Tristan* gewidmet hatte und ich anfing, sie mit zitternden Fingern zu entziffern.»

Er ließ von seinem Opfer ab und näherte sich dem Verehrer der Jungfrau:

«Schumann, erinnere dich, du warst meine erste große musikalische Liebe, zusammen mit Händel und Mozart, und meine erste große Enttäuschung. Doch ich werde dich immer lieben, Genies versöhnen sich immer, sehen immer weiter als ihr Haß. Mit Maria war das so lustig: Es ging darum, wer am besten mit geschlossenen Augen und in Gedanken an sie die *Kreisleriana* spielen konnte: Was für eine Kakaphonie ich anstellte. Du hast dich nicht schlecht geschlagen, doch deinen Eltern ging das auf die Nerven. Übrigens ist der vierte Finger deiner linken Hand in einem erbärmlichen Zustand, und ich könnte dich in gewissen Passagen schlagen. Und der Tag, an dem wir glaubten, ihr aus sicherer Distanz folgen zu können, und sie plötzlich kehrtmachte und wir ihr entgegentreten mußten! Und dann ging es darum, wer zu einem musikalischen Rhythmus besser die Knie zusammenschlagen konnte. Weder Chopin noch Wagner noch Liszt waren da, aber du bist

Zeuge, das kannst du doch nicht abstreiten? Danach trafen wir uns bei einem von uns, die Eltern machten uns Fruchtsaft, und wir konnten auf dem Sofa schlafen, ohne ihren Zorn auf uns zu ziehen, denn im Grunde sahen sie genau, daß wir voller Leidenschaft waren und wir uns gegenseitig guttaten. Tja! Liszt war nicht immer dabei. Es ist wie jetzt: bereits der große Europäer, der ewige Vagabund, der Mensch von morgen, dessen Genie keine Grenzen und vor allem keinen Chauvinismus kennt. Also gut, ich kann euch sagen, anstelle einer Ankündigung, ich wollte ihn nicht verraten, denn eines Tages hatte ich ihm ja meine *Sylvesternacht* geschickt, die ihm zu gefallen schien, ich hatte also keinen Grund, ihn nicht zu mögen, doch wißt, daß ich über alles auf dem laufenden bin, was geschehen ist. Er hat Maria gesehen, während wir alle schliefen, im eigentlichen und im übertragenen Sinne, er ist aufgestanden in der Nacht, als wir bis zwei Uhr über Schumanns Schwierigkeiten mit dem Vater Wieck gesprochen hatten, denn wir wußten nicht, ob der Vater gewillt sein würde, sich unsere Bitten anzuhören. Er ist gegen vier Uhr aufgestanden, ich bin ihm gefolgt, ohne daß er es merkte. Ihr Fenster stand offen, er ist hineingegangen, ich schwöre es euch. Wenn ihr ihre Küsse gesehen hättet als Silhouetten auf der von ihrem weißen Kleid verhüllten Lampe – sie hatte es über den Lampenschirm geworfen! Ich habe gelitten, aber meine Liebe war groß genug, daß ich schweigen konnte und unsere Freundschaft nicht zerstörte. Tun wir das gleiche heute, ich bitte euch. Sonst können wir nichts mehr tun, als in unsere Gräber zurückkehren. Ich möchte lieber sterben, als ein stumpfsinniges Leben führen.»
So kam es, daß in der Nacht vom 8. auf den 9. Juni, das heißt 48 Stunden nach diesen peinlichen Vorfällen, der mit dem Schnurrbart starb:

Erinnern Sie sich, wie nach dem Mord an Paganini die Verdächtigungen, ja sogar die Gewißheit dem Abwesenden gegolten hatten, das heißt genau dem mit dem Schnurrbart. Man hatte die andern laufen lassen. Liszt und der Direktor hatten sich eingeschlossen im Büro. Der Schwätzer war in den zweiten Stock gegangen: Er stieß mit der Nase auf den verstörten Philosophen.
«Also?» sagte er zu ihm.
«Ich mache Schluß. Ariadne weist mich zurück.»
«Ariadne?»
«Und du weigerst dich zu wissen, wer Ariadne ist, das ist doch die Höhe. Lou, wenn du lieber willst. Doch im Grunde ist es Ariadne. Es gibt noch eine Chance, Richard, hilf mir, gehen wir ins Zimmer, komm.» «Aber was hast du da?»
«Nichts, ihr Eindruck machen, ihr zeigen, wer ich bin, sie endlich dazu bringen, an die Wahrheit zu glauben.»
Nach der schmalen Form des Etuis zu schließen, mußte es ein scharfer Dolch sein. Der Stichel schien im Körper Paganinis geblieben zu sein. Er verfügt über ein ganzes Sortiment, dachte der Schwätzer.
«Ich habe ihn an der Porta Portese gekauft, gar nicht teuer. Doch man hat mir geschworen, daß er solid ist. Komm.»
Er zog ihn mit beunruhigender Autorität hinter sich her.
«Du wirst sehen», keuchte er, während er schwerfällig die eiserne Wendeltreppe hinaufstieg.
«Hast du den Schlüssel zu diesem Zimmer?»
«Ich hatte ihn eines Tages gestohlen und mir ein Doppel machen lassen, gar nicht teuer. Aber komm doch.»
«Was willst du denn hier anzetteln?»
«Zuerst angesichts des nächtlichen Roms ein kleines Testament verfassen. Kann man sich Schöneres vorstellen?»
Er hat getötet, er will büßen, dachte der Schwätzer. Habe ich ein Recht, ihn daran zu hindern?

«Da, ein kleines Mahagoni-Schreibpult, das sich bestens eignet, glaube ich.»
«Du willst schreiben ... was willst du schreiben?»
«Ich werde den Sinn meines Todes erklären, der in Venedig stattgefunden hat, in deinen Armen, mein Lieber, oder in denen Ariadnes vielmehr. Wie schön sie ist, wenn sie sich über mich beugt, und du gibst es zu, denn der Tod befreit dich von jeglicher Eifersucht.»
«Du willst die Geschichte auf deine Weise noch einmal schreiben, wenn ich richtig verstanden habe. Aber keine Zeile über den Mord an Niccolò? Man sollte doch immerhin der Justiz ein wenig helfen.»
Der mit dem Schnurrbart schaute ihn an, ohne daß er etwas verstanden zu haben schien:
«Der Mord an Niccolò? Was für ein Salat, man will meine Anordnungen durcheinanderbringen. Gut, für die Lebenden ist es besser, die Dinge klarzustellen. Aber du erlaubst, daß ich zuerst von Ariadne spreche, es ist ihretwegen. Oder von Lou?»
«Gut, aber es wäre wirklich besser.»
«Ich werde diesen Zettel in meinen Anzug stecken. Aber kein Wort zu irgendjemandem, Richard!»
«Hör auf, mich Richard zu nennen.»
«Hörst du den Gesang des Gondoliere? Das ist das Englischhorn aus dem *Tristan*. Ich wollte Musiker sein, Richard, aber ich schwöre dir, daß mein Zarathustra in der Musik über alles hinausgeht, was jemals von der Liebe diktiert wurde, außer deinem *Tristan*. Versöhnen wir uns, Richard, ich werde sterben, und das Schicksal hat es mir erlaubt, mich bis zu deinen Füßen zu schleppen, ich meine, bis zu deinem Palazzo. Versöhnen wir uns.»
Man darf den Verrückten nicht widersprechen, dachte der Schwätzer:

«Friedrich, ich bin dein Freund. Ich bin es immer gewesen, und ich habe oft geweint seit unserem Streit.»
«Erinnere dich, Sils, der 26. August 1881, in dem Licht, ich habe gewußt, daß wir sterben und ein jeder der Menschheit auf seine Weise die Botschaft vom Tod bringen würde. Hör den *Gesang des Gondoliere,* ich höre ihn sogar im Engadin, er ist in der Tonlage wie ein Trauermarsch um seinen eigenen Tod, die Trauerfeierlichkeiten des Gesangs. Chopin war uns vorausgegangen mit dem Finale seiner *Trauersonate,* und wir haben nicht genau hingehört. Aber jetzt weiß ich es, Richard. Richard!»
Er legte sich halbwegs über das Schreibpult. Weinte er?
«Ja, Friedrich, aber zuerst mußt du schreiben.»
«Ach ja, die Botschaft für Lou, Ariadne. Schnell, und diese Mordgeschichte. Sie verlieren ihre Zeit, mich muß man töten. Ja, damit die Dinge klar sind. Für wen hält man mich? Ich habe genug zu tun.»
Er beugte sich über das Papier, das der Schwätzer ihm aus dem Pult geholt hatte.
«Rom, den 26. August 1881 ...»
Er kritzelte und blinzelte dazu erbärmlich mit den Augen. Als er fertig war, faltete er das Blatt heftig zusammen und steckte es in die Innentasche, dann stand er auf und nahm seinen Begleiter bei der Hand.
«Komm, ich fühle mich schlecht. Ach, der Dolch, gib her, ich habe ihn auf dem Pult liegen lassen.»
Er legte sich aufs Bett. Der andere machte sich los.
«Richard, versteh doch, der Übermensch ist unsere einzige Lösung gegenüber der Ewigkeit. Aber du verstehst nicht.»
«Aber ja doch.»
«Hast du jemals zu einer Freude ja gesagt? Dann hast du auch ja gesagt zu allen Schmerzen, alle Dinge sind ineinander verflochten, verkettet, vereint durch die Liebe.»

Er riß dem Schwätzer, der noch mehr zurückwich, den Dolch aus der Hand.

«Du bist nur ein Musiker, du kannst nicht wissen, daß unsere Botschaften identisch sind. Die Ewigkeit lieben, das ist unser beider Los, doch die lebendige Ewigkeit, lebendig wie eine Schlange, die allen Fallen meiner Gedichte ausweicht, allen Fangstricken deiner Melodien, unmöglich, sie in dem wunderbaren Ozean deiner Tetralogie zu ertränken, die Ewigkeit dieser Erde, hast du verstanden, die viel schrecklicher ist als die göttliche Ewigkeit. Denn ich liebe dich, o Ewigkeit, genau wie eine Frau, genauso; und ich schaffe, wie ein Gefolterter schreit. In mir ist eine Sehnsucht nach Liebe, die die Sprache der Liebe spricht: Ist das nicht der Gesang *Tristans,* der einzige, den der in die unmögliche, lebendige Ewigkeit verliebte Mann sich erlauben kann? Richard, ich höre die entsetzlichen Akkorde, die wir gemeinsam geschaffen haben.»

Mit vorstehenden Augen, die Stirn in Schweiß gebadet, hatte er den Dolch herausgezogen. Er hatte sich ganz hingelegt, seine Schuhe beschmutzten die türkisfarbene Bettdecke.

«Richard!»

Er richtete sich auf.

«Hör den Gondoliere. Hör die Lieder der Verliebten. Auch meine Seele ist ein Lied eines Verliebten. Die Liebe! Doch sie weiß nicht, was das ist, Liebe, sonst hätte sie mich noch mehr gequält, ich hätte Blut gespuckt auf ihre Brust, die sich unter einem göttlichen Lachen hob, ich wußte genau, daß ich die Ewigkeit liebte. Gib mir zu trinken.»

«Ja. Reg dich nicht auf.»

«Mein größtes Verlangen ist zu verlangen, das weißt du, nicht wahr, und sie ist über mir wie mein eigenes Licht, das ich aufnehme, Springbrunnen, hör seine Musik! Warum sind sie nicht gestorben bei der Lektüre des *Zarathustra,* beim Hören deines Meisterwerks? Man singt ihnen vor, daß sie tot sind, sie wollen nicht sterben mit dem aschblonden Mond, aber nein, es sind Gespenster, ich habe ihnen das Blut ausgesaugt, sie haben es nicht bemerkt, weil sie nicht lebendig sind, sterben sie nicht, und deshalb haben die Perlennägel nie die Lippen aufgerissen, ihnen nie ihr Lächeln zu ewigen Dimensionen erweitert, ha! Hör das Englischhorn! Wird sie kommen? Wird sie kommen in der Nacht? Sag mir, daß sie kommt, ich leide so unter ihrer Schönheit, als wäre mein Herz ein Krebsgeschwür ihres Gesichtes, ich kann nicht mehr, Richard, ich war nicht stark genug, aber wie glücklich bin ich, bei dir zu sein, mit dir zu wissen, daß dieser venezianische Mond in uns die letzten Menschen betrachtet und sie mit jener Gleichgültigkeit betrachtet, die mich verrückt machte nach ihrer Stirn. Nach uns Schreie vielleicht, doch keine Stille, Lärm, der vulgäre Lärm des Lebens ohne Ewigkeit oder, besser, der Ewigkeit ohne Liebe. Der Einsamste ist der Reichste, hörst du. Ich habe sie alle gekannt, alle besessen, denn ich habe sie alle geliebt. Sie wissen es nicht, sie werfen mir ihren Anteil an der Ewigkeit hin, wie der Neumond uns unsere Absage an die Sonne zurückwirft, aber ich akzeptiere es, ich versenke mich in das funkelnde Meer ihrer Schönheit, ich tue es, weil ich sie liebe. Ich weiß jetzt, was das heißt, Richard, warum diese Musik, warum dieses Gedicht? Warum den Menschen zuschreien, was sie nicht wissen wollen? In einem Jahrhundert, du wirst sehen, lieben sie unser Gift, um zu verhindern, daß sie daran sterben. Gott wird tot sein für sie, als ob wir ihn getötet hätten, während er uns den Hals umdrehte und wir nur gemeinsam sterben konnten. Sie sterben für nichts, wie Idioten. Wir sterben aus Liebe, wie die Frauen, die ihr

eigenes Licht blendet. Gib mir zu trinken. Ist sie da, sag? Hörst du das alte traurige Lied? Brennen vor Verlangen und sterben! Nein, es ist nicht das, was sie sagt! Brennen vor Verlangen und nicht sterben an seinem Verlangen, die Irrlichter brennen nur in der Nacht und haben nie das Fleisch geschwärzt, das sie mit ihrem mörderischen Verlangen geleckt haben.»
«Ich lasse dich jetzt allein.»
«Nein, bleib. Du siehst, das Boot hat mich zu diesem Ufer gebracht, und hier will ich sie erwarten. Sie wird kommen, es ist die Ewigkeit. Doch wache mit mir.»
«Hör zu, das ist nicht möglich. Laß diesen Dolch und komm mit mir runter.»
«Runtergehen? Die andern wiedersehen, die Welt wiedersehen, während dein Gift mich leben macht? Du denkst nicht daran. Während das traurige Lied mir sanft und sicher die Stirn umfängt?»
«Hör doch auf. Du weißt genau, daß es der Alkohol ist.»
«Das Gift. Sind viele Lichter dort unten auf dem Kanal? Schau nach und grüße den Neumond, der sich das Antlitz verhüllt, der das aschfahle Licht der Nacht über sein Antlitz ergießt. Eines Tages bei einem Besuch in einem der Schlösser, in einem der Zimmer Ludwigs II. habe ich Isolde gesehen. Sie war neun Jahre alt, in Begleitung ihrer Eltern, die schon zur guten Gesellschaft gehörten. Ich habe sie aus voller Kraft geliebt. Sie war blond, und meine Liebe kannte keine Umschweife, da ich nicht glauben konnte, daß ich sie wirklich begehrte: Was hätte ich ihr gegenüber mit meinem erdrückenden Körper anfangen sollen? Und der Übermensch fängt genau bei diesem kleinen Mädchen an, in diesen blauen Augen, die, ohne zu sterben, wissen, daß die Liebe lächerlich ist, wenn sie nicht schrecklich ist. Doch was tun, wenn ich allein bin in der

albernen Menge und nicht gewagt habe, sie zu töten, worum sie mich doch, ohne es zu wissen, angefleht hatte?»
«Steh jetzt auf oder laß mich gehen.»
«Wie? Nicht zu töten wagen? Das ist immerhin der einzige Dolch, den ich besitze. So stirb denn!»
Er richtete sich im Bett auf, den Dolch erhoben, dann stürzte er mit einemmal nieder. Die Klinge drang leicht in die Decke auf dem Platz neben ihm ein. Er verharrte in dieser Stellung, die Faust um seine Waffe gekrallt, von Schauern geschüttelt. Seine Grabesstimme:
«Richard, es ist an mir jetzt, und ich traue mich nicht, ich traue mich nicht. Hilf mir.»
«Komm, gib mir das, wir gehen hinunter.»
Er drehte sich auf den Rücken, behielt jedoch die Waffe. Seine Augen standen voller Tränen und waren röter als je zuvor.
«Wie wäre er gestorben im Palazzo Vendramin, bei dir? Sag es mir, ich werde es tun.»
«Ich weiß es nicht.»
«Wird sie kommen? Sag mir, wenn du sie siehst. Dein Gift reißt mich mit, und ich fühle den Augenblick kommen, da ich ihm widerstehen werde, da ich die läppische Lebenslust wiederfinden werde, ohne die lebendige Ewigkeit zu lieben. Schnell, Richard!»
«Aber was willst du überhaupt?»
«Zum letzten Mal, hörst du das Lied? Hörst du ihren Schritt? Sie bringt mir zu trinken, ich werde an ihren wunderbaren Fingern saugen und werde warten, bis sie mir die Lippen aufreißt, ganz langsam, mit dem Lächeln einer Krankenschwester, und wenn das Blut richtig fließt, dann wird sie mich gewähren lassen, wie man ein Kind spielen läßt, sie wird es mich in roten Streifen über ihr weißes Kleid verteilen lassen mit ihren Fingern, die ich führen

werde, und vielleicht werde ich ihr das Handgelenk umdrehen, damit sie an der Hand die Macht der Ewigkeit spürt, die mir ein letztes Mal das Blut aufsteigen läßt, sie liebt mich, Richard, du siehst, daß es wahr ist.»
«Nein.»
«Richard, du bist nichts als ein Verräter. Du willst mich nicht verstehen. Doch von ihr ertrage ich alles. Nicht von dir, nicht deinen Verrat.»
«Aber was suchst du denn?»
«Schrei nicht, ich höre das Lied nicht mehr. Du bist nichts als ein trauriges Individuum. Verloren für die Ewigkeit. Und du bringst mir noch nicht einmal zu trinken.»
«Ich pfeif' auf deine Ewigkeit. Du erniedrigst dich und machst dich lächerlich. Hab doch wenigstens den Mut zu deinen Taten und hör endlich auf zu träumen. Ich glaube, es ist höchste Zeit.»
«Histrione. Don Juan.»
«Hör auf, oder ich werde wütend.»
«Histrione.»
«Armer Impotenter.»
«Sauhund. Aufschneider. Schönling.»
«Armer Kleiner. Ein Dolch, weißt du, mag ja noch angehen, um zu töten, aber die Frauen ziehen in der Regel etwas anderes vor.» «Sauhund.»
Er murmelte, ohne seine liegende Haltung aufzugeben.
«Sauhund. Du bist ja nur ein Versager, trotz deinem großartigen Auftreten und deinem großen Dingsda.»
«Und du, mein Baby, was bist du anderes? Bloß, ich kann mir in Ermangelung der Ewigkeit wenigstens die Freuden dieser Welt leisten. Was meinst du, was sie zu mir gesagt hat, als sie mir die Kette gab? Sie hat zu mir gesagt: Die Wahl fiel nicht schwer, ich konnte sie doch nicht Kindern geben.»

«Ah, das ist die Rache, wegen Maria?»
«Bist du verrückt?»
«Spiel doch nicht den Unschuldigen. Dank mir ist sie dir entgangen. Du mußtest dich wie wir alle damit begnügen, nachts aktiv an sie zu denken. Sie hat das Glück gehabt, nicht in deine schmutzigen, eleganten Pfoten zu fallen. Das hast du mir nie verziehen.»
«Mein lieber Freund. Du kannst glauben, was du willst. Aber nachdem du zuerst zu hoch gezielt hast, zielst du jetzt zu niedrig. Wenn ich schon einen Zusammenhang sehen soll zwischen diesen beiden Abenteuern, dann den, daß beide Frauen in dir den Impotenten witterten. Schade für dich, Persana ist gut im Bett, das könnte ich beschwören. Ich werde dir bald mehr erzählen können.»
Diesmal hatte der mit dem Schnurrbart sich aufgerichtet und sich auf den Schwätzer gestürzt. In der Folge ist es sehr gut möglich, daß er die Waffe mit Absicht gegen sich richten ließ. Alle Spuren wurden gewissenhaft verwischt, und die Leiche wurde sorgfältig aufs Bett gelegt. Der Schwätzer wußte nicht, ob er sich verantwortlich fühlen sollte oder nicht. Er beschloß, daß nicht, und ging hinunter zu den andern, nicht ohne dabei zu vergessen, das Licht auszumachen. Der mit dem Schnurrbart wollte den Krach, er hatte ihn gehabt. Er hatte sich sichtlich betrunken aus Wut, um den Mut zu finden zum Sterben. Die beste Ehre, die man ihm erweisen konnte, war die, ihm die Verantwortung für seinen Tod zu überlassen. Ob Persanas Wahl auf den letzten Zeugen seiner Nietzscheschen Ergüsse gefallen war oder auf irgendjemand anders, war für ihn sichtlich unwichtig. Er hat Paganini aus Eifersucht getötet, dachte der Schwätzer, aber er hat mir anstandslos geglaubt, als ich behauptete, ich sei der Auserwählte. Ohne Bedeutung für ihn. Das Wesentliche war zu sterben. Sein Wahnsinn

lastete zu schwer auf ihm. Also, kein Wort über diese Angelegenheit. Die Polizei würde den Zettel finden, und alles würde sich hübsch aufklären. Was die Sauberkeit des Tatorts betraf, so würde man die Gründe immer noch erklären können. Eine simple Ehrerbietung. Alles paßte wunderbar, außer offenbar dem Wortlaut des Zettels, den der Selbstmörder zusammengeknüllt hatte.

Gegen neun Uhr abends stellte man ein doppeltes Verschwinden fest: dasjenige von Franz und von Persana (Franz ist der wirkliche Vorname dessen, den man Liszt nannte). Zum entsetzten Staunen des Schwätzers, des Bewunderers und des Raffinierten schien dieses Verschwinden den Direktor und den Inspektor nicht im geringsten zu beschäftigen.

Der Schwätzer bekam einen beachtlichen Wutanfall:
«Seid ihr nicht ganz bei Trost? Glauben Sie vielleicht, Sie werden sie wiederfinden? Überall ist Polizei, man wird sie aus Tumbuktu ausliefern müssen! Da sehen Sie, was ich Ihnen gesagt habe, man hätte sich vorsehen müssen! Ah, wir hätten mehr auf die Warnungen des armen Knaben hören sollen. Er hat sich über uns alle lustig gemacht, der schöne Franz.»

«Schau mal an», murmelte der Inspektor und streichelte sich das Kinn, «haben Sie den Beweis erbracht, daß nicht *Sie* der Mörder sind?»

«Dann verhaften Sie mich doch, worauf warten Sie noch?»

«Ich habe nicht die Absicht, Sie zu verhaften.»

«Aber Sie sind nicht bei Trost, sage ich Ihnen. Und ich denke, er brüstet sich mit dieser Kette um den Hals wie einen Rosenkranz! Ah, die Güte, die Liebe macht den Mann, reden Sie davon.»

«Welche Kette?» fragte der Direktor beinah grob, während der Verehrer und der Raffinierte stumm blieben, beide erschöpft von dem Schrecken.

«Welche Kette? Die, die Sie suchen wie Idioten, während sie gar nie verloren war.»

«Das ist interessant», murmelte der Inspektor, der sich breitbeinig hinsetzte, ohne sein Kinn loszulassen. «Können Sie Ihren Gedanken ausführen?»

Der Schwätzer setzte sich, ohne sich dessen bewußt zu

werden. Er beugte sich zum Inspektor hinüber, genauso gekrümmt wie dieser, jedoch auf eine aggressive Weise gekrümmt:
«Wollen Sie alles wissen? Dieses Luder hatte versprochen, mit einem von uns zu schlafen und ihm zum Zeichen ihrer Wahl die Kette zu geben. Sie hatte offenbar nicht genau ausgeführt, unter welchen Umständen dieses Hochzeitsgeschenk übergeben werden sollte. Verstehen Sie die Psychologie dieses kleinen Luders.»
«Richard, sprich nicht so über sie.»
«Du möchtest, daß ich sie mit Samthandschuhen anfasse?» japste der Schwätzer, indem er sich über die Lehne seines Sessels dem Verehrer zuwandte. «Wenn ich denke, daß der arme Friedrich ihretwegen gestorben ist.»
«Ach, so sind sie, die Mörder...» murmelte der Inspektor. «So habt ihr Einverständnis gemimt, während der Abt sich mit der kleinen Verbrecherin aus dem Staub macht.»
«Entschuldigen Sie», unterbrach der Direktor, als ob er in der Abgeschiedenheit seines Klos mit einer Verstopfung fertig werden müßte. «Wer hat Ihrer Meinung nach Paganini getötet?»
«Offensichtlich dieser arme Friedrich, der glaubte, den Auserwählten zu töten. Den Auserwählten! Hast du dafür Töne. Ein Opfer mehr.»
«Aber warum», beharrte der Inspektor, «glauben Sie dann, hat dieser ... Philosoph schriftlich geleugnet, den Mord begangen zu haben?»
«Weiß ich das? Oder dann ist Franz selbst der Mörder und genießt jetzt seinen Preis.»
«Das verstehe ich nicht.»
«Sie hat geschworen, sie schlafe mit demjenigen, der die Kette habe. Sie ist verrückt genug, einen solchen Schwur zu halten. Dem Stärksten, dem Bösartigsten, dem Blutrün-

stigsten, wie bei den Höhlenbewohnern. Im Grunde ändert sich nie etwas. Und das gibt sich schamhaft und zivilisiert. Aber wenn so was die Augen niederschlägt, dann um die Männer unterhalb der Gürtellinie zu betrachten.»
«Das ist mir alles Abrakadabra», stöhnte der Inspektor, noch immer ironisch. «Wenn ich richtig verstehe, dann hätte sie sich die Kette von Paganini stehlen lassen, also dem Mann, den Sie so nennen. Sie hätte ihn auserwählt, aber gäbe sich jetzt dessen Mörder hin?»
«Ein Schwur ist ein Schwur. Und dann ist sie verrückt, sage ich Ihnen. Sie ziehen das zu wenig in Betracht.»
«Ja, Verrücktheit, kann sein, daß ich das nicht genug in Betracht ziehe, in der Tat.»
«Halten Sie fest, daß ich mir lieber diesen armen Friedrich als Mörder vorstelle, trotz seinen Beteuerungen.»
Der Direktor schnupfte kräftig:
«Ausgeschlossen.»
«Was ist ausgeschlossen?» murmelte die Stimme des raffinierten Bleichen (der seltsamerweise den Akt von Valloton anschaute und nicht die Anwesenden).
«Daß der Philosoph der Mörder Paganinis ist. Man hat den Mörder gefunden. Wir kennen ihn.»
«Was? Aber wie? Wer ist es?»
Auf einen Blick aus den Glubschaugen des Direktors hin stand der Inspektor mühsam auf, als ob die Last der Offenbarung ihn erdrückte. Der Schwätzer stand mit einer der Katastrophe angepaßten Höflichkeit ebenfalls auf. Die Augen des Inspektors betrachteten eine Weile den Fußboden, dann richteten sie sich plötzlich auf die Anwesenden:
«Wer? Ich werde es Ihnen sagen.»
«Verzeihung», brummte der Schwätzer mit einer Art fiebrigem Groll, «wenn Sie Ihrer Sache so sicher sind,

wozu dann dieses Versteckspiel den ganzen Tag, diese tröpfchenweise verbreitete Wahrheit?»
«Man ist nie sicher genug», sagte der Inspektor. «Ich wollte Sie auf die Probe stellen, alles aufklären. Erst jetzt ist mir alles klar. Wenigstens fast alles.»
«Wer ist der Mörder», schrie der Verehrer so, als ob er ein Geständnis ablegte, statt eine Frage zu stellen.
«Ich sagte es Ihnen eben. Und ich werde es Ihnen sagen.»

Franz konnte mit fünf Stunden Schlaf pro Nacht auskommen. Nachdem er das Zimmer des Schwätzers verlassen hatte, legte er sich hin und schlief augenblicklich ein, um erst gegen sieben Uhr abends an diesem 9. Juli wieder aufzuwachen. Er duschte ausgiebig und ging hinunter in den vierten Stock, wo er an Persanas Zimmertür klopfte, die nicht bewacht war.
«Ich habe den ganzen Tag geschlafen», lächelte sie. «Und Sie?»
«Oh, ich, fünf oder sechs Stunden. Aber ich fühle mich gut. Wie steht es?»
«Ich weiß es nicht, aber der Direktor hat mir gesagt, es werde sich alles einrenken. Auf jeden Fall sind wir frei, zu kommen und zu gehen, wie wir wollen. Niemand hat meine Kette gefunden, aber das ist zweitrangig. Stimmt's, du?»
(Sie streichelte Tristan, der zur Tür gekommen war, um den Ankömmling zu begutachten. Tristan, der bestimmt alles wußte, alles gesehen hatte, alles in der Wärme seines Hundehirns bewahrte.)
«Wenn wir frei sind, was würden Sie von einem erneuten Spaziergang halten? Es ist noch mindestens eine Stunde hell, und es ist so schön, der Sonnenuntergang um diese Jahreszeit. Wir könnten das Auto nehmen. Mein Auto.»
«Sind Sie nicht neugierig, wie die Dinge sich entwickelt haben?»
«Ich nehme an, daß man mir nicht mehr sagen wird als Ihnen. Und ich habe in erster Linie Lust, diesen Ort zu verlassen.»
«Ich verstehe Sie. Also gut, sehr gern. Aber... kann ich ihn mitnehmen?»
«Wen?»
«Den da doch.»

«Entschuldigen Sie, ich verstehe nicht ... Ach, den Hund. Aber natürlich. Wenn er das Autofahren verträgt, selbstverständlich.»
«Wenn Sie nicht zu forsch fahren, geht es gut. Er ist schon Auto gefahren, und zwar unter schwierigen Umständen: Wir waren zu fünft und dann noch er. Wird es nicht zu kühl sein heute abend?»
«Oh nein, die Hitze ist sogar drückend. Sie können dieses weiße Kleid anbehalten, das mir sehr ... das gut zu dieser Jahreszeit paßt.»
«Ja. Kommen Sie eine Minute herein, ich bin gleich fertig.»
«Danke.»
«Schauen Sie nicht hin. Damenhandtaschen sind entsetzliche Sammelsurien. Diese mannigfachen kleinen Gegenstände entsprechen unseren mannigfachen kleinen Schwächen. Nein, bitte kommen Sie nicht näher, es ist furchtbar. Ich schaue bloß nach, ob ich die Schlüssel zum Institut bei mir habe.»
«Ich habe auch einen Bund, wissen Sie.»
«Ja, aber ... Doppelt genäht hält besser. Da. Einen Augenblick noch, dann bin ich soweit. Sie schauen sich alles an! Waren Sie noch nie zuvor in diesem Zimmer?»
«Nein, nie.»
«Gefällt es Ihnen?»
«Sicher. Aber dieser Spiegel?»
«Ja, die provisorische Befestigung beweist es: ich habe ihn mitgebracht. Zu meiner Koketterie kommt noch Kleinmut hinzu; ich habe Angst vor dem Bild, das mir ein fremder Spiegel zuwirft!»
«Das ist schon eher Aberglaube.»
«Glauben Sie? So, ich bin bereit. Du, sei ruhig. Ja, wir gehen weg. Ja. Aber wenn du nicht stillhältst, wie soll ich dir da dein Halsband festmachen?»

«Jeder Ausgang ist ein Fest!»
«Ja, das liebe ich so an ihm: er ist immer ganz bei einer Sache. Es gibt keinen Überdruß, keine Gewöhnung.»
«Glauben Sie, daß das daher kommt, daß er kein Gedächtnis hat? Weil unsere Erinnerung an vergangene Freuden unsere Zukunft daran hindert, jungfräulich zu sein.»
«Und die Erinnerung an vergangene Schmerzen hindert unsere zukünftigen Schmerzen vielleicht daran, allzu heftig zu sein. Unser Gedächtnis gerbt uns das Fell, ist es das, was Sie sagen wollten?»
«Wunderbar. Die Zeit verdirbt nicht, sie gerbt!»
«Bravo. Aber ich bin bereit. Eine letzte ... Habe ich mein Feuerzeug?»
«Ich meine, es vorhin in Ihrer Tasche gesehen zu haben.»
«Ah? Gut. Ich vertraue Ihnen.»
«Sonst biete ich Ihnen meine Streichhölzer an.»
«Sie sind gütig. Gehen wir. Komm, du.»
«Ich schlage vor, wir fahren ein bißchen, bis zum Janiculus zum Beispiel, von wo die Aussicht herrlich ist. Dann könnten wir irgendwo in Trastevere einen Happen essen oder auch anderswo, ganz wie es Ihnen gefällt.»
«Und dann?»
«Dann ... wie?»
«Was machen wir dann?»
«Aber ... Wenn Sie einverstanden sind, könnten wir uns ein wenig Rom *by night* anschauen: die Baudenkmäler sind wunderbar beleuchtet. Auf eine sehr nüchterne, gar nicht theatralische Art, was in diesem Land überraschend ist. Das Capitol zum Beispiel oder Sant'Agnese, das muß man unbedingt sehen.»
«Gut, einverstanden.»
«Waren Sie zu dieser Tageszeit schon auf dem Janiculus?»
«Wissen Sie, alle schönen Schauspiele erwecken den Ein-

druck, man habe sie schon einmal gesehen – was ein Grund mehr ist übrigens, sie zu sehen.»
«Das Gegenteil von dem, was wir vorhin über das Gedächtnis sagten!»
«Ja... Ist das Ihr Wagen? Dieses metallisierte Grau gefällt mir sehr.»
«Ja, ich habe lange gezögert. Der Alfa verlockte mich auf jeden Fall, aber mit der Farbe war ich mir nicht sicher: Ich hätte mir gewünscht, daß er wie ein Klavier aussieht. Aber das hätte eher an einen Sarg erinnert. Also, da sind wir.»
«Er ist herrlich.»
«Ich bitte Sie.»
«Danke. Geben Sie mir den Schlüssel, ich öffne die Tür.»
«Kommt nicht in Frage. Sie könnten sich am Türschloß Ihr Kleid schmutzig machen.»
«Oh, auf jeden...»
«Also, einverstanden mit dem Janiculus? Wer hat Ihnen da eben gewunken?»
«Der Inspektor, glaube ich. Er ist ein sehr höflicher Mensch.»
«Ja, und vielleicht stärker, als ich zuerst geglaubt hatte. Aber wie wär's, wenn wir von etwas anderem redeten? Das Institut liegt hinter uns, das Institut ist tot, wir wollen leben!»
«Ruhig, Tristan!»
«Glauben Sie, er verträgt es?»
«Ja, das ist nur eine Sache von Minuten. Ich hoffe, es geht Ihnen nicht allzusehr auf die Nerven.»
«Nein, nein.»
«Sie fahren übrigens sehr gut. Viel weicher als Ihr Freund, wie heißt er gleich? Der mit dem grünen Renault.»
«Ah! Ja, er fährt ziemlich forsch, ich glaube, er will damit seine Sicherheit demonstrieren. Aber ich mag ihn sehr.»

«Ja, er hat mir antihelvetische Theorien dazu aufgetischt.»
«Da bin ich seiner Meinung. Ich fühle mich nicht sehr als Schweizer. Ich bin ein Europa-Idealist. Erster oder letzter einer Rasse, das ist die Frage. Übrigens, wußten Sie, daß das Neandertal nicht weit von Bonn entfernt liegt? Der berühmte Schädel wird im Museum dieser Stadt aufbewahrt, etwa 500 Meter von der Totenmaske Beethovens entfernt. Wie soll man da nicht auf den Gedanken kommen, man müßte eigentlich an der Menschheit nicht verzweifeln? Um so mehr, als der physische Unterschied vermutlich kleiner ist als der zwischen dem tierischen Grollen, Stil Feuerkrieg, und dem flammenden Finale des Quartetts opus 131. Ihr Hund beruhigt sich nicht.»
«Es tut mir leid. Sind wir bald auf dem Janiculus?»
«Wir sind bald da. Aber passen Sie auf, daß er mir nicht auf die Knie springt, das ist alles, worum ich bitte.»
«Nein, nein, ich halte ihn fest.»
«So, wir verlassen den *Lungotevere*. Wir sind jetzt in der Via della Conciliazione.»
«Ach ja, die kenne ich. Die Kuppel ist schön um diese Zeit.»
«Zu jeder Zeit. Aber schauen Sie, wie sie rasch sinkt, wie sie buchstäblich hinter der Fassade untergeht. Zu Fuß...»
«Vorsicht!»
«Das ist nichts, ich habe ihn gesehen. Wissen Sie, man spielt, wer geht als erster, aber man guckt immer. Der Hundepfote auf meinem Knie würde ich eindeutig ihre Hand vorziehen. Geben Sie zu, das ist ein eigenartiges Kompliment. Wenn es überhaupt eines ist.»
«Was wäre es dann?»
«Nichts, entschuldigen Sie, ich sage das, weil ich mich doch beruhigen muß. Dieser Idiot hat mir doch Angst eingejagt. Ich sollte das nicht zugeben, es scheint, ein Mann sollte nie Angst haben.»

«Um so mehr liebe ich das Eingeständnis. Da man doch genau weiß, daß die Männer Angst haben.»
«Ja. Also stellen wir diesen Abend unter das Zeichen der Aufrichtigkeit. Ich wollte Ihnen vorhin recht ungeschickt zu verstehen geben, daß Ihre Hände sehr schön sind.»
«Vielen Dank.»
«Wir reden und reden, und beinahe hätten wir den Janiculus verpaßt. Noch ein paar unangenehme Windungen für Tristan, und wir sind da.»
«Ihre Hände sind auch schön.»
«Sie sind liebenswürdig. Aber Sie brauchen keine Höflichkeiten mit mir auszutauschen.»
«Sind wir aufrichtig? Ich sagte Ihnen das ganz offen.»
«Dann, vielen Dank. Sie wissen, ich werde diese Stadt nie über. Ich habe das Gefühl, sie wohne ein Leben lang in mir. So sehr, daß ich, wenn ich da bin, nicht da bin.»
«Wie das?»
«Ja, ich besitze sie so sehr in meinem Innern, daß ich, wenn sie mir erscheint, wie sie uns jetzt dann gleich erscheinen wird, nicht mehr weiß, ob ich vor einem Spiegel stehe oder vor einem Bild.»
«Geht es uns nicht mit allen schönen Dingen so?»
«Ja. Was Ihre Hände betrifft, so möchte ich gerne sagen, sie seien der Spiegel der meinen.»
«Warum sollten Sie das nicht sagen, wenn Sie es denken?»
«Sagen wir, das sei alles ein Problem. Meine Beziehung zu Ihren Händen wird kompliziert, wie meine Beziehung zu Rom kompliziert ist. Oder, umgekehrt, ganz einfach. Ich gehe nicht höher als bis San Pietro Montorio, vor allem da ich einen leeren Magen habe. Und Sie?» «Es geht.»
«Tristan kann endlich Luft schnappen. Wird er sich auf die Hinterbeine stellen wie ein Mensch, um sich die Stadt anzuschauen?»

«Bestimmt. Er ist nicht weniger wert, wissen Sie.»
«Aber das weiß ich. Schauen Sie dieses Rot auf dem Marmor. Ich möchte ein Erinnerungsbuch schreiben. Das müßte heißen: ‹Vor Rom›. Denn Sie können sich vorstellen, daß wir, ob Spiegel oder Bild, immer davor sind, nie darin.»
«Ja, man hat mir das schon mit anderen Worten gesagt. Ich stelle fest, daß Sie, was unsere Hände betrifft, nicht in der gleichen Problematik behaftet zu bleiben gedenken.»
«In der Tat. Doch Sie sind Rom, trotzdem. Waren Sie schon früher hier?»
«Nein, nie.»
«Das ist außerordentlich. Sie stimmen so überein. Nicht nur mit Rom. Aber zum Beispiel mit Rom. Und das ist das Wesentliche. Schauen Sie, auf dem Stein die Farbe unserer Hände. Ein Finger aus Elfenbein oder Perle, ein Finger aus ... aus was? aus Erde oder Stein. Das Wesentliche, was. Alles, woraus Rom gemacht ist, inklusive die Schätze des Vatikans!»
«Warum seufzen Sie?»
«Ich weiß nicht. Wegen gewisser Unklarheiten. Ich möchte die vollkommene Klarheit. Helfen Sie mir?»
«Aber ... soviel Sie wollen.»
«Ich will von der Aufrichtigkeit sprechen.»
«Ja, und?»
«Seit meine Hand sich mit der Ihren verschlungen hat, habe ich so etwas wie eine Leere ...»
«Im Magen?»
«Ja, aber es ist nicht der Hunger ... Oder es ist ein ganz besonderer Hunger. Helfen Sie mir? Ich glaube, Sie erfassen wie ich die Bedeutung des Augenblicks.»
«Vollkommen.»
«Also, Sie werden mir helfen?»

«Ja natürlich. Ich könnte beinahe sagen, dazu bin ich hier.»
«Ah gut. Also sehr gut. Aber wie wär's, wenn wir an die andere Leere in unserem Magen dächten? Oder wollen Sie noch eine Weile diese Landschaft betrachten?»
«Sagen Sie mir bloß, wo das Schweizer Institut ist. Man hat es mir schon einmal gezeigt, aber ich kann es nicht wiederfinden.»
«Liegt Ihnen wirklich daran? Das ist, wie wenn Sie mir sagten, ich solle Ihnen das Gefängnis zeigen.»
«Dennoch sind Sie nur ein paar Stunden dort gewesen. Denken Sie an ihre Freunde, die drei Jahre dort eingeschlossen bleiben müssen.»
«Nein, ich habe auf all das angespielt, was dort geschehen ist. Gefängnis ist nicht das richtige Wort. Aber geben Sie zu, es zerstört die Landschaft. Es ist wie ein Krebsgeschwür, das noch kaum zu sehen ist, das jedoch bald die ganze Stadt zu verzehren droht.»
«Wissen Sie was, stellen wir uns vor, wir seien in der Kuppel von Sankt Peter und schauten auf all das hinunter wie der Liebe Gott.»
«Ja, das ist eine gute Idee. Also, jetzt zeige ich es Ihnen, aber mit dieser Hand da. So haben wir sie gemeinsam. Hier. Ein bißchen mehr nach links. Da.»
«Ach ja. Das wär's. Gehen wir essen.»
«Ich kenne ein ausgezeichnetes kleines Lokal, hier ganz in der Nähe, beinah in der Fallinie, wenn wir ohne Windungen den Hang hinunterfahren könnten.»
«Aber dann haben Sie Rom schon mehrere Male besucht?»
«Ja, unter anderem in meinem früheren Leben. Doch Spaß beiseite, ich habe mehrmals meine Freunde besucht in diesen letzten zwei Jahren. Verstehst du, verstehen Sie, das ist eine Stadt, die ... Übrigens, könnten wir nicht du sagen? Wir sind schließlich keine ernsten Vierziger.»

«Seien wir ehrlich, das ist nicht der Grund, weshalb Sie diesen Vorschlag machen. Lassen Sie mich noch ein wenig nachdenken. Schließlich siezte man sich viel im Jahrhundert Ihres großen Liszt.»
«Ich muß *Ihnen* recht geben.»
«Nicht böse werden. Lassen Sie mir Zeit. Ich weiß, was Sie denken: ‹Wirklich, mit ihr ist nichts wie mit andern.› Denn es hat viele andere gegeben, nicht wahr?»
«Hören Sie ...»
«Ehrlich?»
«Ehrlich, wenn Sie es wirklich wissen wollen, ich habe andere Frauenbekanntschaften gehabt vor Ihnen.»
«Schöner Euphemismus.»
«Was wollen Sie hören?»
«Alles. Spaß beiseite, ich muß Sie ein wenig erstaunen.»
«Aber nein. Oder besser, doch, aber ich liebe es, überrascht zu werden. Das ...»
«... verwandelt Sie?»
«Ihnen kann man nichts verbergen. Sagen wir, daß Sie die Regeln durcheinanderbringen.»
«Solange es nicht die Herzen sind ...»
«Die Herzen auch, natürlich. Sie bringen die Regeln des Herzens durcheinander.»
«Sie sehen mich untröstlich. Doch inwiefern?»
«Also gut, im allgemeinen gibt es eine Übereinstimmung, vielleicht eine künstliche, aber nichtsdestoweniger eine verständliche, zwischen gewissen Gesten und gewissen sprachlichen Konventionen.»
«Ach, ich sehe. Wie man flucht, wenn man sich brennt.»
«Wenn Sie wollen.»
«Aber geben Sie zu, wenn Sie sich in einer Kirche an einer Kerzenflamme verbrennten: Fluchen Sie dann, wie wenn Sie sich an der Ofenplatte in einer Militärkantine verbrennen?»

«Sie haben ganz erstaunliche Vergleiche. Sagen wir, nein.»
«Also, das ist das gleiche mit uns im Moment. Sagen wir, unsere Verbrennungen erlauben das Duzen nicht. Rom ist eine weite Kirche.»
«So geht es, für den Augenblick.»
Ja, das war der Kummer von Franz: bei Persana konnte das Gegebene nie für Zustimmung genommen werden. Wieder dieses Gefühl von Kurzschluß der Bedeutungen, von geheimnisvoller Trennung: wie wenn die wunderbare rechte Hand, die vollkommen und freiwillig gefangengenommen war durch die angeblich beschützende Gier des Mannes, großzügig ignoriert würde von der nicht weniger wunderbaren Linken, deren freie, luftige, aufs feinste rhythmisierte, wie auf den Flügeln der Schüchternheit getragene Bewegungen unverrückbar diejenigen einer *Jungmädchenhand* blieben. Mit Recht vermutlich ignorierte der Kopf die Verbindung, die die rechte Hand eingegangen war. Franz' Finger waren wirklich nicht die Gitter eines Gefängnisses.
Folge dieser eigenartigen Unkenntnis des Blutes und dieser organischen Autonomie: Franz' Verlangen nach Persanas linker Hand – derjenigen, die er nicht besaß – war nur vergleichbar mit dem Verlangen Tristans nach einem neuen Spaziergang nach tausend identischen Spaziergängen. Franz konnte sein Verlangen nach der linken Hand nicht mit dem fleischlichen Wissen begründen, das ihm der Besitz der rechten Hand gegeben hätte. Er konnte so sein Verlangen weder modulieren noch betrachten noch kennen. Um den Sinn seines Gefühls gebracht, fand er sich auch von seinem Objekt abgeschnitten, als hätte er nie etwas berührt. Man könnte meinen, daß dieser Zustand das Verlangen daran hindern sollte, sich auszubreiten, zu verschlimmern, und es folglich beruhigen müßte. Doch

darum geht es nicht. Das Sich-Ausbreiten, Sich-Verschlimmern ist Folge einer realen Begegnung, das Zeichen für eine bevorstehende Befriedigung, eine baldige Verschmelzung zwischen der Welt des Verlangens und derjenigen des Seins. Sie kennzeichnen also das unausweichliche Ende des Verlangens.
Während Franz – der unter den eifersüchtigen Blicken der amerikanischen Touristin, deren Shorts der Stadt Beine enthüllten, auf denen sich in weißlichen Wülsten alle Untaten der Zivilisation abzeichneten, alle Zeichen männlichen Besitzerstolzes von sich gab –, mit der Hand Persanas in der seinen, auf seinen metallisierten Alfa zuging wie auf das Bett des totalen Sieges, sah Franz sich in Wirklichkeit dem absoluten und paradoxerweise vollständigen, obwohl verschlimmerten Verlangen gegenüber. So sehr, daß er im Auto sofort losfuhr, ohne zu warten und ohne die mindeste «Annäherung» zu versuchen. Es heißt, in Italien vor allem bildeten die Autos nicht nur einen faradayschen Käfig, sondern auch ein Himmelbett, in dem man sich selbst bei einem Gewitter lieben kann: oberhalb Neapels werden die Abhänge des Vesuvs Tag für Tag bedeckt mit Lava und menschlicher Lust. Am späten Nachmittag bilden sich auf dem unebenen Terrain entlang der Straße regelrechte Liebesparks. Wenn der Platz bei der Marke 800 besetzt ist, dann klettern sie hinauf, bis zur Marke 1000. Die Zuspätgekommenen erklimmen so beinahe den Gipfel, wo in der reinen Stille der Bergwelt ihr Fiat 500 an Ort hin- und herschwankt, während der Vulkan, zu einem Symbol geworden, sich jeglichen Seufzers enthält. (Persana kannte diese Auto-Liebe aus Erzählungen des Direktors, der sich am Abend ihrer Ankunft, unterstützt von einigen Gläsern Avanella, mehrere Erzählungen über diese Art von Lust gestattet hatte, unterbrochen von

gewaltigen Lachanfällen, deren leutselige Naivität die Vulgarität vergessen ließ. Warum dachte sie jetzt an diese Geschichte? Sie hatte Lust zu lachen, aber sie hielt sich zurück.)
Im Restaurant hielt man sie offensichtlich für ein Liebespaar, was Persana völlig kalt ließ, Franz jedoch irritierte, wie einen die Art gewisser Leute irritieren kann, die einen zum Erfolg gratulieren, jedoch am Vorabend des Examens. Man weiß, daß diese Art von Komplimenten Unglück bringt.
Die Mahlzeit verlief, man vermutet es, eher still: Wovon reden? Vom Institut? Sie hatten beide ihre Gründe, nicht davon anzufangen. Über das Ereignis, das bevorstand – sich verformend wie ein Gegenstand, der sich aufbläht oder abflacht, wenn man ihn vor einen Spiegel mit unregelmäßigen Formen hält –, konnte man sich nicht unterhalten. Persana war viel zu schamhaft, um sich auf ein Gespräch voller anzüglicher Untertöne einzulassen. Und Franz wollte vermutlich alle Ungeschicklichkeiten vermeiden; dennoch fühlte er dunkel, daß seine Haltung oder seine Worte für Persana nicht wichtig waren. Sollte er sich nicht darauf beschränken, gewissen geheimen Zeichen zu folgen, die sie ihm sparsam, aber deutlich als Richtschnur lieferte? Der Rest war Schmuck, Zierat, überflüssige Bemäntelung. Ja, Schritt für Schritt schlüpfte der triumphierende und dominierende Mann in die Haut eines schlichten Vollstreckers: Da Franz ein Klaviervirtuose ist, begnügt sich der Dirigent mit einem Minimum an Einsätzen; doch da er nur ein Ausführender ist, wird der ganze geistige Gehalt des Stückes durch den Blick des Maestro geschaffen, durch ein kaum merkliches Hochziehen der Brauen, eine kaum wahrnehmbare Bewegung des Stabs.
Zu Anfang brachte diese Umkehr der Rollen Franz auf.

Oder, besser, diese Umkehr brachte die männliche Oberfläche von Franz ununterbrochen in Aufruhr. Doch ein anderer Teil von ihm, der, den man weiblich nennen könnte, ließ es zu, ja wünschte es sogar, sich so leiten zu lassen. Ganz zu schweigen von den Überlegungen seiner Intelligenz: Jeden Moment, dachte er, kann ich einen Vorteil daraus ziehen. Es genügt, lange genug zu warten, damit die Bewegung nicht mehr rückgängig zu machen ist. Man weiß, worin für die Männer die Vorstellung des Nicht-mehr-rückgängig-machen-Könnens besteht: im allgemeinen kommt alles in dem Moment ins Wanken, wo vier Wände einen Körper daran hindern, der Schwerkraft eines andern Körpers auszuweichen. Doch man muß Franz zugute halten, daß er subtiler dachte: Der berechnende Teil in ihm war gering, um so mehr als er nach seiner Erfahrung mit Persanas Hand das Vorhandensein von etwas Nicht-mehr-rückgängig-zu-Machendem für wenig wahrscheinlich hielt. Nein, es war besser, den Versuch zu machen, den musikalischen Intentionen seiner Partnerin möglichst hautnah zu folgen, um nach und nach einen wirklichen Gleichklang herzustellen. Die hauptsächlichsten Zeichen, die es sich zu merken galt, waren: das Angebot eines Häppchens *Vitello tonnato* mittels einer Gabel, die getränkt war mit dem silbernen Blut Persanas; das zwei-, dreimalige Niederlegen dieser Gabel – oder dieses Zauberstabs – in der Absicht, die wunderbare Hand auf den Unterarm des Vollstreckers zu legen (es ging vordergründig darum, die Aufmerksamkeit von Franz auf den einen oder andern Neuankömmling zu lenken, vor allem auf die amerikanische Touristin von San Pietro in Montorio, die jetzt flankiert war von einem Gatten mit Hosenbeinen, die zum Glück länger waren als die seiner Frau, Pfeife, Hängebacken, trübsinniger Ungezwungenheit, verhängtem

Blick); doch das wichtigste Zeichen kam von den Augen, die Franz unvermittelt und flüchtig einen kristallenen Weg öffneten zu jenem Ort der Träume, den er erst nach tausend qualvollen, schmerzlichen, will heißen demütigenden oder auf lächerliche Weise prosaischen Umwegen zu erreichen fürchtete.

Während der ersten Minuten des Essens, da Persana, die Stirn über den Teller gebeugt, ihm vorübergehend die Freiheit ließ, zu denken, was er wollte, spielte Franz seine inneren Tonleitern. Mit einer Angst, die er nie zuvor unter ähnlichen Umständen empfunden hatte, fragte er sich, was zu tun wäre, um die gesegnete Abgeschlossenheit der notwendigen vier Wände zu erreichen. Denn er fühlte es, es würde heute abend oder nie geschehen. Nicht, daß er es eilig gehabt hätte oder daß die «Gelegenheit» besonders günstig gewesen wäre. Doch wenn Persana sich ihm heute abend «verweigerte», dann verweigerte sie sich fürs Leben. Auf der andern Seite: Wie sich unter den gegebenen Umständen ein Ja vorstellen? Wie, nach dem Ja, diese wahnsinnige Beschleunigung der inneren Zeit begreifen, diese Verwüstung der Blumenfelder, dieses geistige Keuchen, das unendlich viel zwingender und furchtbarer war als das körperliche? Wie aus einem eventuellen und brutalen Wunder Musik machen? Und wie für diese noch nie gespielte Musik die Striche, die Irrtümer, die Brüche oder sogar die Katastrophen einer Entzifferung vermeiden? Mit andern Worten, wie in der Zeit die ersehnte Zeitlosigkeit harmonisch abrollen lassen?

Mit andern Frauen kein Problem: sei es, daß die Spiritualität des Empfindens völlig fehlte, dann genügte es, die menschliche Zeit kunstvoll zu überbrücken. Sei es, daß die Spiritualität von einer Art höherer Sicherheit begleitet war, die selbst in der Gewißheit der Wiederholung eine

fast vollkommene Entzifferung erlaubte. Hier und jetzt jedoch mußte ein Kunstwerk erschaffen, in den Aether vorgestoßen werden, oder die Flügel waren zu nichts mehr nutz. Und, schlimmer noch, Franz hatte keinen Augenblick lang, weder im Blick noch in der Haltung, dieses kaum merkliche Sich-Beugen, diese sanfte Empfänglichkeit gespürt, die dem Mann anzeigte, daß die Frau früher oder später bereit war, «sich hinzugeben», das heißt bereit war, ihre Welt unter dem Einfluß einer neuen Gravitation neu zusammenzusetzen. Nein, nichts dergleichen. Nichts von diesem Lächeln demütigen Einverständnisses, vorweggenommener Dankbarkeit oder verheißungsvollen Genießens; nichts von diesem plötzlichen Aufrichten des Körpers, das mehr ein Blähen, ein Blinzeln, ein Sich-Krümmen ist; das die gesamte Oberfläche der Person anregt, wie vielfaches Zittern durch die Spitzen junger Tannen geht, deren Stämme von den unzüchtigen Belustigungen der Menschen – oder der Affen – im Herzen des Waldes erschüttert werden.
Nichts von alledem. Ironie des Schicksals, die amerikanische Touristin sandte erotische Signale aus wie ein Leuchtturm, und dies mit einer Kühnheit, die um so größer war, je sicherer sie sein konnte, daß jeder Annäherungsversuch von vornherein ausgeschlossen war. Franz war beinahe gerührt von diesen Blicken, die trotz ihrer Gewöhnlichkeit, trotz hunderterlei abschätziger Nuancen, die eine verflucht gute Kenntnis der Männer, einen reichen Schatz an Vergleichsmöglichkeiten, eine zugleich muntere und gehässige Verachtung für ihren friedfertigen Gefährten verrieten, nichts anderes ausdrückten als die ewige, untertänige und hoffnungslose Erwartung eines Tristan, der wie eine Sphynx wenige Zentimeter vom *Vitello tonnato* entfernt sitzt, den ihm die wunderbaren Hände verweigern.

Nein, kein Zeichen von Seiten Persanas, außer auf einmal dieser Blick und dieser kristallene Weg. Was spielte sich wirklich ab? Dieser Blick drückte weder Begierde noch Unterwerfung noch Komplizenschaft aus, sondern Notwendigkeit. Er gab ganz plötzlich der ungewissesten Zukunft den beinahe banalen Anschein von Vergangenheit. Er entwarf nicht die Hindernisse; aber er war die Zukunft. Dennoch hörte dieser Blick, den er mehr durch Zufall aufgefangen hatte, als er ein beiläufig hingeworfenes Wort über die Farbschattierungen der verschiedenen Marmorarten in Rom begleitete, nicht auf, beängstigend zu wirken: Er brachte nicht diese geistige Sicherheit, die man von gewissen entschlossenen und ihrer Zärtlichkeit sicheren Frauen bekommen kann; auch nicht diese körperliche Sicherheit, die die Touristin mit den sehr blonden Haaren trotz der Gehässigkeit, dem Unbehagen und der Unstillbarkeit verbreitete. Nein, er stellte in der Wirklichkeit endgültig eine Beziehung her, die anderseits ihrem körperlichen Wesen fehlte. Er brachte keinen Fortschritt, keine Annäherung, er stellte lediglich eine Art Verpflichtung auf, will heißen eine lastende Schicksalhaftigkeit. Ein bißchen so, als ob man zu Ihnen sagte: «In einer Stunde wirst du sterben», obwohl Sie sich vollkommen wohl fühlen und ihre Phantasie Angst davor hat, den zeitlichen Weg zu entwerfen, der Sie körperlich zum Tod führen wird. Diesen Weg, wir sagten es schon, steckte Persana in dem Kristall ab, allein mit ihrem Blick, aber sie steckte ihn in gewisser Weise über ihren Köpfen ab, wie eine mystische Leiter, die offensichtlich ist, jedoch unerreichbar für menschliche Blicke. Sie gab, bei aller Ungleichheit der Proportionen, die Gewißheit, die Ihnen die Offenbarung Gottes gibt, doch die Angst dazu, diese Vision des Absoluten in der menschlichen Zeit nie zu erreichen.

Wahrhaftig, der Einschnitt, den Franz fühlte, war viel radikaler, als er gedacht hatte. Hätte er über die Sache in viel unmittelbareren, viel psychologischeren Begriffen nachdenken sollen; hätte er begreifen müssen, daß Persana soeben einen Entschluß gefaßt hatte, den ihr Herz und ihr Körper nicht mit ihrem Willen teilten? Daß sie sich determiniert, aber nicht entschlossen fühlte oder, schlimmer noch, daß sie in diesem für gewöhnlich als außerordentlich betrachteten Abenteuer ein Ziel verfolgte, das viel wichtiger war und von dem er nichts ahnen konnte?
Auf jeden Fall verschwanden in den Sekunden, die auf diesen Blick folgten, all sein Argwohn, all seine Befürchtungen, all sein Mißtrauen. Er besaß nichts als die Gewißheit und die Angst, die sie begleitete. Nach und nach nahm er seine menschlichen Hüllen wieder auf und fing an, Persana zu beobachten. Doch sie gab nur noch unbedeutende Zeichen. Oberflächlich war er enttäuscht, das heißt beleidigt. Sie bestätigte ihren Entschluß nicht. Doch grundsätzlich war nichts mehr zu befürchten, es sei denn das Schlimmste.
In diesem Zustand wurde es Franz möglich, seine Rolle des Vollstreckers übergeordneter Befehle abzulegen. Zumindest glaubte er es. Jetzt hatte er viel eher den Eindruck eines Klavierduos von wunderbarer Übereinstimmung; das kleinste Zeichen des Kopfes genügte, um den Partner auf diese oder jene Nuance vorzubereiten und die subtilsten Probleme des klanglichen Gleichgewichts zu regeln. Die Fragen nach Richtigkeit, Rhythmus und Tempo waren längst erledigt. Das nächste Stadium würde erreicht sein, wenn die beiden Pianisten sich zu einem einzigen verschmolzen und bis zur Vollendung mit zweigeschlechtigen Händen die *Gondole funèbre* spielten. Um diesen Moment zu erreichen, wäre es gut, wenn die restlichen zehn

Finger der geistigen Zirkulation dienten. Franz näherte seine rechte Hand Persanas Linken, die auf dem Tisch ruhte. Die Geliebte zog sich nicht zurück, sondern lächelte ihren berührten, dann gestreichelten, dann gespreizten Fingern zu, wie man einem kleinen Kind zulächelt, das sich im Bade berührt. Zumindest fuhr dieses eisige Gefühl flüchtig durch Franz' glühende Seele. Doch eine solche Interpretation, die ihn auf das vulgäre Spiel von Unterwerfung und Beherrschung zurückwarf, trübte vor seinen Augen den kristallenen Weg vollständig. Laut bat er Persana, ihm den Grund für ein solches Lächeln zu sagen. Sie schien nicht zu verstehen, dann erklärte sie undeutlich, sie lächle, ohne es zu merken, weil sie über eine «Menge Dinge» nachdenke. Man fiel endgültig die mystische Leiter hinunter. Würde es möglich sein, sie vor der endgültigen Zerstörung noch einmal zu erklimmen?

«Wie wär's, wenn wir gingen?»

Würde Persanas weißes Kleid in der kaum kühler gewordenen Nachtluft den Weg weisen? Es war der Augenblick, da die während des Essens gefaßte absolute Entscheidung sich den groben Mitteln zu stellen hatte, über die die Menschen verfügen, wenn sie sich in der Zeit bewegen wollen; wie der Schwan, der tolpatschig die steinige Uferstrecke hinter sich bringen muß, bevor er seiner selbst würdig sein kann, mißachten sie stolz die Kräfte, die es ihnen erlauben, über den Spiegel der Ewigkeit zu gleiten. Man müßte jetzt also eine gewisse Anzahl von Muskeln in Bewegung setzen, um auf dem unebenen Trottoir voranzukommen, mannigfaltige Schatten und wechselnde Lüftchen ins Gesicht bekommen, Blicke kreuzen, die uns absondern und verlangsamen, sich dieser Höllenmaschine bewußt werden, die, in uns und um uns, alles mißt und durch ihren Pulsschlag das glückselige Gleiten auf die erfüllte Liebe zu bremst: Atmen, hören und das Hämmern in den Schläfen spüren, dem Rotlicht des Anstandes, der Achtung, des gesellschaftlichen Lebens gehorchen; nicht mit göttlicher Unbefangenheit den kleinen Alten treten, der einem genau vor der Tür der Trattoria im Wege steht und uns herausfordernd anschaut, bevor er uns mürrisch Platz macht, was uns zwingt, Hand in Hand hintereinander herzustolpern. Sich nicht auflehnen gegen eine Welt aus Türen, Schlössern, Treppen, Zugängen, Straßen, die dazu bestimmt sind, in einem gegebenen Raum zwei Punkte miteinander zu verbinden; mit Beinen, gewöhnt an komplizierte, alternierende Bewegungsabläufe, die uns ein mehr oder weniger abgehacktes, jedoch stets skandiertes Vorwärtskommen auf der diese zwei Punkte trennenden Straße erlauben; mit Automobilen, die, dank der magischen Erfindung des Rades, eine einheitliche Fortbewegung erlauben, in Wirklichkeit jedoch (in Rom noch mehr als anderswo) allen möglichen Zwängen ausgesetzt sind, die ihr Vorankommen ewig unterbrechen. Übrigens sind diese Vehikel sogar mit «Beschleunigern» und «Bremsen«, anders gesagt, mit Verlangsamern ausgestattet, was verrät, daß sie von Natur aus keinen Anspruch auf die göttlich einheitliche Bewegung erheben. Und in den besten Fällen – zum Beispiel auf einer einsamen Fahrt über die Autobahn, wenn man, befreit von allen «2 CVs», mit der Grazie eines schweren Hinterns hinter einem alptraumhaften Lastenzug ausschert, der das Fortkommen seiner aufheulenden Pneus durch das zischende und aufgebrachte Nießen seiner Luftdruckbremsen unterbricht –, selbst ohne solche Hindernisse ist das Automobil mit einer gewissen Geschwindigkeit begabt, was bedeutet, daß es – entsetzliche Wahrheit – gezwungenermaßen eine bestimmte Strecke in einer bestimmten Zeit zurücklegt.

Sie fuhren also über die Autostrada del Sole Richtung Norden. Franz hatte eine, wie man sagt, Inspiration gehabt und glaubte, sich nicht zu täuschen, wenn er der sogenannten Inspiration eine Stunde menschlicher Zeit opferte.

«Statt der Baudenkmäler Roms schlage ich Ihnen eine großartige nächtliche Vision vor: den Dom von Orvieto.»

Sie hatte fröhlich zugestimmt, obwohl sie die ungeheure Heuchelei der Begierde verstanden hatte, die so weit ging, die Gott geweihten Bauwerke (den man nicht begehrt, den man liebt) zum Vorwand ihrer Befriedigung zu nehmen.

Vielleicht hätte Franz festhalten sollen, daß Persanas Lächeln, seit sie das Restaurant verlassen hatten, ein Lächeln des Mutes war. Doch er hielt sich vor allem an ihre Zustimmung zu seinem Vorschlag, mit allem, was an Vertrauen und Hingabe darin lag. Er rechnete sich, in Anbetracht der Fähigkeiten seines Vehikels, menschliche

Zeit zu überbrücken, sogar aus, daß es vernünftig wäre, bis Florenz zu fahren.

Persanas Ja erhöhte natürlich Franz' Angst, obwohl es, oberflächlich betrachtet, seinen männlichen Stolz befriedigte. Wie sollte man das Fehlen jeglichen Widerstandes gegen seinen lächerlichen Vorschlag interpretieren, wenn nicht als Aufforderung, von der Liebe zur Vergewaltigung überzugehen? Gewiß, diese Nacht war auf jeden Fall eine Vergewaltigung, und sei es diejenige der Zeit. Doch von Zeit zu Zeit überkam den Fahrer des Alfa Romeo eine Welle von Angst oder, besser, von Furcht: So kommt vermutlich der ausgeglichenste Mann der Welt, der nächtlicherweise in seinem Auto ein entzückendes kleines Mädchen mit sich führt, ohne daß er es will, auf Gedanken, die die Moral mißbilligt. Die Szenerie einer Vergewaltigung drängt sich ihm auf; er fühlt sich in der Haut eines Schauspielers, der, auf die Bühne gestellt, zögert, seine Rolle zu spielen. Und Persana rief, ohne es zu wollen vielleicht, Szenen wach, die Franz nicht gewollt hätte. Gut, er hatte selbst vorgeschlagen, Richtung Orvieto zu fahren, aber zweifellos in der Hoffnung, daß sie nein sagen würde; daß sie durch ihre Haltung geantwortet hätte: «Aber nein, küsse mich lieber hier im Auto, dann fahren wir los und kehren zurück ins Institut, wo wir über einem menschlichen und natürlichen Versprechen auseinandergehen werden». Das Unbehagen Franz' nahm dermaßen zu, daß er sich überwinden mußte, nicht die Rückfahrt vorzuschlagen. Wenn er darauf verzichtete, dann nur, weil auf der Autobahn jegliches «Wenden auf der Straße» verboten war: Daran erkennt man, daß der Mensch Fortschritte gemacht hat, was das Bild betrifft, das er sich von seinem Schicksal macht; er zeichnet sich selbst in seine Landschaften Bilder des Nicht-rückgängig-zu-Machenden.

Franz hatte überdies willentlich den entscheidenen Moment von sich geschoben. Er ertrug diesen Aufschub besser, um so mehr als er ihn fast beliebig verkürzen oder verlängern konnte. Schließlich ist der Zustand der Angst, der Zustand des möglichen Unmöglichen zweifellos das Lebendigste, was der Mensch erleben kann. Alles in allem verharrte Franz in der Stellung, die Michelangelo dem Adam in der Sixtina verliehen hat: der Finger Gottes wird ihn berühren, um ihm das Leben zu geben; Adam *weiß,* die Augen weit geöffnet, daß er noch nicht lebendig ist; er wird niemals mehr Mensch sein als in dieser bewußten Erwartung des Lebens. Fügen wir hinzu, daß Franz sich in der doppelten Rolle von Mensch und Gott glaubte, dann werden Sie verstehen, daß Franz auf der Höhe von Orte sich mehr und mehr entschlossen fühlte, bis Florenz weiterzufahren – wo andere, beinahe lebendige Meisterwerke Michelangelos wachten. Gut, selbst mit 180 Stundenkilometern mußte man in der klaren Nacht noch mit weit mehr als einer Stunde rechnen, doch gewisse Hotel-Kartausen zwischen Zypressen sind ebenso gut wie die *Badia* von Orvieto, dieses Kirchen-Motel, dem zuvor Franz' synkretistische Träume gegolten hatten.

Wenn ein Mann oder eine Frau im Verlaufe ihres Lebens nie begriffen hat, daß der Liebesakt unmöglich ist – was Don Juan vollkommen versteht –, dann lebt dieser Mann oder diese Frau unweigerlich an *dem* Leben vorbei: Wie wollen Sie, daß Franz' Fleisch, diese räumlich-zeitliche Entfaltung seiner Person, eines Tages, eines Nachts *im* Fleisch Persanas sei, so, als ob der Berg im Himmel oder der Himmel in der Nacht sei. Jedes Wesen, vergessen wir das nicht, ist eine Welt für sich; die Welt treibt mit ihm dahin, wie der Mond, der ein nächtliches Auto begleitet. Wie wenn dieses Individuum sich plötzlich hinter den

Augen eines andern Wesens einrichten, seine eigene Welt auslöschen könnte, das heißt die Welt, um sich mit dem Kosmos der andern zu beleuchten.
Gewiß, das ist unmöglich. Wenn es sich dennoch realisieren läßt, dann nur, weil wir einen kurzen «Augenblick», der nicht derjenige der Freude, sondern derjenige der entfesselten Begierde ist, vollständig aufhören zu existieren; lange bevor unsere Augen in der Freude untergehen, gehen wir im Spiegel der Augen anderer unter. Unser ganzer Körper wird durch die Begierde zu einem Sehorgan oder, besser, zu einem reinen Blick ohne Organ und bald darauf zum Blick eines andern Auges, das seinerseits entmaterialisiert ist. Und vielleicht ist der Augenblick, da die Körper sich durchdringen, nichts anderes als die grobe und mechanische Nachahmung dieser Verschmelzung der Blicke, eine kindliche Demonstration, daß das Unmögliche möglich ist, während doch die rechtskräftige, absolute Demonstration viel früher stattgefunden hat.
Zur Stunde schauen Franz und Persana in die gleiche Richtung, doch ihre Welten sind sicherlich nicht die gleichen. Die weiße gestrichelte Linie, die nicht aufhören konnte, das Vorwärtskommen des Wagens zu messen, betrachten sie unter einem leicht verschobenen Blickwinkel, aber vor allem dringt sie mit ihrem flüchtigen und hartnäckigen Weiß in Gedankengänge ein, deren Farbe verschieden ist.
Florenz. Kommt das gleich nach Rom? Um ehrlich zu sein, ich möchte so Europa durchqueren, es noch einmal leben fühlen, zum letzten Mal vielleicht. Doch ich kann nicht in einer einzigen Nacht Paris, Weimar und Budapest erreichen, es sei denn durch dich. Aber vielleicht habe ich den Wunsch, in Raum und Zeit meines Lebens zu ködern, was sich nur auf den Flügeln des in meinem brummenden

Käfig gefangenen Vogels erfüllen wird. Seine Flügel geschlossen, zusammengepreßt in diesem Augenblick, wie die Arme über einer frierenden Brust.
«Ist Ihnen kalt? Ich kann die Heizung anmachen.»
Ich habe den Kopf geschüttelt, ohne ihm zu antworten. Wie lange wird er noch so fahren wie ein Irrer, seine schönen Hände unnötigerweise ums Lenkrad gekrallt? Ich habe meine Toilettensachen nicht mit. Zum Glück habe ich wenigstens die Crème zum Abschminken dabei. Ich hätte nicht gedacht, daß er der Blindeste von allen wäre, trotz seiner stets klugen Aussprüche. Er hält sich in diesem Auto wie ein Skifahrer auf seiner Sprungschanze. Der Anlauf ist gemacht. Mit andern hätte ich weniger Mut gebraucht. Ich meine, einen andern Mut. Glücklicherweise oder unglücklicherweise schläft Tristan. Er hat sich ziemlich schnell daran gewöhnt. Doch demnächst werden wir nicht um die Probleme herumkommen. Ich kenne meinen Tristan.
Es stimmt, daß man die Sitze runterklappen kann, dachte Franz. Oder, besser, dieses Charakteristikum seines Wagens ging durch ihn hindurch wie eine Hitze, wie eine Scham, wie ein Wunder. Unser Bett schwankt in der Nacht, eskortiert vom Mond. In der Stille (denn ein konstanter und einheitlicher Lärm wird mit der Zeit zur Stille, indem das Gedächtnis nach und nach dieser nichtigen Arbeit müde wird) durchquert es die interstellaren Räume und bringt, schneller als jeder Stern, die Lichtjahre zwischen Rom und Florenz hinter sich. Die unsichtbare Saite unseres Bewußtseins ist auch die gespannte Saite zwischen den Zivilisationen, die einander leise über dem Schlaf ihrer Städte anrufen. Wenn ich mich für Florenz entscheide, dann deshalb, weil es, trotz dem Schicksal Savonarolas, eine unendlich viel keuschere Stadt ist als Rom. Keusch,

das heißt voller Respekt vor ihrem eigenen Geheimnis, sich jedes einzelnen ihrer Glieder bewußt, als ob es ihr eigenes Herz wäre. Rom ist ein Frauenkörper, der sich seiner nicht ganz bewußt ist; an gewissen Stellen nur von wenig Nerven durchzogen, wird er zu formlosem, beinahe totem Fleisch. Rom hat Schenkel, über die man mit jenem nervösen Lachen lachen kann, das das Gefühl überwältigender Nutzlosigkeit in uns auslöst. Rom hat amorphe Zehen, Muttermale, die mit gekräuselten Haaren bewachsen sind, einen blinden Rücken; die Dichte des Lebens, die an gewissen Orten ganz außergewöhnlich ist, nimmt plötzlich ab, wenn man aus dem wunderschönsten Vorhof kommt, dem mystischsten aller Hügel den Rücken kehrt: so der linke Flügel des Vatikans; oder der Teil des Aventins, der zum Tiber hinuntergeht; so, nach dem Capitol des Michelangelo der Zahn des Vittoriano. Florenz ist keusch, doch mit feinsten Nerven durchzogen. Rom ist schön, gewiß, wie eine etwas schlaffe Frau, die sich weich auf den Ellbogen ihres Flusses stützt und ihre *pudenda* an der einzigen Gebärmutter des Petersplatzes enden läßt, wohin die breite Via della Conciliazione führt. Florenz ist schön, ohne daß auch nur ein Teil seiner Schönheit von Herz oder Nerven vergessen worden wäre. Das ist es, was man Einheit des Stils nennt. Alle seine Straßen geben uns die Gewißheit, daß sie zu seinem Herzen führen, das die Stadt selbst ist, trotz der Akzente, die Santa Maria dei Fiori, Santa Croce, Santa Maria Novella und einige andere noch setzen, ähnlich jenen Stellen eines in seiner Ganzheit begehrten Körpers, die doch noch ein Mehr an Blicken, an Vertrauen, an körperlicher Präsenz erfordern. Keusch, aber hypersensibel, intensiv überwacht von seiner eigenen Sensibilität. Ungeachtet seiner Jahrhunderte, ist es ein kleines Mädchen; ungeachtet der berühmten Ausschwei-

fungen der Renaissance, ist es ein Körper, den das Laster töten würde, weil er zu sensibel ist. Es ist vor allem ein konzentriertes, auf sich selbst aufmerksames Wesen, das schweigend auffährt, wenn die Hand der Begierde es streift.
«Mache ich Ihnen angst?»
«Ganz und gar nicht, aber ich hatte Ihre Hand nicht kommen sehen, daher die Überraschung.»
«Entschuldigen Sie.»
«Das macht nichts. Wissen Sie, ich glaube, wir können ... aber sind wir bald da?»
«Genau zu Ihrer Linken, falls Sie etwas sehen können ... haben wir den Hügel von Orvieto. Aber was wollten Sie sagen?»
«Ich wollte Ihnen vorschlagen, du zu mir zu sagen.»
«Das ist lieb. Was würdest du sagen, liebe Persana, wenn wir, statt da hinaufzuklettern, weiterführen bis Florenz?»
Immer diese Beziehung, die er herstellte zwischen den Dingen, diese Brücken, die er eiligst baute, um von einem Punkt der Wirklichkeit zum andern zu gelangen. Doch es gibt keine Brücken, um den Tumult seiner Begierde zu überqueren. Man könnte sagen, er baue sie in der gleichen Richtung, wie sein Fluß oder sein Strom fließt, damit seine Vernunft wenigstens trockenen Fußes vorankomme, ohne seine Leidenschaft verlassen zu müssen. Es hat genügt, daß ich ihm dieses Geschenk machte, und schon schlägt er mir Florenz vor.
«Hören Sie, alles, was Sie ... alles, was du willst, wenn es nur nicht mehr zu lange dauert; ich fange an, die Müdigkeit zu spüren.»
«Bei dem Tempo höchstens eine Stunde noch.»
«In dem Fall gerne. Aber wir fahren mit einer Höllengeschwindigkeit.»

«Einer paradiesischen, meinst du.»
(Er biß sich auf die Lippen: Was für ein Gemeinplatz. Doch es ließ sich rechtfertigen, wenn man den Schatten Dantes bemühte.)
«Nein ... das heißt, so sind wir gut vor Mitternacht dort.»
Er hatte gut reden: Sie würde nicht auf die praktischen Probleme dieser Nacht eingehen. Sie würde sich nicht nach Hotels erkundigen, nicht nach der Rückfahrt, nach nichts, was erlaubte, das Unmögliche zu zähmen, indem man versucht, ihm durch die Bedingungen seiner zeitlichen Verwirklichung beizukommen. Man müßte sich ein für allemal der Zeit entledigen.
«Dort drüben! Die Fassade des Doms, siehst du sie? Bück dich, sonst siehst du sie nicht.»
Sie mußte sich gegen den Fahrer pressen und sich auf ihn stützen. Mit keuscher Hand überprüfte sie den Augenschein. Der Wagen machte einen leichten Schlenker. Ich erinnere mich genau, daß ich in diesem Augenblick dachte, ich würde in Zeitlupe den Unfall erleben, den dieses leichte seitliche Ausbrechen in den Bereich des Möglichen gerückt hatte. Wenn wir die Leitplanke berührt hätten oder irgendeinen Pfeiler, was wäre dann geschehen?
Mein Kleid wäre zerknautscht worden, hochgehoben, zerrissen, zerfetzt; ein fremder Körper hätte sich immer beklemmender auf mich gelegt; der Stahl hätte mich durchbohrt und verbrannt. Warum diese Gewalttätigkeit, die er in sich trägt und auf sein Auto überträgt, wird er sie mit einem solchen Raffinement an Langsamkeit entfalten? Denn auch die schnellste Vergewaltigung muß Ewigkeiten dauern, während der Pfeiler blitzartig tötet, wie die Liebe des Engels für die Heilige Teresa von Avila: diese römische Statue, zum Glück war ich allein, als ich sie entdeckte. So verstehe ich die Engel nicht; der da war nur ein

pausbäckiger Bengel; und so verstehe ich auch die Ekstase nicht. Glücklich sein, heißt das aufgedunsen und weich sein? Nein, Bernini hat nichts begriffen. Franz auch nicht, dem eindeutig daran gelegen ist, uns beiden Leiden zuzufügen.

Franz fand all die köstlichen, kindlichen und schmerzlichen Zweifel wieder, die ein noch unerfahrener Mann empfindet: War diese Berührung gewollt oder nicht? Ohne sich über die eigenen Worte zu wundern, flüsterte er: «Diese Kette, hast du sie eigentlich wirklich verloren?»
«Wie?»
«Ja, ich frage dich, ob du diese Kette verloren hast.»
Der Ton dieser Worte war mehr erstaunt als dringlich. Franz verlangte keine Antwort, er dachte laut. So daß er die plötzliche Anwesenheit der wunderbaren linken Hand auf seinem rechten Oberschenkel als ausreichende Antwort zu betrachten schien.

Von da an warf er seinen letzten Rest von Verstand ins Feuer seines Bauches, um den Wagen noch mehr zu beschleunigen, gleich jenem Phileas Fogg, der in Ermangelung von Kohlen seinen Schirm und seinen Hut in seinen Dampfkessel geworfen hatte. Bald wäre Arezzo vorüber und vorbei und die reine geistige Ordnung des Piero della Francesco verkrümmt wie ein Papier in den Flammen oder, eher noch, erstarrt in dem lunaren Tod, dem unsere Begierde die Welt weiht. Hätte ich dieses Stadium schon hinter mir, wo die Liebe die Welt zum Blühen bringt, und sind wir schon auf diesem Planeten, auf dem das Fehlen von Atmosphäre alle Dinge hart werden läßt? Warum habe ich nicht eher daran gedacht: Der Mond war einst eine Erde. Doch die Menschen haben so lange vor Begierde gekeucht, so lange alles bis hin zu den geschlechtslosen, materiellen Wesen vor Unmenschlichkeit versteinern lassen, so lange die Reinheit ohne Makel, ohne Hof, ohne Heiligenschein beschworen; sie haben so sehr die Feuchtigkeit ihrer eigenen verliebten Stimmungen verabscheut, so sehr das Gestirn der Nacht – die Erde – angefleht, nichts zu sein als ein scharf umrissener, ins Ewige gehauener Diamant und nicht mehr diese warme, zarte, wie Fleisch weiche Kugel; vor der Absage der Erde haben sie so sehr geseufzt, daß die Mondatmosphäre sich auf ihr Geheiß zurückgezogen hat; in ihrer grausamen Agonie hatten sie Zeit zuzuschauen, wie die Bäume schwarz wurden, die Blumen verdorrten, die Wasser erstarrten, ihr Fleisch sich vor Kälte verzehrte, die Sonne und die Sterne aufhörten zu blinken und zu Nägeln aus absolutem Licht wurden; aber sie hatten auch Zeit zuzuschauen, wie die Erde warm und bläulich, zart und friedlich wurde. Sie sind gestorben in der Hoffnung auf diesen rebellischen Planeten der Menschen, die ihre Aufgabe übernahmen und die Liebe dazu verdammten, Begierde zu werden. Bin ich in dieser entscheidenden Nacht im Begriff, sie zu erhören? Es stimmt, ich atme schlecht.

Er wurde plötzlich gewahr, daß sie ihre Hand zurückgezogen hatte und daß die Begierde sich beruhigt hatte, ohne daß das Brennen auf seinem Oberschenkel nachgelassen hätte. Vielleicht verdankte man diesen Wechsel dem lächerlichen Ausbrechen eines «2 CV» hinter einem riesigen Camion, was den Wagen brutal zu einem Wechsel seines Rhythmus zwang und dem Fahrer erlaubte, der umliegenden Landschaft mehr Aufmerksamkeit zu schenken. Man erkannte trotz der Dunkelheit deutlich, daß man Umbrien mit der Toscana vertauscht hatte; diese in Zypressen ausfransenden Hügel, wie Lider mit ihren Wimpern... Und die Zypressen sind hier eben nicht das Zeichen des lunaren Todes, sondern der lunaren Keuschheit, des vertrauensvollen Schlafens unter zitternden Wimpern. Florenz, das ist die erträumte Reinheit, doch in einer Atmosphäre, die noch atmen läßt; das sind die regelmäßigen Zinnen des Mittelalters, wie das strenge und rechteckige Décolleté des weißen Kleides (und nicht die unberechenbare, klaffende Geilheit des Barock), der Einklang der Steine und Bäume, um einen Schild zu errichten rund um eine Liebe nach menschlichem Maß, das Versprechen, daß auch die losesten Leidenschaften sich in wunderbarer Blässe und gesenkten Blicken äußern werden, daß sie sich verinnerlichen werden, ohne aufzuhören zu strahlen, daß sie sich hingeben werden, ohne aufzuhören, sich selbst in dem wunderbarerweise maritimen gotischen Spiegel von Fiesole zu spiegeln.
Florenz, die Stadt der stillen und scharf umrissenen Wesen in bläulicher Luft, wo die Blicke weder eisig noch verloren wirken, wo das Fleisch, auch das begehrliche, die Feinheit und Offenheit des Marmors besitzt und der Marmor im musikalischen Erzittern der Atmosphäre das begehrliche Erschauern des Fleisches. Florenz, Grenzstadt zwischen

Fleisch und Stein, Raum der Liebkosung, eingespannt zwischen die Hände, die Liebe schenken, und der Haut, die von Liebe erfüllt ist, Stadt der nicht existierenden und doch wirklichen Linie, die die Marmoradern von Santa Maria dei Fiori schwarz einfaßt und sie, ohne sie aufzulösen, dem Himmel vermählt; Eingehen dieser Linien in die Luft, jedoch nie Verschmelzung, Wunder tiefer, glatter Oberflächen, Persana, ich wußte, das konnte nicht stattfinden in diesem Rom der Volumen, der Wärme, der Undeutlichkeit, in dieser amorphen und frenetischen, dieser altersschwachen und fiebrigen Stadt, die nichts weiß von großen Leidenschaften hinter ruhiger Stirn. Aber vielleicht könnte ich dich mir ebenso gut in einer andern von meinen Städten vorstellen, in Paris, Wien oder Budapest. Am ehesten jedoch in Prag, der wirklichen Schwester von Florenz, denn ihre Stirn ist nicht verhüllt vom Nebel ihrer Geheimnisse. Man hat gesagt, ich sei einer der letzten Europäer, und deshalb liebe ich dich. Denn ich weiß nicht, woher du kommst. Alle meine Lieblingsstädte erklären sich durch dich, wie du dich durch sie erklärst. Wie kannst du der Welt ein so deutliches Gesicht zeigen, wenn du doch nirgendwo herkommst? Große Lektion für die Nationen. Auch Florenz war das Produkt blutiger Kämpfe und mannigfaltiger Einflüsse. Seine Linien sind Resultate, seine Rasse ist eine Blume auf dem Schlachtfeld; als Produkt von Ungleichheiten verkündet es in der Schönheit die Ähnlichkeit.

Man versuche nicht, mir diese Gewißheit zu nehmen: Die Kunst, die Kindheit und die Schönheit sind uns gemeinsam und gehen tiefer als das, was uns trennt. Die Haßausbrüche Europas werden schließlich in jeder Frau diese Stirn der Madonna von Lippi hervorbringen, unterstrichen noch von ihrem seltsamen Perlendiadem, eine Stirn, die auch deine Stirn ist, seltsame Persana. Auf all meinen Reisen und all meinen Irrfahrten auf der Suche nach mir selbst bin ich nie so aufgefahren vor Freude, wie da, als ich mich selbst in der allerfernsten Andern wiederfand und damit die Gewißheit einer Menschlichkeit, die ich mit denen teilte, die offensichtlich zu weit von meiner Kindheit entfernt geboren waren. Gesichter, die das geduldige Schicksal für mich bereithielt wie die meiner Schwestern mit der reinen Stirn. Ich habe die Liebe immer nur als Beweis von Brüderlichkeit geliebt. Daraus erklären sich mein Donjuanismus und meine Tiefe, meine Musik und meine Reisen, meine geheime Einsamkeit und meine Großzügigkeit, sogar meine Entscheidung für Gott. Gott, das war für mich das, wodurch das Lächeln der Fremden zu meinem Lächeln und ihre Stirn voller Zärtlichkeit zu meiner Stirn voller Musik wurde.

Man versteht gut, warum Florenz als Symbol eine geneigte Stirn hat, die sich über das Lächeln der Lippen neigt oder dieses erst erschafft: Ist eine solche Stirn nicht gerade diese Vereinigung des Marmors mit der Zärtlichkeit, der reinen Linie mit der unendlichen Entfaltung, der Wölbung mit der Geschlossenheit, der Leidenschaft mit dem Geheimnis? Ist es nicht der unglaublich widerstandsfähige Panzer in seiner Feinheit, der den Ansturm eines Gehirns aushält, das den Blitz von Tausenden von verschiedenen Gedanken aussendet und sich unter tausenderlei undeutlichen Gefühlen bläht? Und dieser außerordentliche Druck schafft einfach diese sanft geneigte Wölbung. Manchmal, doch so selten entweicht ein Blitz durch die Augen. Doch ich glaube nicht, daß es diese Nacht sein wird. Ja, das ist mein ganzes Geheimnis: die Liebe als Offenbarung der Brüderlichkeit. Was nützte es mir, die Herzen durch Musik und schöne Worte zu rühren, wenn ich nicht sicher sein

könnte, daß die Herzen unter dem Gewand ihres unterschiedlichen Fleisches, ihrer sich widersprechenden Gedanken und feindlichen Rassen mit der Einfachheit meines Herzens schlagen und sich demselben Rhythmus der Zeit unterziehen, in der Hoffnung, wie mein Herz erst stillzustehen in der Stunde der Liebe?
Keine irdische Heimstatt, es sei denn der Geist und diese Sedimente des Geistes: die jahrhundertealten Städte. Kein Ort, mein Haupt niederzulegen, es sei denn die Brust der Frauen, wo ich ein Herz schlagen höre, bis ich sicher bin, daß es meins ist. Ja, die Liebkosung bewahrt vor Solipsismus. «Mein menschliches Wesen», das ist das schönste Kosewort, das ich kenne. Das wahre Weiß ist dasjenige des Blutes. Ich möchte, daß du dich, gegen die Welt und gegen mich, nur vor Glück versteifst. Wenn ich dich nach Florenz führe, dann deshalb, damit du besser als in Rom begreifst, wie Liebe und Keuschheit sich verbinden: die Linien entfalten sich, ohne sich zu entspannen, die Grenzen atmen, ohne zu zerspringen, die Energie strahlt, ohne sich dem Laster hinzugeben, und die Lippen der Liebe kommen erst auf der Stirn ganz zur Ruhe. Glaub mir, wir werden glücklich sein, selbst wenn wir mit Sicherheit mehr wert sind als das Glück: Um über das Glück hinausgehen zu können, muß man es erst finden; wenn wir es nicht kennten, würden wir zu Statuen und nicht zu Übermenschen. Hast du daran gedacht, daß, wenn Christus nie glücklich gewesen wäre, der Tod ihm süß geworden wäre, selbst dieser entsetzliche Tod. Süß als Folge eines bittern Lebens, in seiner ganzen Makellosigkeit verzweifelt erhaben zu sein über die Welt, ohne je etwas in den Armen gehalten zu haben. Nein, Christus war glücklich, sonst wäre sein Opfer nichts als ein düsterer Ersatz, ein Selbstmord ohne Glanz und ohne Preis. Und die Theologen

sollten aufpassen, daß sie ihren Jesus nicht herabmindern, wenn sie ihm ausdrücklich die Kenntnis der fleischlichen Liebe absprechen. Dieses gefährliche Wunder nicht erleben, das, solange es dauert, uns die Welt mehr als alles andere lieben läßt und das Vergängliche durch die herrlichen Jahresringe der Ewigkeit hervorhebt, bedeutet leicht sterben. Nein, es brauchte Magdalena. Dostojewski fühlte es: Christus ähnlich sein bedeutet nicht, impotent sein, denn die vollkommene Einfühlung der Liebe ist nicht möglich ohne diejenige des Glücks. Was das grauenhafte Brennen der Nägel in den Füßen betrifft, glauben Sie, daß der Haß der Welt, der sich da in sein Fleisch bohrte, so heftig gewesen wäre ohne diese Liebe zur Welt, die diese gleichen Füße mit den Haaren einer Frau liebkoste?

Du gleichst der Beatrice von Dante, gemalt von Botticelli. Angeführt von deinem weißen Kleid, steigen wir empor zu den Sternen, durchschreiten wir die Himmel des Paradieses. Schon lange läßt dieser Motor sich nicht mehr vernehmen. Ein Murmeln wäre zu hören. «L'amor che move il sole e l'altre stelle» führt auch uns einander zu, und erkenne mir die Würde der Sonne an, selbst wenn ich zulasse und es liebe, daß wir uns unter deiner Herrschaft begegnen, du, keuscher als der Mond. Aber auch der Mond kann blutig sein bei seinem Untergang. Ich versuche dir in Gedanken zu vermitteln, was ich den Frauen stets zu vermitteln gewußt habe: mehr als die Begierde das Vertrauen, das Verlangen, sich mir hinzugeben. Denk daran, daß wir immerhin im Begriffe sind, diesen Tod, der uns in Rom erwartet, herauszufordern. Wir sind nicht auf der Flucht, wir gewinnen Distanz. Ich weiß, wenn ich diese Nacht von dir nicht geliebt werde, wenn ich dich nicht wirklich erkenne, dann wird der Sinn dieser Tode mir entgehen. Sie haben mir die Aufgabe anvertraut, dich zu lieben und zu beweisen, daß die Liebe stärker ist. Sie erwarten, da bin ich sicher, daß ich sie rechtfertige. Sicher, Worte von dir könnten mir Klarheit verschaffen, doch nichts ist erreicht, wenn du dich nicht in meinen Armen in Zärtlichkeit, in Vertrauen vor allem auflöst. Wenn es irgend etwas zu verzeihen gibt, dann wird nun alles möglich sein.

Ich weiß, daß du nicht gelogen hast. Aber ich habe Angst, daß alle Liebe über deiner Wahrheit zerbricht. Dann würdest du genau aussehen wie jener Tod, den wir gemeinsam bekämpfen wollen. Ich brauche jetzt eine Zusicherung, die dein Fleisch selbst sein muß.

Franz legte die Hand auf Persanas linkes Knie; sie stieß einen leisen Seufzer aus. Dann umfaßte ihre wunderbare linke Hand das männliche Handgelenk, hob es auf, entfernte es von dem nackten Fleisch. Voller Auflehnung, Verwirrung und Zorn, war Franz drauf und dran, plötzlich zu bremsen und am Rande der Autobahn anzuhalten. Doch eine Bewegung des jungen Mädchens hielt ihn zurück. Ohne die Straße mit den hypnotisierenden Leitlinien aus den Augen zu lassen, sah Franz an seiner Seite schmerzlich und intensiv ein Bild, das von einer äußersten Anstrengung des Gehörs begünstigt wurde. Die Geste Persanas war so regelmäßig, so banal und so rasch gewesen, daß Franz noch Jahre später überzeugt war, sie nur mit gewaltiger Verspätung überhaupt begriffen zu haben: sie beugte sich über ihre Knöchel; man hörte zwei kleine dumpfe Stöße. Dann sich aufstützend, der Körper auf den Schulterblättern, den Füßen, den Kniekehlen ruhend, befreite sie ihr Becken, glitt mit beiden Händen unter das Kleid bis zur Höhe der Hüften, setzte sich wieder, während die Hände den Beinen entlang bis zu den Füßen fuhren; schließlich legte die linke Hand zwischen die beiden Körper eine kleine weiße Kugel.
Auf die Gefahr hin, einen Unfall zu provozieren, drehte Franz sich nach Persanas Gesicht um und fand es gespannt, tragisch, beinah verdrießlich, deutlicher geschnitten als sonst. Ein anderer hätte in Panik angehalten, doch Franz begriff mit dem Rest an Verständnis, der ihm geblieben war, die Absichten des kleinen Ungeheuers. Die linke Hand ums Lenkrad geklammert, fand er mit der rechten das nackte Knie, das ein wenig zitterte. Er ging langsam höher, hielt jedoch bald inne: selbst das war zu viel. Er mußte die Geste vergessen, die, zusammen mit der Begierde, in ihm etwas wie Entsetzen auslöste.

Übrigens, hatte er es nicht einfach nur geträumt? Persana berührte plötzlich Franz' Wange und lächelte dem Gesicht des Mannes zu, das sich ihr erneut zuwandte. Ein fast mütterliches Lächeln, und er schämte sich, gleichfalls dankbar dafür zu sein. Sie zeigte auf eine neue Reihe von Zypressen auf einem nahen Hügel:
«Könnten wir uns die nicht aus der Nähe anschauen?»
«Ich glaube, wir kommen bald zu einer Ausfahrt, der ersten von Florenz-Süd.»
Es stimmte. Franz fuhr langsamer, zweigte ab, wählte die Straßen fast zufällig, nur darauf achtend, daß sie möglichst bergauf führten und immer enger wurden. Die ersten Erschütterungen durch den steinigen Belag hatten zur Folge, daß Persanas Fleisch noch gegenwärtiger wurde, wie ein Parfum, das man schüttelt; und daß Tristan aufwachte, den Franz während der Fahrt vollkommen vergessen hatte. Es folgten einige verwirrende Augenblicke. Der Hund hatte sich glücklich und aufgeregt in den Schoß seiner Herrin gestürzt und dabei ein Kleid zerknittert, das sie nicht mehr über die Knie zu ziehen gedachte. Franz wurde von einem nervösen Lachen geschüttelt, das vorgab, in das fröhlich belästigte Lachen Persanas einzustimmen, und für Augenblicke mischte er seine bewußte Hand unter die blinden Pfoten des Hundes. Dann kamen Ärger und Scham über ihn, er nahm das Lenkrad wieder in beide Hände, während der Hund hingebungsvoll das lachende Gesicht der Madonna leckte. Plötzlich beruhigte sich Tristan und ging, ohne daß man ihn aufgefordert hätte, zurück auf den hinteren Sitz. Der Wagen erreichte eine Reihe von Zypressen. Persana klatschte in die Hände. Noch ein paar hundert Meter, dann endete der Hang, und in der Ebene dort unten, waren das nicht die Lichter von Florenz? Franz hielt an und stellte den Motor ab. Also-

gleich erfaßt von der gigantischen Stille, hörte man das Gebell von Hunden, denen Tristan offensichtlich antwortete, was einem in dem engen Gehäuse buchstäblich das Trommelfell zerriß. Persana mußte laut schreien, um ihn zum Schweigen zu bringen. Rechts ein Feld, das wie von einer dreieckigen Schranke von Zypressen abgeschlossen wirkte. Man mußte nur diese Schranke überschreiten, um sich wie in einem Gemälde von Lippi zu fühlen. Aber vorher, vorher: Franz beugte sich über Persanas Lippen. Ein seltsam klagendes Bellen ließ ihn innehalten.
«Aber was hat er denn?»
«Was er hat? Er ist ganz einfach eifersüchtig.»
Erneuter Versuch. Der Beweis war erbracht: Diese Eifersucht ohne Maske stieß die Schnauze zwischen die beiden menschlichen Gesichter.
«Kann man ihn nicht aus dem Wagen lassen?»
«Mit all den Hunden hier in der Gegend riskiere ich, ihn nie wiederzufinden.»
«Also steigen wir auch aus.»
«Einverstanden.»
Sie stiegen aus. Persana zog ihre Schuhe wieder an. Sie machten ein paar Schritte, doch der Hund rannte schon los, angezogen von dem Gebell, und nur ein sehr gebieterisches Pfeifen brachte ihn zurück.
«Ich muß die Leine holen.»
«Aber wo willst du ihn anbinden? Sonst springt er noch auf uns drauf! Du willst doch wohl nicht die Leine an deinem Handgelenk festmachen?»
«Was sollen wir denn machen?»
«Ihn im verschlossenen Auto lassen, das ist doch klar. Ich frage mich übrigens, wie, wenn wir ... Also, soll ich ihn zurückbringen? Du wirst müde, wenn du ihn weiter so am Halsband festhältst. Das ist nicht gut für den Rücken.»

«Oh, das bin ich gewöhnt. Also ins Auto?»
«Ja, natürlich. Ich hoffe, er wird geduldig sein.»
«Das hoffe ich auch.»
«Nein, ich meine, er ist es nicht gewöhnt, so lange in einem so engen Raum eingesperrt zu sein.»
Franz packte den Hund am Halsband.
«Also, komm.»
Gebückt führte er ihn bis zum Wagen, öffnete die Tür und hieß ihn einsteigen. Doch Tristan grollte, so daß Franz, eine Hand am Hals, die andere am Hintern, den Hund beinah hineinwerfen mußte. Das Zuschlagen der Tür klang sehr heftig.
«Das hätten wir.»
Einen Moment lang wußte er nicht, wohin mit seinen Händen, er schaute sie an, wie ein Verbrecher dies tun muß. Dann nahm er endlich Persanas reglose rechte Hand, während das Auto von kaum gedämpftem Bellen widerhallte.
Sie verloren sich in der Betrachtung der Lichter von Florenz (es waren in Wirklichkeit vielleicht die eines namenlosen Fleckens). Der Hund stellte sich ans rechte vordere Fenster. Zwischen den Zypressen erkannte er deutlich den weißen Flecken seiner Herrin, der sich dem Boden näherte, die Waagrechte einnahm, dann sehr schnell an Oberfläche verlor, zu einer Kugel zusammenschrumpfte, die sich ganz plötzlich ziemlich weit links wieder entfaltete, wo sie reglos und unbestimmt liegenblieb, ziemlich weit von den beiden Gestalten entfernt, von denen noch einige undeutliche Farbflecken ausgingen; die eine von ihnen wurde langgestreckt, zusammengezogen, geschüttelt, bevor sie eine weite Kurve nach rechts beschrieb. Tristan konnte in dem hellen Mondlicht ziemlich gut die beiden Gestalten unterscheiden, die auf dem Boden liegenblieben, um

miteinander zu kämpfen, die eine die andere langsam, aber sicher zermalmend. Dieses Zermalmen hatte nicht gleich angefangen. Sehr lange war die Gestalt seiner Herrin, die seltsam unbeweglich blieb, von einer, dann von mehreren Protuberanzen der andern Gestalt durchlaufen worden. Doch Tristan war zu Recht mißtrauisch: Die fremde Gestalt hatte unvermeidlich auf derjenigen seiner Herrin geschaukelt, um sie zu erwürgen. Wenn er, Tristan, so auf den geliebten Körper stieg, um zu spielen, dann hielt der geliebte Körper in der Regel beide Hände auf seine Schnauze oder fuhr ihm angenehm über den Rücken. Hier nichts dergleichen: Als die Gestalt mit den vielen Protuberanzen sich auf den geliebten Körper gelegt hatte, waren die beiden Arme dieses Körpers reglos ausgestreckt auf der Erde liegengeblieben. Verzweifelt vermischte der Hund sein Gebell mit Seufzern.

Inzwischen wurde der Schwätzer, verfolgt von dem weißen Schatten Persanas, gleichsam hinauskatapultiert in das nächtliche Rom. Folgten ihm andere Wesen? Auf jeden Fall benützte er so viele dunkle Straßen, machte so viele qualvolle Umwege, daß er sich bald in Sicherheit wähnen durfte. In der Via dei Serpenti schlüpfte er in ein Lokal, dessen Eingang aussah wie eine umfunktionierte Garage. Der Schwätzer verschmähte diesen Ort nicht, einer der wenigen, wo man sich zum Trinken setzen konnte wie in den schweizerischen Cafés oder in den Münchner Bierstuben. In Italien scheint sich das gesellschaftliche Leben für gewöhnlich nur in den Restaurants abzuspielen, und es sieht so aus, als müßte man essen, um sich das Recht auf ein Gespräch mit seinen Freunden oder seiner Geliebten zu erwerben. Trinken allein genügt nicht. Im günstigsten Fall besitzen die italienischen Bars zwei oder drei mickrige Kunststofftischchen, irgendwo eingeklemmt zwischen Kasse und Juke-box, an denen sich die vor Müdigkeit halb schwachsinnigen Touristen in ihrer Verzweiflung niederlassen, ohne zu bemerken, daß sie dies mindestens noch einmal soviel kostet wie das aufrecht eingenommene Getränk. Dennoch gibt es hier und dort richtige Kneipen; sie sind nur den Einheimischen bekannt, die dieser Sitte zuwiderhandeln. Die düstere und schmierige Spelunke in der Via dei Serpenti, in die nur Stammgäste sich wagten, hatte die Anwesenheit des Schwätzers toleriert, nachdem er sich insbesonders durch Runden von Frascati, aber auch durch flammende Reden über die Vorzüge Roms und die eidgenössische Langweiligkeit Anerkennung zu verschaffen gewußt hatte. So daß die Stammgäste, die kaum etwas wußten über die beruflichen Aktivitäten dieses zungenfertigen Ausländers, jedoch beeindruckt waren von seiner Redegewandtheit, ihn den «avvocato svizzero» oder ein-

fach den «avvocato» nannten. Der Wirt, ein sympathischer Lump, der ganze Tage hinter seiner Kasse verschnarchte, hob die Lider (beide), um den Neuankömmling zu begrüßen. Dieser, offensichtlich nicht in bester Verfassung, bestellte barsch einen Liter Frascati. Auf das Zögern des Wirts hin ging er um die Theke herum und bediente sich selbst. Dann setzte er sich wieder und wandte dabei einer Gruppe von vier Personen den Rücken zu. Er leerte zwei Gläser in einem Zug, nahm das dritte kaum langsamer in Angriff. Ihm gegenüber hob der Wirt ein Augenlid, um der Bewegung seiner rechten Hand zu folgen, die sich, mit einer Gabel bewaffnet, auf die Suche nach einem rot gefärbten Spaghetti begab. Der Wirt hatte seinen Teller auf der schmalen Theke und brauchte zum Essen seinen Posten nicht zu verlassen. Der Kampf war hart, und bald schlug die besiegte Gabel auf den Zink. Das Auge schloß sich wieder. Der Schwätzer betrachtete diesen kleinen kahlen Kopf, dieses schmutzige Gesicht voller Runzeln, Säcke und fallender Linien, diese kleine fette und kurze Hand mit den unaussprechlichen Fingernägeln. Alles an diesem Geschöpf war schlaff. Wenn er sprach übrigens, dann verwandelten das Fehlen von Energie und das Fehlen von Zähnen seine Worte in einen unverständlichen Brei. Man empfand, wenn man ihn anschaute, jene Furcht, die einem Idioten einflößen: wie wenn ihr Blick, plötzlich mit einer übernatürlichen Hellsichtigkeit begabt, unser Bewußtsein durchdringen und uns in Schwachsinn erstarren lassen könnte; wie wenn der böse Geist aus dem Schwein in den Menschen fahren könnte.
Eine so fürchterliche Verwandlung des wurmartigen Wirts schien jedoch nicht bevorzustehen: der Kopf fing an, immer bedrohlicher in Richtung Teller zu sinken. Von Zeit zu Zeit hob ein lächerlicher Ruck ihn eine Stufe höher,

doch das war nur ein Aufschub: Als der Schwätzer das vierte Glas in Angriff nahm, badete die gelbliche Stirn in der roten Sauce.
Scheinbar befriedigt von dieser Demonstration, machte der Schwätzer eine Vierteldrehung, um die vier jungen Leute zu beobachten, die im Hintergrund der Spelunke diskutierten.
«*Capisci*», sagte einer von ihnen und nahm jeden von seinen drei Begleitern (darunter ein Mädchen) persönlich zum Zeugen, «früher dachte ich nur daran, mich zu amüsieren, hinter den Mädchen herzulaufen, von Autos zu träumen usw. ... Dann sind mir die Augen aufgegangen, ich habe begriffen, daß man mich braucht und daß mein Egoismus ein Irrtum war. Deshalb bin ich in die Kommunistische Partei eingetreten.»
Der Schwätzer traute seinen Ohren nicht. Hatte der Alkohol ihn schon dermaßen verwirrt? Aber nein, der, der gesprochen hatte, lächelte nicht, er ereiferte sich auch nicht, er erklärte einfach, ruhig und sachlich. Rundes Gesicht, schön rote Wangen, zu einem Teil bedeckt von einem breiten braunen Bartkranz, eher eine Handwerker- als eine Intellektuellenbrille.
«Ja», sagte ein anderer mit noch runderem Gesicht, jedoch ohne Bart und ohne Brille, ein bißchen wie ein Auto ohne Zubehör. «Ich bin zu allem bereit. Aber kann man denn wirlich etwas tun in dieser *minestrone*. Es ist immer die gleiche Scheiße, was du auch tust.»
Und so weiter. Das Mädchen, häßlich, jedoch mit einem ungewöhnlich warmherzigen Lächeln, hing zärtlich an den Lippen der drei Männer, mit einer besonderen Zuneigung jedoch für den ersten von ihnen. Alle vier tranken nicht schlecht. Nicht so viel wie der Schwätzer, der im Augenblick, als er sich einschaltete, fast einen Liter getrunken hatte.

Die Unterhaltung der vier nahm den Verlauf, den man sich denken kann (man erfuhr, daß sie Lehrer waren, alle vier, und daß die linken Studenten trotz ihren nicht zu vernachlässigenden politischen Forderungen Gefahr liefen, den Faschisten in die Hände zu arbeiten, indem sie sich so brutal von der PC absetzten). Bald kam man unter Mithilfe von Alkohol auf die Partisanenlieder, insbesondere auf das wunderschöne *Bella ciao,* das, von vier überzeugten und beinah reinen Stimmen gesungen, von den Gewölben der Spelunke widerhallte.
Das war der Moment, den der Schwätzer wählte, um aufzustehen, auf den Kommunistentisch zuzugehen und in einem drohenden, unsicheren Ton eine Zigarette zu verlangen. Der erste Lehrer hielt ihm ein Päckchen hin, ohne mit Singen aufzuhören und ohne ein Zeichen von Verärgerung. Das Mädchen reichte ihm sogar seine eigene Zigarette zum Anzünden. Diese Geste brachte die Wut des Schwätzers auf den Siedepunkt, und er erklärte, daß alles Scheiße sei, die Zigarette und das Lied. Zwei der Lehrer wechselten einen Blick über ihre gewagten Tonmodulationen hinweg, und einer von ihnen entschloß sich, den Eindringling (freundlich) hinauszukomplimentieren.
«Scheiße», wiederholte er blinzelnd, «und eure tonale Musik ist eine Musik von dreckigen Reaktionären.»
Selbst an diesem Punkt der Auseinandersetzung waren die vier nicht wütend, doch der Lehrer, der versucht hatte, den Schwätzer verbal abzuwimmeln, begleitete seine Worte mit einer Geste: Er stand auf, faßte den Störenfried – sanft – an der Schulter und wollte ihn zu einer halben Drehung um die eigene Achse veranlassen. Doch plötzlich klappte er zusammen und wand sich als stöhnende Kugel auf der Erde. Die andern Lehrer, die begriffen hatten, wohin das Knie des Säufers getroffen hatte, verteilten ihre

Aufgaben: Das Mädchen beugte sich, jeder Zoll eine erhabene Madonna von liebender Häßlichkeit, über den in seiner Mannhaftigkeit Gekreuzigten, während die beiden Jungen sich auf den Faschisten stürzten. Nach seinem ersten, ziemlich feigen Akt verteidigte sich der Schwätzer mutig und versuchte ein letztes Mal, die Fäuste im Anschlag, zu erklären, daß der Mensch tot sei. Der am wenigsten kommunistische Lehrer, derjenige, der von *minestrone* gesprochen hatte, sah, daß sein Freund noch immer am Boden lag und trotz der ungeheuren Entfaltung häßlicher und glückseliger Mütterlichkeit noch immer stöhnte, und konnte nicht mehr an sich halten; da keinerlei politische Zugehörigkeit ihm das «Auge um Auge, Zahn um Zahn» untersagte, knallte er sein Knie in das verhaßte Mannestum des Angreifers.

Nachdem es dem ersten Opfer endlich besser ging, wollte die Madonna sich sogar um das zweite kümmern, dem die beiden gesunden Kameraden schnaubend vor Haß, die Fäuste in die Hüften gestemmt zuschauten. Doch man verbat es ihr und schleppte den Faschisten schließlich aus dem Lokal. Unterdessen war der Wirt aufgewacht und schaute blinzelnd zu.

Der Schlag war nicht gründlich genug ausgeführt worden, und bald konnte der Schwätzer sich wieder aufrichten und unter den mißbilligenden Blicken der Passanten die frische Nachtluft einatmen; dann aufstehen, torkeln, gehen, ein Taxi rufen und bitten, daß man ihn nach Ostia fahre. Leichtes Zögern des Chauffeurs, dem eine größere Summe versprochen wird.

Sie haben sich Zeit gelassen. Friedrich, warum hast du es nicht getan? Wenn du es getan hättest, wäre ich dir dankbar gewesen, vielleicht lebtest du jetzt noch.

«Wir sind in Ostia», sagte der Taxi-Mann, als ob er sagen

wollte: «Jetzt sehen Sie, wie idiotisch Ihr Auftrag war.»
«Setzen Sie mich am Strand ab, irgendwo.»
Baracken, Schranken, Wüste, Teer, Rauschen.
Nur hübsche Mädchen sind besser als Mädchen, und das genügt zur Unterscheidung, zur Lust, zu allem. Ich werde mit allen schlafen, mit allen, allen, und alle werden mit mir schlafen und mit allen andern, und dann werden wir das wahre Rauschen des Meeres, des Himmels, der Berge hören; wir werden keine andere Empfindung haben als das intensive Gefühl zu leben wie dieser wunderbare *Nomos Gamma* von Xenakis, den ich ganz genau höre in den kreisenden oder eher entgleisenden Sternen oder in den nächtlichen Rufen gegen Ende des Quartetts von Lutoslawsky, die genauso wahr, genauso unmenschlich sind wie diejenigen der Nachtigall. Das Leben, das Leben und nicht immer nur der pathetische Verlust des Lebens. Ich hätte dir das verständlich machen sollen, Friedrich, aber ich glaube, es ist das, was du mir verständlich machen wolltest. Daß doch die Mädchen mein wären wie diese Dünen oder dieses Meer, daß ich für all die Mädchen wäre wie... wie irgendwas, aber vor allem kein Romantizismus: für sie, die sie ungeschickt lieben in Gott weiß welchen Hotels oder öffentlichen Parks von Rom, ist es, zu dieser Stunde, die Düne, die dem Mädchen gleicht und so weiter. Die Seele ist überall, sogar und vor allem im Unterleib. Ich sage: nirgendwo, und dieser Schmerz ist nicht einmal ein Schmerz. Es ist ein bestimmtes Grollen des Meeres oder drei Kontrabässe. *Espressivo:* nein, genug. Nach der tonalen Migräne Wagners ist die Wiener Schule die Neuralgie des tonalen Dreigestirns. Nichts von alledem. Fegt mir das weg! Im unendlichen Reich der Töne, das weiter ist als diese Sterne, die in meinen betrunkenen Augen davonlaufen, ohne je ihren Platz zu verlassen, nur die Erfindung

von Intervallen, die sich lieben, Paroxysmen von nichts, Strände der Stille, der Stille abgerungen, also dargereicht, Abgründe unter der Oberfläche der Töne, steilabfallende Glacis, Arme, die sich öffnen, und wenn sie sich wieder schließen, sind es andere Arme, braunere oder magerere, die der kleinen Nutte, zum Beispiel, Hände auf dem Gesicht, die einander folgen, wie die Brise auf sich selbst folgt, Schaum ihres Leibes, der mit seiner Brandung gegen meinen angenehm schmerzenden Bauch schlägt, Reich von Beziehungen, wo alle Gleichheit zum Privileg wird, wo die schöpferischen Erschütterungen unsere Tonkinder ins Unendliche nebulöser Gefühle verstreuen. Es ist noch Platz für die Musik, die langsame Genesung meines Unterleibes ist der Beweis dafür, Friedrich, sie werden nie verstehen, daß einer von uns beiden sterben mußte, damit der andere seinen wirklichen Namen erlangen und Komponist werden konnte. Ich bin sicher, dieser Idiot von Franz glaubt, er arbeite für das Gute. Die Pluralität der Liebe ist nie seine Wahrheit gewesen, sondern sein Anteil an Unbotmäßigkeit. Vorbei. Sie werden nichts hervorbringen. Sie ist ebenfalls unfähig dazu. Sie hassen das Phantastische und den Wahnsinn. Sie werden sich wie Scheinheilige lieben, ich sehe es, als ob ich dabei wäre. Welch ein Weg bleibt zu gehen übrig: ich selbst bin vor ein paar Tagen in eine Falle geraten. Und die nette Kommunistin, mit der ich gerne geschlafen hätte, ohne ihr die weiße Wäsche auf ihr Gesicht zu legen, von der ich noch immer vollkommen besessen bin, sie macht nach gut christlicher Art für alle alles; nicht fähig, da bin ich sicher, die Geliebte der drei netten Macker zu sein. Nicht alle Frauen zu lieben, das ist das Elitäre, die Bedrohung, das sind die Scheuklappen, um nicht zu sagen die halbe Impotenz. Die Liebhaber der Schönheit sind, wie die Romantiker, diejenigen, die nur das Unmögliche erregt. Oder was man ihnen für unmöglich vorgibt. Denn diese Damen spielen mit. Die gleiche Enge bei denen, die einen verminderten Septakkord brauchen, um ihr Herz schlagen zu hören. Fetischismus für die sensible Note, wo doch alle Noten sensibel sind und alle Partien des Körpers, und die ganze Welt. Meine Männerbrüste sind sensibel, die Lahmen haben ein Recht auf Liebe, der Wirt des Lokals, die Exkremente sind liebenswert im Reich der Liebe, auch das Kotzen, das nicht auf sich warten lassen wird, ich fordere für sie die Milchstraße der Musik; für meine unflätigen Schmerzen das Pantheon der Blauen Blume, für die traurig gekräuselten Haare meiner Waden eine passende Melodie und für meine Füße das Horn! Alles, sage ich euch, und das nicht im Rausch; oder dann berauscht von der Liebe; die Liebe ist das, was verbindet, was hält. Doch das, was das Unerwartete, das Nicht-Klassierbare, das Unvereinbare, das Unqualifizierbare vereint, so daß das alles nichts mehr bedeutet. Lieben, das ist mein einziges Gebot, und der Rest sei euch obendrein genommen (die alten Geschichten von Schönheit-Häßlichkeit, von Gut-Böse usw.). Angesichts der Sterne (genauso blind wie ihr und ich), angesichts unserer kleinen Ewigkeit, was bedeutet das schon. Was zählt, ist der liebende Intervall, der Fall ohne Schwerkraft, der Aufstieg in Abgründe, die Liebes-Beziehungen. Wenn ich sagte Geist und nur der Geist, ist es das gleiche wie das Fleisch, vorausgesetzt man eliminiere die verhaßte Seele. Ich habe gesprochen, kotzen wir die letzten Reste des alten Menschen heraus.

Neben Franz war der raffinierte Bleiche unter allen Musikwissenschaftlern unbestritten der beste Praktiker. Kurz nach den Ereignissen, die wir soeben noch unvollständig erzählt haben, entschloß er sich umzusatteln und eine Karriere als Solist zu versuchen. Sein Professor, den er in aller Eile in Paris aufsuchte, dachte nicht daran, ihn zu entmutigen, sondern bestätigte ihm, daß ihm seine Ausbildung als Musikwissenschaftler sogar als Interpret viel helfen könne. Heutzutage ist die Interpretation nicht mehr ein Verströmen der Seele, nicht mehr eine rein instinktive, unbewußte, unkontrollierte, wilde Äußerung; und die besten Pianisten sind nicht selten die besten Philologen der Musik. Was die verlangte Virtuosität betrifft, so würde konstantes und hartnäckiges Üben sie dem raffinierten Bleichen zugänglich machen, dessen Fingerfertigkeit und Leichtigkeit offensichtlich waren. In seinem Alter war noch alles möglich.

Paris, wo er sich niederließ, war für ihn der Beginn eines noch asketischeren Lebens als in Rom. Die Ergebnisse ließen nicht auf sich warten. Doch mit der Gesundheit des Virtuosen stand es schlecht. Die Ärzte rieten ihm dringend, Sport zu treiben. In Erinnerung an den «Court» der Franziskaner neben der Villa Scura entschied er sich für Tennis. Als Anfänger fiel ihm eine Lehrerin zu, eine blonde Dreißigjährige mit untadeligen, gebräunten Schenkeln, einem Pferdeschwanz und einem schallenden Lachen. Liebe zu diesem mageren, bleichen, kränklichen und ungeschickten Mann erfaßte sie – die allzu seltenen Lächeln dieses Introvertierten enthüllten übrigens vollkommene Zähne, während ihre zu lang waren. Mit fester, sehr autoritärer, jedoch nie spöttischer Stimme, korrigierte sie unermüdlich seine Fehler. Rasch zeigte sie ihm, daß sie ihn seinen sportlichen, gut gebauten, nonchalanten, sinnli-

chen und muskulösen Kollegen vorzog: Sie dachten nie daran, über diese Mischung aus Natürlichkeit, gerechter Zärtlichkeit und didaktischer Strenge zu lachen, die sie gegenüber dem raffinierten Bleichen an den Tag legte. Weder Mutter noch Lehrerin, sondern anspruchsvolle und mitleidlose Kameradin, ließ sie den Pianisten im Glauben, seine grundlegende Ungeschicktheit sei nur das Resultat einiger kleiner Fehler und nicht der verhängnisvolle Ausdruck einer Natur, die sich selbst feindlich ist und sich gegen die eigene Meisterschaft auflehnt.
Ihr wäre es sogar gelungen, einem Gelähmten einzureden, er brauche nur das gelegentliche Erschauern eines seiner Beine zu fördern, um die nötige Beweglichkeit zum Gehen zu erlangen. Und natürlich erreichte sie ihr Ziel. Der Virtuose, der die *Etudes d'exécution transcendante* spielte und dessen mechanische Fähigkeiten sich ausschließlich auf den Gebrauch der Finger konzentrierten, lernte in Kürze gehen, laufen, springen, diesen körperlichen Mut aufzubringen, den das Unbewußte verlangt. Er ließ sich zunächst ziemlich zerstreut lieben, dann, nachdem er entdeckt hatte, daß die junge sportliche Frau die Musik nicht verabscheute, betrachtete er dieses weiße Kleid aufmerksamer, dessen Kürze ihn dem Glück näher brachte, statt ihn von ihm zu entfernen, wie er zuerst gedacht hatte. Dann liebte er sie, noch immer sehr zurückhaltend, aber deutlich, und nahm sogar das Risiko auf sich, es ihr zu sagen. Vielleicht würde er mit ihr in die Schweiz zurückkehren, um sich dort einen Namen zu machen.
Der Verehrer der Jungfrau, wird, sagen wir es gleich, der Gatte einer absolut verehrungswürdigen jungen Frau. Er wird Kinder haben. Dem oberflächlichen Betrachter bietet diese Ehe einen seltsamen, will heißen rätselhaften Anblick. Der Verehrer ist Professor der Musikwissenschaft

an einer schweizerischen Universität. Nehmen wir an, Sie
seien bei ihm zu Besuch. Sie werden zuerst feststellen, daß
seine Frau, obwohl ihm gegenüber noch schüchterner als
Ihnen gegenüber, offensichtlich darauf aus ist, ihn herabzusetzen oder, genauer, den Finger auf all die kleinen
Marotten, kleinen Vergeßlichkeiten, kleinen Fehler, kleinen Schwächen ihres Gatten zu legen und Sie dabei als
Zeugen anzurufen:
«Wenn er nicht punkt vier seine Tasse Tee bekommt, dann
ist er verloren.»
Oder:
«Er geht immer abends mit dem Hund spazieren, er nimmt
mich nie mit. Ja, ja, es ist eine männliche Bracke.»
Oder auch:
«Liebling, schneide dich nicht wieder mit dieser Geflügelschere wie letztes Mal.»
Und so weiter. Der Gatte steckt all diese Bemerkungen mit
einem erstaunten, unbestimmten und gutmütigen Lächeln
ein oder widerspricht sanft, ohne seinen Vortrag über die
Herren Köchel oder Kirkpatrick zu unterbrechen. Vielleicht werden Sie das Glück haben, kurz vor einer der
Romreisen des Professors eingeladen zu werden. Sie werden dann von Madame auf dringliche, lachende, fatalistische und vergebliche Weise als Zeuge aufgerufen werden:
«Immer, wenn er nach Rom gehen muß, oh, etwas in einer
Bibliothek nachschauen oder Kollegen treffen, geht er
allein, er will mich nicht dabei haben.»
Um sich Ihre Berechtigung als Zeuge zwischen zwei
Kreuzfeuern zu erhalten, werden Sie eine leicht zweifelnde,
jedoch lächelnde, komplizenhafte und zurückhaltende Miene
aufsetzen, während der Gatte, die Augen zu seiner Geflügelschere erhoben, mit einer Art erstaunter Mattigkeit,
die ein näselndes Lachen nicht ausschließt, murmeln wird:

«Aber das stimmt doch nicht! Das hat sich immer so ergeben, schau.»
«Das sagst du», entgegnet seine Frau mit einem verständnisinnigen Blick – damit *Sie* verstehen. Und sehr bald ergeht sie sich in häuslichen Ermahnungen an die Adresse des ewig Ungeschickten, der soeben Sauce vom Huhn über das Tischtuch gekleckert hat. Falls Sie Psychologe sind, werden Sie da eins der ehelichen Leitmotive erkennen, dessen Stichworte nicht die Funktion haben zu überzeugen, sondern die Ehegatten einander gegenüberzustellen; eine reine Anwesenheit zu bestätigen, wie man diejenige seiner krummen Nase oder seiner vorstehenden Bakkenknochen bestätigt. Dann werden Sie das Drama einer Ehefrau entdecken, die spürt, daß ihr Herr und Gebieter Bereiche kennt, die sie nichts angehen, und die aus ihrer Unfähigkeit heraus, diese zu erreichen, ununterbrochen das Gespräch auf Dinge bringt, die sie beherrscht, weniger um dem Partner Unbehagen zu bereiten, als um sich selbst die Illusion zu geben, teilzunehmen und nützlich zu sein. Doch man sollte nichts übertreiben: Eine Wunde offenzuhalten, verlangt eine Energie, die der Professor der Musikwissenschaft andern Dingen gewidmet hat. Und Sehnsucht ist kein Leiden. Sagen wir, um alles klarzustellen, wenn er seine Frau oder eines seiner Kinder verlöre, würde unser Professor mehr leiden, als er gelitten hatte, als er Persana entgleiten sah.
Doch wir müssen zurückkommen auf unsere Erzählung, die, wir versprechen es, von jetzt an bis zum Schluß gradlinig verlaufen wird.

Wir finden Franz und Persana in einem Hotel ganz in der Nähe des Doms von Florenz wieder. Sie bezahlten im voraus. Das Verhalten des Hundes zwang den Mann, ihn ins Badezimmer zu verbannen. Persana bat mit einem Lächeln glücklicher Müdigkeit, gleich schlafen zu dürfen. Was ihr auch gewährt wurde. Auch Franz schlief übrigens sehr bald ein: trotz allem hatte er seine durchwachte Nacht noch nicht überwunden.
Doch sie schliefen beide schlecht, ein Teil von ihnen blieb auf der Lauer. Mitten in der Nacht hatte Franz plötzlich die intuitive Gewißheit, daß der Hund frei war und jetzt auf dem Teppich schlief; doch eine unüberwindliche Trägheit machte ihm jegliche Reaktion unmöglich. Er hob nur im Halbschlaf die Schultern. Später geschah etwas Eigenartiges: Erneut von Begierde ergriffen, versuchte der Mann, halb bewußt, halb unbewußt, sich der Frau zu bemächtigen. Sie rangen leise stöhnend miteinander. Franz fand sich alsobald unter dem Körper der fast noch schlafenden Persana, deren Kopf mit dem wundervollen Haar sich, wie losgelöst vom Körper, in der Vertiefung des Halses vergrub. Über sich sah Franz den Kopf des Hundes, der ihn schweigend beobachtete.
Für den Bruchteil einer Sekunde wurden die Rollen von Franz und Tristan vertauscht. In ihrem Staunen, ihrer Fremdheit begegneten sich Mensch und Tier, wobei sie blitzartig den Punkt totalen Verstehens überschritten. Doch schnell erfaßte Franz die Wut, die Wut des überlegenen Hominiden. Angesichts seiner Schläfrigkeit führte diese Wut jedoch lediglich dazu, daß er die Augen verschloß vor diesem Alptraum, so daß Mann und Frau in der Stellung einschliefen, die ihnen die Lust eingegeben hatte und in der sie durch den Blick eines Dritten erstarrt waren. Als Franz gegen sieben Uhr mit einem bitteren Geschmack

im Mund aufwachte, gelang es ihm nicht mehr, Wirklichkeit und Traum auseinanderzuhalten, und er würde niemals wissen, ob diese Vision des Hundes nicht reine Phantasie gewesen war. Er setzte sich im Bett auf. Persana schlief auf dem Rücken und hatte die Brauen zusammengezogen. Außer diesem Zeichen der Anspannung bot der Körper, den der Mann langsam enthüllte, indem er vorsichtig das Leintuch wegzog, ein so friedliches Bild, daß er betroffen war. War das nicht gerade der Sinn dieses undurchdringlichen Wesens, ein Lebenswille, bekräftigt durch das Blut und bestürmt von dem, was man eben gerade als Wille zu bezeichnen pflegte? Dieses Blut, das unter ihrer weißen Haut dahinfloß, war genau dasjenige, das dem männlichen Körper Grenzen setzte. Schließlich war es diese Stirn, die er so sehr liebte und die er nur mit Florenz vergleichen konnte, vor der er sich am meisten in acht nahm, so sehr, daß er Zuflucht in der Weisheit des Bauches suchen mußte. In der Regel ließen sich die Gesichter der geliebten Frauen von dieser zarten ersten, allen zweifelhaften Beiwerks wie Lider, Augen, Gesichtsmuskulatur beraubten Weisheit erfassen; durch Modulieren, Kanalisieren, Nuancieren, Filtrieren des Gedankens erschöpft und entmutigt dieser Zierat des Gesichts die Liebe, deren Woge so viel besser zu dieser weiten ausdruckslosen und vollkommenen Fläche paßt. Denn ein ausdrucksloses Gesicht ist ein Zeichen von Schwachsinn; ein ausdrucksvoller Bauch wäre eine Ungeheuerlichkeit: Das Mittelalter hat das ganz genau begriffen, wenn seine Ikonographie dem Teufel ein «Bauch-Gesicht» zuschreibt. Wenn man, selbst in völliger Ruhe, den Bauch einer Frau bewundert, müßte das Gesicht im Gegensatz dazu fast ein wenig an diese entsetzlichen Schrumpfköpfe der Jivaros-Indianer erinnern: eine Vereinigung von Ritzen, Spalten,

Wülsten, Höckern, Kurven und Gegenkurven; diese krampfhafte Vereinigung ist zweifellos Frucht einer Halluzination, die die wüstenhafte Weichheit des Bauches als Gegensatz erzeugt; doch diese Halluzination hat metaphorisch gesehen ihren Sinn: Hat die obere Partie des Menschen nicht etwas Monströses? Wenn die Dichter von den «unteren Lippen» sprechen, dann glauben sie vielleicht, eine Körperpartie, die als amorph, ausdruckslos oder sogar eklig gilt, zu vergeistigen. Sie sollten eher den oberen Lippen ebenso wie dem oberen Gesicht die Schlichtheit des Bauches wünschen. Lippen wünschen, die sich nur öffnen für die Freude, die Tränen und die Verletzungen, die allein die Intensität des Lebens provoziert; kurz, ein wahrer Friede der Tiefe. Die Lust weiß, was sie tut, wenn sie uns in ihrer Befriedigung des geliebten Gesichts beraubt oder es in der friedlichen Woge des Bauches versenkt.

Franz stand vorsichtig auf, ohne den Hund oder dessen Herrin zu wecken. Er ging ins Badezimmer. Auf dem Rückweg erblickte er Persanas Kleider, die achtlos über eine Stuhllehne neben dem Frisiertisch geworfen waren. Auf dem Möbel selbst stand die Handtasche, die einen Teil ihres Inhalts ausgespuckt hatte. Mit der Sorgfalt eines Mikado-Spielers hob Franz die Gegenstände hoch, die sich in einem labilen Gleichgewicht befanden. Seine Hand tauchte tiefer. Seine Finger trafen auf eine ganz kleine Kugel; es folgten weitere, offensichtlich gleichartige. Die Hand schloß sich, zog sich zurück, Fischerin von Perlen.

Mit der Kette in der Hand ging Franz zum Bett zurück, legte sich auf seine Seite und ließ die Perlen sanft über den Körper Persanas gleiten; unter dieser kalten Liebkosung erwachte die junge Frau, lächelte ruhig, richtete sich dann auf, um das Laken über den Körper zu ziehen, was Franz dazu zwang, sich zurückzuziehen. Der Hund lag ausgestreckt auf dem Teppich und rührte sich noch immer nicht.
«Verrückt, wie die derjenigen gleicht, die du verloren hast.»
«Sie gleicht ihr nicht», antwortete Persana, das Leintuch bis zum Kinn hochgezogen. «Sie ist es.»
«Das verstehe ich nicht. Ich hatte schon gestern den Eindruck, ich hätte sie in deiner Tasche gesehen, als du dich fertig machtest, aber du hast mir gesagt, sie sei nicht wieder zum Vorschein gekommen.»
«In der Tat, man hatte nichts gefunden.»
«Aber dann? Du machst dich über mich lustig.»
«Schau, denk doch ein wenig nach. Wenn niemand sie gefunden hat und sie sich dennoch in meinem Besitz befindet, was schließt du daraus?»
«Ich bin nicht Sherlock Holmes, und ich habe keine Lust, es zu sein.»
«Schau doch, Franz!» (Persanas Augen lachten maliziös.) «Es ist doch ganz einfach. Ich habe diese Kette nie verloren, und du weißt es. Du hattest mir übrigens im Auto die Frage gestellt. Jetzt antworte ich dir.»
«Aber wie?»
«Versuche dich zu erinnern. Bei Tisch trug ich sie für alle sichtbar. Ich habe behauptet, ich hätte sie beim Tanzen verloren, während du Klavier spieltest. In Tat und Wahrheit konnte ich sie auf dem Weg von der Laube zur Tanzfläche verschwinden lassen. Es war dunkel genug. Anstatt sie richtig zuzumachen, hatte ich sie nur mit einem ganz

dünnen Faden zusammengebunden. Ein kräftiger Zug, und schon befand sich die Kette in meinem Ausschnitt. Oh, ich hatte geübt, Paganini hatte mich mit seiner teuflischen Geschicklichkeit auf Ideen gebracht.»
Franz beobachtete sie von oben herab.
«Also, ich werd' verrückt. Wozu denn dieses Theater?»
«Das kannst du dich wirklich fragen. Aber du kannst auch die Antwort darauf finden. Denk ein bißchen nach.»
Sie spottete fast ein bißchen, doch ihre vorher fröhliche Stimme war mürrisch, verächtlich und traurig geworden.
«Besteht ein Zusammenhang zwischen ... diesem Manöver und den andern ... Vorfällen dieser Nacht?»
«In einem gewissen Sinne, ja. Aber hat dir der Direktor nichts gesagt?»
«Zu diesem Thema, nein, nichts.»
«Zu anderen Themen, ja?»
«Ja, aber das hat nichts damit zu tun.»
«Wann hast du den Direktor gesehen?»
«Bevor ich dich aufsuchte. Du kannst dir vorstellen, daß ich wissen wollte, wie weit die Untersuchung gekommen war.»
«Ah gut, und warum hast du mir nichts gesagt?»
«Ich weiß nicht.»
«Dann kanntest du also den Mörder Paganinis?»
«Ja. Ich vermute, daß das auch bei dir der Fall ist.»
«In der Tat.»
«Gut. Aber erkläre mir jetzt den Sinn dieses sogenannten Kettendiebstahls.»
«Es ist ganz einfach.» (Persana löste ihre Arme, die sie um die Schultern gelegt hatte.) «Alle deine Freunde machten mir den Hof. Ich habe ihnen versprochen, daß die Entscheidung fallen werde, indem ich dem Auserwählten meine Kette geben würde.»

Franz machte den Mund auf, dann schloß er ihn wieder. Er stand auf, ging zwei-, dreimal zwischen Bett und Kommode hin und her, trat dann an Persanas Kopfkissen, faßte das Laken und riß es weg. Sie machte keinen Versuch, sich zu schützen, seine Geste zu vereiteln. Der Hund jedoch war aufgewacht und knurrte. Franz packte ihn am Halsband und hielt ihn auf Armeslänge von sich weg. Tristan zappelte wütend und bellte. Franz öffnete die Tür zum Bad, warf das Tier hinein und knallte die Tür zu.
«Nein!» schrie sie und richtete sich auf.
Doch eine seltsam drohende Geste der Beruhigung hielt sie zurück. Sie ließ das Laken, wo es war, bedeckte lediglich Brust und Bauch mit beiden Händen.
«Du wußtest ganz genau», sagte Franz, aufrecht am Fußende des Bettes stehend, «daß sie Paganini für den Auserwählten halten und ihn vielleicht töten würden.»
«Nein, daran hatte ich nicht gedacht», erwiderte sie kühl.
«Das ändert nichts daran, daß du, als ich dir die Nachricht überbrachte, offensichtlich überzeugt warst, daß einer von ihnen der Schuldige sei, und das hat dich nicht schlafen lassen.»
«Das heißt, als wir uns am frühen Morgen bei der Villa Borghese trafen. Und übrigens stimmt es nicht, ich war ganz und gar nicht überzeugt.»
«Ach, du hast bereits vorausgesehen, daß dein Verbrechen infolge des Dazwischentretens eines andern Liebhabers scheitern würde. Nachdem der Philologe Paganini getötet hatte, sahst du dich kurzgeschlossen durch eine andere Leidenschaft, eine Leidenschaft, die du nicht heraufbeschworen hattest. Zum Glück hat dir Nietzsches Selbstmord eine kleine Belohnung gebracht.»
«Rede doch nicht so ins Blaue hinaus. Ich bin keine Verbrecherin. Ich war ausgelaugt, angewidert von all diesen

Männern, und ich wollte mich ihrer entledigen. Das ist alles, du brauchst nicht weiter zu suchen. Schwätzer, Schöngeister und im Grunde alles die gleichen. Ich war angewidert, und seit dieser Nacht bin ich es noch viel mehr.»
«Zu liebenswürdig. Ich habe in meinem Leben schon Verrückte gesehen, aber noch keine Ungeheuer.»
«Angewidert bis zum Kotzen, das kann ich dir sagen. Wo ist da das Ungeheuer, frage ich dich? Und jetzt befreist du diesen Hund, der hetzt mir das ganze Hotel auf den Hals.»
«Damit er mich verschlingt, dein ... Ich bin doch nicht verrückt.»
«Laß den Hund raus, sage ich dir.»
«Nein, ich bin noch nicht fertig.»
«Was denn noch? Es ist doch alles gesagt. Wenn du mich für eine Verbrecherin hältst, dann geh. Ich jedenfalls wollte es tun.»
«Hör zu, Persana, beruhigen wir uns. Es liegt da bestimmt ein Mißverständnis vor. Du hast das alles gar nicht getan, du bist nicht hierher gekommen, um auf diese Weise alles zu zerstören.»
«Was heißt, hierher gekommen? Ich bin hierher gekommen, um zu beweisen, daß ihr alle gleich seid, und den Beweis habe ich bekommen: auf dem Feld vorhin und im Überfluß.»
«Ich verstehe wirklich nicht. Habe ich dich vielleicht vergewaltigt?»
«Wenn du nicht verstehst, hat es auch keinen Sinn, es weiter zu erklären.»
«Gut. Hör zu. Es kann sein, daß ich Fehler gemacht habe, aber von mir reden wir nachher. Du wußtest genau, daß du etwas Gefährliches tatest mit einer solchen List, du mußtest dir gegenüber meinen Freunden deiner Verantwortung bewußt sein, selbst wenn sie dich gequält hatten.»

«Ich sage dir noch einmal, du irrst dich, wenn du glaubst, ich hätte einen von ihnen des Mordes für fähig gehalten. Ich habe gleich gewußt, daß es der Philologe war. Paganini hatte sich mir anvertraut. Ich wußte, daß er verliebt war und der Geliebte der Frau dieses Philologen. Aber ihr, die ihr euch dauernd um euren eigenen Nabel dreht, ihr habt nicht einmal gemerkt, daß Niccolò in eine andere verliebt war und schon lange nicht mehr zu euch gehörte. So seid ihr.»
«Und Nietzsche?»
Sie richtete sich auf:
«Dafür kann ich nichts! Ich hatte nichts versprochen, nichts gegeben. Und selbst wenn ich es getan hätte, ich bin nicht verantwortlich für seine Erregungen, seine Männertragödien! Ich will damit nichts zu tun haben, ich habe genug davon. Und genug von dir, von dir vor allem, du mit deiner Seelengröße und deiner Brutalität. Laß Tristan heraus, oder ich rufe das Hotel zusammen.»
«Also empfindest du überhaupt keine Liebe für mich.»
«Ich mag die Männer nicht. Dich nicht mehr als irgendeinen andern.»
«Was liebst du denn?»
«Du kannst alle üblen Verdächtigungen anstellen, die du nur willst, es geht immer völlig am Problem vorbei und ist mir immer ganz egal.»
«Und wenn ich dich liebte trotz dieser Falle, die du mir gestellt hast, trotz deinen Ränken, deinem So-tun-als-ob, deinen Lügereien?»
«Schau mir das an! Hätte er am Ende Mitleid mit der armen Irren? Aber wofür hältst du dich denn? Für einen Abt? Ich habe so etwas erzählen hören.»
«Und wenn ich dich liebte, sage ich?»
«Schreien nützt auch nichts.»

«Mit diesem Köter versteht man ja das eigene Wort nicht.»
«Nein, Franz, laß das. Trennen wir uns gleich, diese Szenen sind zu widerlich.»
«Wessen Fehler? Wäre es dir lieber gewesen, ich hätte nichts gesagt von dieser Kette und wäre ins Bett zurückgegangen, wie wenn nichts gewesen wäre?»
«Überhaupt nicht. Ich sage dir noch einmal, ich hätte dich sowieso heute morgen verlassen. Aber ich finde es überflüssig, so zu schreien, und ich bitte dich zum letzten Mal, meinen Hund zu befreien.»
«Geh zum Teufel mit deinem Drecksköter.» «Gut.»
Sie stand auf, zog sich ruhig an, als ob sie allein sei. Er blieb nackt am Fußende des Bettes stehen, unfähig, etwas zu tun, unschlüssig, was er tun sollte. Als sie fertig angezogen war, ging sie zur Tür.
«Wohin gehst du?»
«Einen Etagenkellner suchen oder mehrere, damit die mir helfen, Tristan zu befreien.»
«‹Tristan›! Und dann, was tust du dann?»
«Abreisen.»
Franz ging rasch zu seinen Kleidern und zog sich hastig an, jedoch ohne Persana aus den Augen zu lassen.
«Und wie kommst du nach Rom zurück?»
«Es gibt Züge.»
Sie hatte die Hand auf dem Türknauf.
«Liebling, ich bitte dich. Komm zu dir, komm zu uns zurück, ein letztes Mal. Ich schwöre dir, ich liebe dich.»
Sie schüttelte den Kopf.
«Nein, es hat keinen Sinn, streng dich nicht an. Das einzige, was du tun kannst, ist die Tür zu diesem Bad öffnen.»
Keine Antwort.
«Ich sehe, daß das große Vorbild, der edle Franz Liszt, tot ist, sehr tot und nicht mehr wert ist als das Glück.»

Er lächelte zweideutig:
«Du sagst es.»
«Also gut, um so schlimmer, wenn du dich lächerlich machen willst. Ich gehe und hole jemanden.»
«Geh nur.»
Sie hob die Schultern.
«Ich hätte nicht gedacht, daß man so kindisch sein kann.»
«Ich auch nicht.»
Ich öffnete die Tür und schloß sie heftig hinter mir. Auf der Etage war niemand. Ich glaube, bevor ich rausging, sagte ich zu ihm:
«Ich hoffe wenigstens, du bist nicht mehr da, wenn ich zurückkomme.»
Oder etwas in der Art. Auf jeden Fall stellte ich mir vor, daß er meine Abwesenheit dazu benützen würde, um sich aus dem Staub zu machen und so der lächerlichen Situation aus dem Weg zu gehen. Es war noch früh, und ich mußte ins Erdgeschoß hinuntergehen, um einen halb schlafenden Hausburschen zu finden. Ich erklärte ihm, daß die Tür zum Bad klemme und daß man sie nicht mehr aufkriege. Überdies sei ein Hund im Bad eingeschlossen. Der Bursche (stämmig, ohne Alter, mit außergewöhnlich roten und brutalen Händen) fluchte, ohne sich entschließen zu können, mir zu folgen. Ich drängte ihn übrigens nicht. Schließlich sind wir hinaufgegangen.
Als wir oben an der Treppe angelangt waren, bin ich beinahe mit Franz zusammengestoßen. Er ist weitergelaufen. Wir haben uns kaum angeschaut und nichts gesagt. Er muß lange gezögert haben, denn ich traf ihn ganz in der Nähe des Zimmers. Dennoch hat er Tristan nicht erwürgt, was beweist, daß er intelligent ist.

NACHWORT

Etienne Bariliers Roman *Le chien Tristan* spielt in einer höchst artifiziellen Welt. Obwohl der Schauplatz, das Schweizer Institut in Rom, real und die Zeit die unsere ist, haftet dem Geschehen etwas seltsam Unwirkliches, Unzeitgemäßes an. Auch die vordergründig als kriminalistisch zu bezeichnende Handlung ändert nichts daran, daß da eine Welt außerhalb von Raum und Zeit gezeichnet wird. Die Stipendiaten des Instituts, mehrheitlich Musikwissenschaftler, haben sich in einem Maße mit dem Gegenstand ihrer wissenschaftlichen Forschung identifiziert, daß sie kaum mehr zwischen Sein und Schein zu unterscheiden vermögen. Sie reden sich gegenseitig mit dem Namen des von ihnen untersuchten Komponisten bzw. Philosophen an. Sie leben über weite Strecken hin in dessen Gewand, in dessen Zeit, in dessen Schicksal. Liszt und Wagner, Schumann und Chopin, Rachmaninow, Paganini und Nietzsche sind zwar Schweizer, doch fehlt ihnen alles, was sie für den Leser zu realen Persönlichkeiten machen würde: nicht nur der bürgerliche Name, sondern auch Herkunft und sozialer Bezug. Sie leben am Leben vorbei in einer Vergangenheit, die für sie wirklicher ist als die Stadt zu ihren Füßen, die sie kaum wahrnehmen, die sie allenfalls als Bildungsgut erleben, nicht aber als lebendiges soziales und politisches Gefüge. Unter dieser Zeit- und Lebensferne leiden sie, unfähig, etwas dagegen zu tun. Selbst die Liebe zu Persana erleben sie nur mittelbar: auf dem Umweg über die Liebeserlebnisse ihrer Vorbilder. Persana ist für jeden von ihnen – denn jeder glaubt sie zu lieben – eine andere: Clara Wieck für Schumann, Mathilde Wesendonck für Wagner, Lou Salomé für Nietzsche, Natalie Satin für Rachmaninow, Marie d'Agoult für Liszt, Constance Gladowska für Chopin.

Es wundert nicht, daß eine solche Weltsicht, in der Bildungsgut mehr zählt als die sinnlich erfaßbare Wirklichkeit, in der Vergangenheit den Menschen näher steht als ihre unmittelbare Gegenwart, ihren Niederschlag in der Sprache findet. Bariliers Französisch weist, im Gegensatz zur Sprache vieler seiner Waadtländer Kollegen, keine regionalen Besonderheiten auf. Seine Personen unterscheiden sich in ihrer Sprechweise kaum voneinander. Lediglich der Institutsdirektor, ein Deutschschweizer, wird in karikierender Weise an seinem Akzent erkennbar – eine Nuance übrigens, die in der Übersetzung unter den Tisch fallen mußte. Die übrigen Figuren, Schweizer wie Italiener, sprechen durchgehend ein gepflegtes, manchmal ironisch überhöhtes Bildungsbürger-Französisch, das je nach dem Grad der jeweiligen Identifizierung mit dem Forschungsgegenstand ins Antiquierte, leicht Anachronistische abgleitet.

Dem Übersetzer stellen sich dabei nicht jene Probleme, die etwa der Gebrauch von Dialekt oder umgangssprachlichen Wendungen aufgibt; er sieht sich vielmehr vor die Aufgabe gestellt, im Deutschen ein ähnlich hochgestochenes Niveau zu halten, wie es dem französischen Original eigen ist: eine Aufgabe, die nicht immer ganz leicht zu lösen war, da das Deutsche in Stil und Wortwahl weniger soziale Unterscheidungsmerkmale kennt als das Französische. Ich habe mich bemüht, den Duktus der Sprache Bariliers so weit wie möglich beizubehalten und dort, wo damit dem Deutschen Gewalt angetan worden wäre, Entsprechungen zu finden, die ihrerseits den Eindruck des Literarischen, Bildungsbefrachteten, Artifiziellen hervorzurufen vermögen. An manchen besonders schwerverständlichen Stellen hätte sich vielleicht ein erläuterndes Übersetzen angeboten. Ich habe jedoch darauf verzichtet in der Absicht, dem Roman seinen hermetisch-elitären Charakter zu erhalten. Ich bin der Meinung, daß auch der durchschnittlich gebildete französischsprachige Leser mit diesem an Bildungsreminiszenzen und vor allem musikwissenschaftlichen Kenntnissen reichen Buch seine Schwierigkeiten haben dürfte, und sehe nicht ein, warum der Übersetzer es seinem deutschsprachigen Leser leichter machen soll. Barilier und mit ihm seine Figuren leiden unter ihrer Lebensfremde. Bildung verstellt ihnen auf Schritt und Tritt den Zugang zum Leben und zur Wirklichkeit. Diese Schranken, die beim eigentlichen Übersetzungsvorgang vorübergehend fallen mußten, gilt es, will man den Roman nicht seiner Eigenart berauben, unbedingt aufrechtzuerhalten. Die «fosses ardéatines» sagen nur dem etwas, der weiß, daß es die *fosse ardeatine* bei Rom waren, wo Kappeler seine Geiseln erschießen ließ; den manieristischen Maler Beccafumi muß man kennen, um sich etwas unter der «main beccafumienne» Persanas vorstellen zu können; und «la moindre septième mineur», der *verminderte Septakkord* ist, sowohl auf deutsch wie auf französisch, nur dem mit romantischer Musik Vertrauten wirklich ein Begriff. Dies nur drei Beispiele aus einer Fülle von Anspielungen, die über die Kenntnis der Sprache hinaus ein bestimmtes Fachwissen erforderlich machen. Ich habe sie beim Übersetzen unerklärt gelassen als Chiffren einer Lebenshaltung, die das Thema des Buches ausmacht.

Klara Obermüller

Anfang 91